CONTRATOS ADMINISTRATIVOS

Manual para gestores e fiscais
de acordo com a Lei nº 14.133/2021

GABRIELA VERONA PÉRCIO

Prefácios
Benjamin Zymler

CONTRATOS ADMINISTRATIVOS

Manual para gestores e fiscais de acordo com a Lei nº 14.133/2021

4ª edição revista, ampliada e atualizada

Belo Horizonte

2025

Luís Cláudio Rodrigues Ferreira
Presidente e Editor

Coordenação editorial: Leonardo Eustáquio Siqueira Araújo / Thaynara Faleiro Malta
Revisão: Pauliane Coelho
Projeto gráfico: Walter Santos
Capa e Diagramação: Formato Editoração

Rua Paulo Ribeiro Bastos, 211 – Jardim Atlântico – CEP 31710-430
Belo Horizonte – Minas Gerais – Tel.: (31) 99412.0131
www.editoraforum.com.br – editoraforum@editoraforum.com.br

Técnica. Empenho. Zelo. Esses foram alguns dos cuidados aplicados na edição desta obra. No entanto, podem ocorrer erros de impressão, digitação ou mesmo restar alguma dúvida conceitual. Caso se constate algo assim, solicitamos a gentileza de nos comunicar através do *e-mail* editorial@editoraforum.com.br para que possamos esclarecer, no que couber. A sua contribuição é muito importante para mantermos a excelência editorial. A Editora Fórum agradece a sua contribuição.

Dados Internacionais de Catalogação na Publicação (CIP) de acordo com ISBD

P429c Pércio, Gabriela Verona
Contratos administrativos: manual para gestores e fiscais de acordo com a Lei nº 14.133/2021 / Gabriela Verona Pércio. 4. ed. rev. ampl. e atual. Belo Horizonte: Fórum, 2025.
302p. 14,5x21,5cm

ISBN impresso 978-65-5518-860-8
ISBN digital 978-65-5518-859-2

1. Contrato administrativo. 2. Fiscalização do contrato administrativo. 3. Gestor de contrato. 4. Fiscal de contrato. 5. Reequilíbrio econômico-financeiro. I. Título.

CDD: 342
CDU: 342

Ficha catalográfica elaborada por Lissandra Ruas Lima – CRB/6 – 2851

Informação bibliográfica deste livro, conforme a NBR 6023:2018 da Associação Brasileira de Normas Técnicas (ABNT):

PÉRCIO, Gabriela Verona. *Contratos administrativos*: manual para gestores e fiscais de acordo com a Lei nº 14.133/2021. 4. ed. rev. ampl. e atual. Belo Horizonte: Fórum, 2025. 302p. ISBN 978-65-5518-860-8.

Ao meu filho, Caetano, que enche minha vida de alegria e me ensina, todos os dias, do alto dos seus 15 anos, sobre amor, amizade, empatia e gentileza.

AGRADECIMENTOS

Parar para agradecer nos faz pensar na vida e no que fizemos dela até então. Caminhos que seguimos, escolhas, êxitos, fracassos. Reflexões importantes e perigosas se não tivermos claro nosso ponto de chegada e se não valorizarmos todas as conquistas, inclusive as pequenas. Também nos faz pensar nas pessoas que por ela passaram e em como cada uma contribuiu para que chegássemos a esse novo lugar. Familiares, amigos, colegas, conhecidos que de alguma forma nos impulsionaram, com uma palavra, um gesto, uma inspiração.

Teço esses breves agradecimentos com alegria, serenidade, orgulho e humildade. Olhar, novamente, para esta obra me faz retornar exatos 20 anos no tempo, quando ainda era uma menina ensinando sobre contratos. Nunca andei sozinha, e algumas pessoas, entre todas, estiveram mais presentes na caminhada.

Rudimar Reis e Ruimar Reis, obrigada pela "encomenda" da primeira versão. Naquela época, não entendia que ela era apenas um embrião e que o importante era o feito, não o perfeito. Agradecerei, sempre, pela oportunidade de uma trajetória junto à Negócios Públicos, cheia de provocações que me fizeram evoluir profissionalmente, ampliar meus horizontes, aprender cada vez mais.

Cristiana Fortini, musa inspiradora, mulher forte, guerreira, imparável e generosa. Que alegria ter suas palavras na contracapa desta obra.

Christianne Stroppa, Flaviana Paim, Tatiana Camarão e Viviane Mafissoni, amigas mais que especiais que, mesmo de longe, me acolhem e incentivam, obrigada pelo carinho e pela paciência.

Ministro Benjamin Zymler, a quem, há alguns anos, tive a audácia de convidar para prefaciar, muito obrigada, novamente, pela confiança e pelo apoio. Minha admiração é imensa e sempre será.

William, meu marido e parceiro de vida. Defeitos e qualidades, já não sei quais são os meus ou os seus, apenas os nossos. Obrigada por estar sempre comigo.

Mique, Pe e Ninha, me sinto apoiada por vocês em tudo o que faço. Ser a irmã mais velha, que vocês admiravam quando pequenos, sempre foi um incentivo para as minhas ousadias.

Pai e mãe, eu nada seria sem seu esforço e exemplo. Cada um à sua maneira fez o meu eu. Sou grata por tudo de vocês que há em mim.

Àquele que, de algum lugar, olha por mim e pela minha família, simplesmente, obrigada.

SUMÁRIO

PREFÁCIO À 1ª EDIÇÃO
Benajmin Zymler 19

PREFÁCIO
Benajmin Zymler 21

NOTA À 4ª EDIÇÃO 23

CAPÍTULO I
NOÇÕES FUNDAMENTAIS SOBRE O CONTRATO ADMINISTRATIVO 25

1.1 Licitação, contrato e contratação pública 25
1.2 O planejamento das contratações públicas e sua relação com o contrato administrativo 27
1.3 Os ajustes denominados contratos administrativos, para os fins da aplicação da Lei nº 14.133/2021 30
1.4 Uma visão sistêmica do contrato administrativo 35
1.4.1 Aplicação das normas e dos preceitos de direito público, dos princípios da teoria geral do direito e das normas de direito privado 35
1.4.2 Aplicabilidade da teoria da imprevisão aos contratos administrativos 38
1.4.3 Exceção do contrato não cumprido 40
1.4.4 O exercício de prerrogativas públicas por meio das cláusulas exorbitantes 42
1.4.4.1 O regime de prerrogativas públicas à luz do contexto normativo da Lei nº 14.133/2021 43
1.4.5 Manutenção das condições efetivas das propostas 45
1.5 Contratos administrativos regidos pelo direito privado ou contratos privados da administração pública 45
1.6 Contratos administrativos de escopo ou resultado 49
1.7 Validade do contrato administrativo 51
1.8 Eficácia do contrato administrativo 53

1.9 O termo de contrato e sua substituição por instrumentos hábeis ... 55
1.9.1 Formalização de contratos decorrentes do sistema de registro de preços ... 57

CAPÍTULO II
ELABORAÇÃO DO CONTRATO ADMINISTRATIVO ... 61
2.1 A minuta do termo de contrato como instrumento vinculante.. 61
2.2 Cláusulas que devem constar do contrato administrativo ... 62
2.2.1 Cláusulas necessárias, segundo expressa previsão legal ... 62
2.2.1.1 A obrigatoriedade de cláusula de reajustamento de preços em todos os contratos ... 65
2.2.1.2 A ausência de um prazo legal máximo para a realização dos pagamentos devidos pela Administração ... 67
2.2.1.3 A alocação dos riscos em matriz de riscos ... 68
2.2.1.4 O prazo para resposta a pedidos de repactuação e restabelecimento do equilíbrio econômico-financeiro ... 68
2.2.1.5 As garantias oferecidas para assegurar a execução do contrato. 69
2.2.1.6 Modelo de execução do objeto ... 71
2.2.1.6.1 Subcontratação na execução do objeto ... 71
2.2.1.7 Modelo de gestão do contrato ... 72
2.2.1.7.1 Metodologia de fiscalização dos encargos previdenciários e trabalhistas e dos deveres do contratado ... 73
2.2.2 Cláusulas necessárias não expressas ... 78
2.2.2.1 Previsão das condições em que ocorrerá a preclusão ao direito de requerer reequilíbrio econômico-financeiro ... 78
2.2.2.2 Possibilidade de prorrogação do prazo de vigência, nos contratos por prazo ... 81
2.2.2.3 Prorrogação automática do prazo de vigência de contratos de escopo ou resultado ... 81
2.3 Cláusulas possíveis ... 82
2.4 Cláusulas vedadas ... 82
2.5 Forma e publicidade do contrato administrativo ... 84

CAPÍTULO III
CONVOCAÇÃO DO ADJUDICATÁRIO PARA CELEBRAR O CONTRATO ... 87
3.1 Procedimento e formalização da convocação ... 87
3.2 Prazo para a convocação e prazo de validade da proposta ... 87
3.3 A recusa do adjudicatário em contratar ... 88

3.3.1 Convocação dos licitantes classificados remanescentes.............. 89
3.4 Perda, pelo adjudicatário, de condição de habilitação................ 91

CAPÍTULO IV
PRESTAÇÃO DE GARANTIA CONTRATUAL 93
4.1 Finalidade da garantia e condições para sua exigência 93
4.2 As modalidades de garantia 94
4.3 Limites percentuais 95
4.4 Momento em que deve ser prestada a garantia 96
4.5 Restituição e execução da garantia... 97
4.5.1 Retenção da garantia durante a vigência da garantia do produto e em caso de descumprimento de obrigações trabalhistas e previdenciárias 98
4.6 A cláusula de retomada no seguro-garantia................................. 99

CAPÍTULO V
VIGÊNCIA DO CONTRATO ADMINISTRATIVO 103
5.1 Definição de vigência contratual.. 103
5.2 Panorama geral sobre a vigência dos contratos 105
5.2.1 A fixação do prazo de vigência.. 107
5.2.2 Possibilidade de prazo de vigência determinável 107
5.2.3 Vigência do contrato, duração do crédito orçamentário e disponibilidade de recursos financeiros.. 108
5.2.4 Contagem do prazo de vigência.. 109
5.3 Vigência de contratos de fornecimento ou prestação de serviços contínuos.. 110
5.3.1 A definição de serviço e fornecimento contínuos 111
5.3.2 Contratos prorrogáveis e prazo de prorrogação.......................... 114
5.3.3 Condições para a celebração e manutenção dos contratos de fornecimento e serviços contínuos com prazos de vigência superiores ao exercício financeiro 114
5.3.3.1 Para *celebrar* contrato com vigência plurianual, a autoridade competente deverá atestar sua maior vantagem econômica....... 115
5.3.3.2 Para *manter* o contrato com vigência plurianual, a Administração deverá atestar existência de créditos orçamentários e a vantagem na sua manutenção 116
5.3.3.3 O contrato poderá ser extinto, sem ônus para a Administração, quando não houver créditos orçamentários e quando cessarem suas vantagens 118
5.3.3.3.1 O respeito ao prazo mínimo de vigência contratual 120

5.3.4 Condições para *prorrogar* um contrato de prestação de serviços ou fornecimento continuado, por até 10 anos 121
5.3.4.1 Prorrogação sucessiva 121
5.3.4.2 Previsão em edital 122
5.3.4.3 A autoridade competente deve atestar que as condições e os preços permanecem vantajosos 122
5.3.5 Manutenção das Condições de Habilitação durante toda a execução contratual 124
5.3.6 Cumprimento de exigências relacionadas a políticas públicas .. 125
5.4 Vigência de contratos de aluguel de equipamentos e utilização de programas de informática 125
5.5 Vigência de contratos decorrentes de hipóteses específicas de dispensa de licitação 126
5.6 Vigência de contrato de prestação de serviços públicos oferecidos em regime de monopólio 127
5.7 Vigência de contrato de receita e contrato de eficiência 127
5.8 Vigência de contrato com regime de fornecimento e prestação de serviço associado 129
5.9 Vigência de contrato de operação continuada de sistemas estruturantes de tecnologia da informação 130
5.10 Vigência de contratos de escopo 130
5.10.1 Registro e formalização das ocorrências que subsidiam a prorrogação automática 132
5.10.1.1 Alteração unilateral do projeto ou das especificações e aumento das quantidades iniciais 133
5.10.1.2 Fato excepcional e imprevisível 134
5.10.1.3 Determinação, pela Administração, de interrupção da execução ou diminuição do ritmo de trabalho 135
5.10.1.4 Fato ou ato de terceiro 135
5.10.1.5 Omissão ou atraso de providências a cargo da administração... 136
5.10.2 Deferimento obrigatório dos pedidos da contratada para prorrogação do prazo de início, conclusão ou entrega quando houver motivo justo 137
5.10.3 Prorrogação automática do cronograma de execução e reequilíbrio econômico-financeiro do contrato 137
5.11 A relevância do programa de integridade à luz do prazo de vigência dos contratos 137
5.12 Instrução processual e formalização da prorrogação do prazo de vigência 138
5.12.1 Contratos de prazo 138
5.12.2 Contratos de escopo 139

5.12.3 Prorrogação do prazo de vigência e sanção impeditiva aplicada à empresa contratada ... 140
5.13 Atribuições de gestão e fiscalização aplicadas ao procedimento de prorrogação da vigência ... 141
5.13.1 Contratos de prazo ... 141
5.13.2 Contratos de escopo ... 142

CAPÍTULO VI
ALTERAÇÕES NO CONTRATO ADMINISTRATIVO ... 145
6.1 Possibilidades e limites às alterações no contrato administrativo ... 145
6.1.1 As hipóteses de alteração contratual previstas na Lei nº 14.133/2021 ... 146
6.2 Alterações contratuais unilaterais ... 146
6.2.1 A necessidade de fato superveniente que altere o interesse público ... 147
6.2.1.1 A possibilidade de realizar a alteração unilateral diante de falha de planejamento ... 149
6.2.2 Modificações no projeto ou nas especificações – alterações qualitativas ... 150
6.2.3 Modificações nas quantidades do objeto contratado – alterações quantitativas ... 152
6.2.4 Limites legais às alterações unilaterais ... 152
6.2.4.1 As cláusulas econômico-financeiras e monetárias dos contratos administrativos não podem ser alteradas sem prévia concordância do contratado ... 153
6.2.4.2 As cláusulas econômico-financeiras devem ser revistas para que se mantenha o equilíbrio contratual ... 153
6.2.4.3 O contratado somente está obrigado a aceitar alterações unilaterais se forem respeitadas as mesmas condições contratuais ... 154
6.2.4.4 As alterações unilaterais devem se ater a limites percentuais indicados na Lei ... 155
6.2.4.5 As alterações unilaterais não poderão transfigurar o objeto da contratação ... 157
6.2.5 O cálculo dos limites percentuais e caracterização da compensação indevida ... 158
6.2.6 Identificação do limite em contratos com objeto complexo ou formado por mais de um item ou lote ... 162
6.2.7 Alterações quantitativas unilaterais em contratos de fornecimento ou serviço contínuo ... 163

6.2.8 Aditivos e risco de vantagens indevidas ao contratado em contratos de obras e serviços ... 165
6.2.9 Motivo e motivação do ato administrativo que altera unilateralmente o contrato ... 166
6.3 Alterações por acordo entre as partes ... 168
6.3.1 A possibilidade de alterações consensuais não previstas na Lei 168
6.3.2 A possibilidade de alterações qualitativas e quantitativas consensuais e seus limites ... 170
6.3.3 As hipóteses de alterações consensuais previstas na Lei ... 173
6.3.3.1 Substituição da garantia de execução ... 173
6.3.3.2 Alteração do regime de execução ou do modo de fornecimento ... 174
6.3.3.3 Alteração da forma de pagamento ... 175
6.3.3.4 Restabelecimento do equilíbrio econômico-financeiro do contrato por meio da revisão de preços ... 176
6.4 Atuação de gestor e fiscais de contrato nos procedimentos de alterações contratuais ... 176

CAPÍTULO VII
REVISÃO, REAJUSTAMENTO EM SENTIDO ESTRITO E REPACTUAÇÃO DE CONTRATO ... 179
7.1 Equilíbrio econômico-financeiro do contrato e dever constitucional de manutenção das condições efetivas da proposta ... 179
7.2 A revisão de preços ... 180
7.2.1 A revisão decorrente da variação de um único insumo ... 183
7.2.2 Processamento do pedido de revisão ... 184
7.3 O reajustamento em sentido estrito ... 185
7.3.1 Solicitação do reajustamento em sentido estrito pela empresa contratada ... 186
7.3.2 Realização de revisão após concedido reajustamento em sentido estrito ... 187
7.4 Repactuação de preços ... 187
7.4.1 Início dos efeitos financeiros da repactuação ... 189
7.5 Prazo para concessão da revisão e da repactuação ... 189
7.6 Preclusão do direito ao reequilíbrio econômico-financeiro do contrato ... 191
7.7 Papel do gestor e dos fiscais do contrato no processamento dos pedidos de reequilíbrio econômico-financeiro ... 192
7.8 Quadro sinótico ... 193

CAPÍTULO VIII

ACOMPANHAMENTO E FISCALIZAÇÃO DO CONTRATO ADMINISTRATIVO

ACOMPANHAMENTO E FISCALIZAÇÃO DO CONTRATO ADMINISTRATIVO ... 197

8.1 Gerenciamento do contrato administrativo ... 197

8.1.1 Aplicação concreta do princípio da eficiência ... 199

8.2 Fiscalização do contrato: poder e dever da administração ... 200

8.2.1 Formas de atendimento ao dever de fiscalizar, atividades e agentes envolvidos ... 202

8.2.2 Designação dos agentes ... 204

8.2.2.1 Os requisitos para a designação do fiscal e do gestor de contrato, previstos no art. 7º da Lei nº 14.133/2021 ... 205

8.2.3 Divisão de tarefas ... 208

8.3 Manutenção de preposto pelo contratado no caso de obras e serviços ... 211

8.4 O plano de fiscalização ... 212

8.5 Atuação de gestores e fiscais ... 212

8.5.1 Forma de documentação das ocorrências ... 213

8.5.2 Requisitos para gestão e fiscalização adequadas ... 215

8.5.2.1 Existência de metodologia de fiscalização predefinida e de plano de gestão e fiscalização ... 215

8.5.2.2 Fiscais e gestores com bom conhecimento dos princípios constitucionais da Administração Pública, dos princípios que regem as licitações e contratos e das regras da Lei nº 14.133/2021 ... 216

8.5.2.3 Fiscais e gestores capacitados e especificamente treinados para a gestão e fiscalização ... 216

8.5.2.4 Busca, pela Administração, de uma relação de parceria junto à empresa contratada ... 217

8.5.2.5 Contato facilitado com o preposto ... 219

8.5.2.6 Comunicação eficiente entre gestor, fiscal e órgão de assessoramento jurídico ... 219

8.5.2.7 Ciência, pelo fiscal, dos detalhes do contrato, do edital e do termo de referência ... 220

8.5.2.8 Manutenção de registro formal, documentado e organizado de ocorrências ... 221

8.5.2.9 Aplicação da lógica da prevenção ... 221

8.5.2.10 Desvinculação do fiscal das atribuições de origem ... 222

8.6 Assessoramento do fiscal por terceiros ... 222

8.6.1 Vedação à terceirização do acompanhamento e da fiscalização. 223

8.7 Fiscalização do cumprimento de encargos resultantes da execução ... 224

8.7.1 Responsabilidade da administração por encargos previdenciários ... 224
8.7.1.1 Retenção de pagamentos em decorrência da irregularidade com o INSS e o FGTS ... 226
8.7.2 Responsabilidade da administração por encargos trabalhistas.. 228
8.7.2.1 O entendimento da Justiça do Trabalho ... 228
8.7.2.2 A forma de fiscalização da regularidade trabalhista ... 229
8.8 Subcontratação do objeto ... 234
8.9 Recebimento do objeto do contrato ... 235
8.10 A medição de resultados nos contratos de prestação de serviços e o encargo para o fiscal de contrato ... 237
8.11 Cuidados relacionados ao pagamento ... 238
8.12 Deveres e responsabilidades pessoais decorrentes da fiscalização e da gestão do contrato ... 240

CAPÍTULO IX
EXTINÇÃO DO CONTRATO ADMINISTRATIVO ... 243
9.1 Espécies de extinção contratual ... 243
9.1.1 Hipótese genérica de extinção ... 244
9.1.2 Extinção por ato unilateral da administração ... 244
9.1.2.1 Perda de condições de habilitação durante a execução do contrato ... 246
9.1.3 Extinção relacionada a ato ou fato de terceiro ... 248
9.1.4 Extinção por descumprimento do contrato pela administração. 248
9.1.5 Extinção por razões de interesse público ... 249
9.1.6 Extinção em decorrência de caso fortuito ou força maior ... 253
9.2 Discricionariedade na decisão administrativa que extingue ou mantém o contrato ... 254
9.3 Procedimento administrativo para a extinção do contrato ... 254
9.4 Formas de extinção do contrato ... 255
9.5 Consequências da extinção do contrato ... 257
9.6 A extinção do contrato por meio da declaração de nulidade ... 258

CAPÍTULO X
APLICAÇÃO DE SANÇÕES ADMINISTRATIVAS A CONTRATADOS . 263
10.1 Finalidade da aplicação da sanção administrativa ... 263
10.2 Irrenunciabilidade do dever de aplicar sanção ... 263
10.3 Aplicação de sanção administrativa, princípio da legalidade e teoria da relação especial de sujeição ... 264
10.4 As sanções legais ... 266

10.4.1 Advertência 266
10.4.2 Multa 267
10.4.2.1 Multa por atraso no cumprimento da obrigação 267
10.4.2.2 Multa por descumprimento da obrigação contratual 268
10.4.2.3 A fixação do percentual das multas 269
10.4.2.4 Cobrança da multa 270
10.4.3 Impedimento de licitar e contratar 270
10.4.4 Declaração de inidoneidade para licitar ou contratar 271
10.5 As infrações previstas na lei, pertinentes à fase de execução contratual, e as sanções correspondentes 272
10.5.1 Dar causa à inexecução do contrato 272
10.5.2 Não celebrar o contrato ou não entregar a documentação exigida para a contratação, quando convocado dentro do prazo de validade de sua proposta 273
10.5.3 Ensejar o retardamento da execução sem motivo justificado 274
10.5.4 Prestar declaração falsa durante a execução do contrato 274
10.5.5 Praticar ato fraudulento na execução do contrato 275
10.5.6 Comportar-se de modo inidôneo ou cometer fraude de qualquer natureza 275
10.5.7 Praticar ato lesivo previsto na Lei Anticorrupção 276
10.6 Dosimetria da sanção 276
10.7 Condições de aplicabilidade de sanções decorrentes de descumprimento do contrato 278
10.8 O processo administrativo para apuração da responsabilidade e aplicação de sanção 279
10.8.1 Atuação do fiscal e do gestor na apuração da infração 280
10.9 Competência para aplicar as sanções em caso de infrações contratuais 281
10.10 Prescrição da pretensão punitiva 282
10.11 Quadro sinótico 283

REFERÊNCIAS 285

ANEXOS

ANEXO
MODELOS DE ATOS E SUGESTÃO DE ROTINAS E PROCEDIMENTOS PARA FISCAIS E GESTORES DE CONTRATOS 295

PREFÁCIO À 1ª EDIÇÃO

O Estado nem sempre tem meios e recursos humanos e tecnológicos suficientes para satisfazer aos interesses coletivos. Nesses casos, a realização de suas finalidades precípuas exige a colaboração de terceiros.

A Administração estabelece relações jurídicas com particulares, as quais têm por objeto, entre outros, a realização de obras, a prestação de serviços e o fornecimento de bens de diversas naturezas. A formalização dessas relações se aperfeiçoa por meio da celebração de contratos e, no âmbito dos contratos administrativos, a Administração terá não apenas o direito, mas igualmente o dever de acompanhar a sua perfeita execução.

O interesse público – finalidade maior que norteia todas as práticas administrativas – confere particular importância às atividades de gestão e de fiscalização dos contratos celebrados pela Administração Pública. Tanto a licitação pública quanto o contrato administrativo não são procedimentos vazios e abstratos; ao contrário, tudo que a eles se refere está estritamente relacionado à concreta satisfação do interesse reclamado pela coletividade. E a eficiência desses dois instrumentos depende, pois, do atendimento satisfatório da demanda da Administração, ou seja, da escorreita execução do contrato, uma vez que é nesta fase que o interesse público efetiva e concretamente é ou não atendido.

Daí a extrema relevância da presente publicação, que aborda tema pouco explorado por parte da administração pública brasileira.

Resultado de um dedicado trabalho da advogada e especialista em Direito Administrativo Gabriela Verona Pércio, a obra *Contratos Administrativos: manual para gestores e fiscais* destaca-se por refletir sobre assunto muito caro àqueles que exercem atividades no âmbito da Administração Pública, em especial fiscais e gestores de contratos administrativos.

Foram reunidos em um só conjunto estudos doutrinários, legislação, jurisprudência e relevantes considerações acerca da figura do contrato administrativo em si e de aspectos a ele relacionados, tais como formalização, vigência, alterações, execução, rescisão e aplicação de sanções. Com esse pano de fundo, a autora preocupa-se em mencionar de forma bastante prática, ao final de alguns capítulos, como deve se dar a atuação do gestor e do fiscal em cada uma das etapas estudadas.

Merecedoras de destaque são as interessantes "dicas" e "rotinas e procedimentos" sugeridas a gestores e fiscais de contratos administrativos, pois se mostram aptas a auxiliar esses agentes no desempenho cotidiano de suas funções.

O trabalho sobressai também por tratar a matéria de forma simplificada, com o uso de linguagem de fácil compreensão, o que reforça o cuidado da autora com a assimilação dos leitores.

É com alegria, portanto, que prefacio uma obra de extrema valia para todos aqueles que atuam ou se interessam pela operacionalização dos contratos administrativos e buscam zelar pela sua eficiência por meio de um adequado processo de gerenciamento.

Benjamin Zymler
Ministro do Tribunal de Contas da União

PREFÁCIO

O contrato administrativo é um instrumento vital para a administração pública, uma vez que possibilita a realização dos objetivos do Estado e a satisfação das demandas da sociedade, a partir da atuação de um terceiro, escolhido mediante um procedimento regrado por lei.

Ele constitui um instrumento essencial à segurança jurídica daqueles que colaboram com o Estado, na medida em que estipula as regras aplicáveis à relação firmada entre as partes, mantendo intangível a equação econômico-financeira. Dito de outra forma, o contrato administrativo exerce o importante papel de fixar os direitos e as obrigações dos contraentes, alinhando as expectativas em torno dos comportamentos esperados das partes, com vistas ao cumprimento da avença.

As relevantes funções exercidas pelo contrato administrativo, na perspectiva da administração pública, tornam impositiva a boa gestão e fiscalização contratual. A formatação de uma estrutura de governança adequada, apta a avaliar, direcionar e monitorar o instrumento pactuado, permite que os problemas sejam identificados e corrigidos, tempestivamente, viabilizando a execução do ajuste, de forma eficiente, efetiva e eficaz.

É nesse contexto que sobressai a obra Contratos Administrativos: manual para gestores e fiscais de acordo com a Lei nº 14.133/2021, da notável advogada e especialista em Direito Administrativo Gabriela Verona Pércio.

Nesta quarta edição, a autora promoveu a atualização de seu livro anterior, de ampla aceitação e reconhecimento pela comunidade jurídica, a partir das mudanças promovidas pelo novel estatuto de licitações e contratos.

A edição atual representa um importante contributo para a literatura sobre contratos administrativos, refletindo as alterações introduzidas pela Lei nº 14.133/2021, na formação e na execução desses instrumentos.

A obra serve como uma importante fonte de consulta para gestores e fiscais de contratos administrativos, na difícil missão de conduzir a etapa de execução desses ajustes, em face dos desafios que lhe são impostos.

Gabriela Verona Pércio, com sua expertise reconhecida e profundo conhecimento na área, oferece um guia prático e teórico que abrange desde a elaboração até a extinção dos contratos administrativos.

Nos capítulos iniciais, a autora estabelece uma sólida base conceitual sobre os contratos administrativos, apresentando uma visão sistêmica sobre esse instituto, à luz dos diversos princípios aplicáveis à matéria.

A obra avança detalhando o processo de elaboração dos contratos administrativos, incluindo as cláusulas necessárias e as modalidades de garantia contratual, essenciais para a segurança jurídica e a eficácia da execução dos ajustes.

A convocação do adjudicatário, a vigência do contrato e as possibilidades e limites às alterações contratuais são temas abordados na sequência do livro.

A autora trata dos novos arranjos contratuais, a exemplo do contrato de fornecimento e prestação de serviço associado, do contrato de fornecimento contínuo e do contrato de eficiência, entre outros.

A revisão, reajuste e repactuação de contrato também são assuntos enfrentados, de forma criteriosa, no livro. A autora também cuida do papel do gestor e dos fiscais do contrato no processamento dos pedidos de reequilíbrio econômico-financeiro, oferecendo importantes orientações para o escorreito exercício desse mister.

A obra aborda, de forma detalhada, o acompanhamento e a fiscalização do contrato administrativo, enfatizando a importância da atuação proativa da Administração para assegurar a conformidade da execução com os objetivos contratuais e o interesse público.

Os capítulos finais discutem a extinção do contrato administrativo e a aplicação de sanções administrativas a contratados, temas de relevância indiscutível para a gestão eficiente e responsável dos recursos públicos.

A autora mantém, nesta edição, o mesmo estilo verificado nos trabalhos anteriores, ao enfrentar os temas afetos às contratações públicas de maneira exaustiva e didática.

Nessa perspectiva, a obra exerce um importante papel na capacitação dos servidores efetivos e empregados públicos designados para o desempenho das funções essenciais à execução da Lei nº 14.133/2021, constituindo uma ferramenta indispensável para os agentes envolvidos na gestão e na fiscalização de contratos administrativos.

Benjamin Zymler
Ministro do Tribunal de Contas da União

NOTA À 4ª EDIÇÃO

Esta obra começou a ser construída há cerca de 17 anos, em uma época em que pouco se falava ou escrevia sobre o assunto. Nos meus cursos, era costumeiro encontrar servidores que atuavam na execução de contratos, mas não sabiam exatamente quais eram as suas atribuições e menos ainda o tamanho das suas responsabilidades. Havia um grande hiato a ser preenchido.

Inicialmente, foram duas versões editadas pela Editora Negócios Públicos: a primeira, mais sucinta, integrando um conjunto de obras oferecidas no Congresso Brasileiro de Pregoeiros; a segunda, mais encorpada, já com prefácio do querido amigo e mentor Edgar Guimarães. Para alçar um novo voo, firmei parceria com a Editora Juruá e, em uma versão mais completa, com prefácio do ilustre Ministro do Tribunal de Contas da União, Benjamin Zymler, a obra foi projetada no cenário nacional e passou a ser comercializada, chegando a três edições. Agora, com grande alegria, a versão atualizada de acordo com a Lei nº 14.133/2021 traz o selo da Editora Fórum, admirada por sua qualidade e, inegavelmente, a editora que mais publica livros na área de licitações e contratos públicos.

O passar do tempo trouxe mudanças. O assunto adquiriu certa maturidade, em razão de apontamentos e recomendações dos Tribunais de Contas e novas abordagens doutrinárias. A edição de regulamentos definindo papéis e atribuições e a realização de investimento em capacitação de agentes, no âmbito da Administração Pública Federal, assim como de alguns estados e municípios, também contribuíram para uma evidente evolução. Pessoalmente, ao longo de tantos anos de estudos, treinamentos e palestras ministrados, adquiri vivência, aprendi mais do que ensinei. Assim, com a publicação da nova Lei, meu primeiro dilema foi decidir entre começar tudo de novo, com uma obra nova, ou adequar o texto existente, lançando a quarta edição.

Feita a escolha, optei por me conceder um tempo maior para que pudesse, diante de um texto normativo tão similar ao anterior, compreender o seu contexto de aplicação e os avanços possíveis, firmar entendimentos sobre aspectos importantes e, então, agregar novas abordagens. Fiz o caminho de volta muitas vezes, revisando palavras e repensando afirmações, inserindo comentários e retirando outros.

Ao longo do processo, mantive o firme propósito de trazer, de forma clara, informações fundamentais que permitissem a compreensão, por qualquer agente público, dos contratos administrativos e do dever legal do seu acompanhamento e da sua fiscalização. Esta foi, desde o início, a contribuição pretendida para esta obra, razão pela qual o seu DNA precisava ser mantido. Por meio dela, aqueles que estiverem ingressando ou forem intermediários no estudo da matéria terão uma visão do todo, com certa profundidade e com base em fundamentos jurídicos. Certamente, há muito ainda a se falar sobre os contratos administrativos, para além dos temas aqui tratados ou em abordagens distintas, porém, não em sede de manual.

Entretanto, não pude resistir a alguns temas palpitantes e controversos, inclusive jurídicos, envolvendo os contratos. Talvez resida aí o diferencial desta obra, que também traz, em linguagem simples, discussões mais profundas e essenciais a uma formação crítica e consistente sobre o tema.

Por fim, em relação à bibliografia e, em especial, às citações, minhas escusas à comunidade acadêmica e a todos que, porventura, escreveram sobre o assunto ou manifestaram, de alguma forma, posições idênticas às contidas nesta obra, sem, contudo, terem sido nela referenciados. É humanamente impossível, diante da quantidade elevada de obras, eventos e outras publicações disponíveis, notadamente na internet, conhecer ou mesmo ter acesso à posição de todos. Assim, mantive as referências que serviram de base às edições anteriores, quando pertinentes, trazendo outras, mais recentes, que me pareceram fundamentais ao momento, com a promessa de cuidadosa atualização para as próximas edições.

Dito isso, desejo e espero que esta obra continue sendo útil para aqueles que se dedicam a estudar os contratos administrativos sob um viés prático, sem descuidar, contudo, da teoria fundamental e do pensamento crítico.

Com os melhores cumprimentos,

A autora.

Joinville, outono de 2024.

NOÇÕES FUNDAMENTAIS SOBRE O CONTRATO ADMINISTRATIVO

1.1 Licitação, contrato e contratação pública

O contrato administrativo é o verdadeiro objetivo da Administração quando realiza uma licitação. A licitação e o futuro contrato são indissociáveis e aquela só existe em razão deste. Tanto é assim, que a perda ou a modificação substancial do interesse no objeto que está sendo licitado gera a revogação do certame, nos termos do art. 71, inc. II da Lei nº 14.133/2021.[1] A licitação não é, pois, um procedimento autônomo, um fim em si mesma, mas um meio para obter o contrato administrativo que satisfará o interesse público.[2] Por isso, sua relevância está atrelada

---

[1] "Art. 71. Encerradas as fases de julgamento e habilitação, e exauridos os recursos administrativos, o processo licitatório será encaminhado à autoridade superior, que poderá: ... II - revogar a licitação por motivo de conveniência e oportunidade;".

[2] As contratações públicas também podem ser utilizadas para implementar políticas públicas. No Brasil, desde a Lei nº 12.349/2010, que modificou a revogada Lei nº 8.666/1993, fala-se em uma nova função social da licitação, qual seja, a busca do desenvolvimento nacional sustentável (cf. FERREIRA, Daniel. *A licitação pública no Brasil e sua nova finalidade social:* A promoção do desenvolvimento nacional sustentável. Fórum: Belo Horizonte, 2012). Na Lei nº 14.133/2021, além do desenvolvimento nacional sustentável estar inserido entre os princípios que orientam a sua aplicação e, o seu incentivo, entre os objetivos do processo licitatório, encontramos as seguintes políticas públicas específicas: ações de equidade entre homens e mulheres no ambiente de trabalho; reserva de cargos para pessoa com deficiência, reabilitado da Previdência Social e aprendiz; proteção ao trabalho do menor; vedação ao trabalho infantil e de adolescentes nos casos vedados pela legislação trabalhista; vedação à submissão de trabalhadores a condições análogas às de escravo; inserção social de mulheres vítimas de violência doméstica e oriundos ou egressos do sistema prisional; preferência a bens manufaturados e serviços nacionais que atendam a normas técnicas brasileiras e bens reciclados, recicláveis ou biodegradáveis.

ao sucesso do contrato que dela se originou. Uma licitação da qual resulta um vencedor apto a contratar representa apenas parte do êxito. Da mesma forma, falhas na licitação podem resultar na impossibilidade, durante a execução do contrato, de obter os resultados esperados. O contrato, por sua vez, é o instrumento pelo qual o interesse público se realiza. É por meio dele que os efeitos da licitação se concretizam e a ação administrativa em busca de um bom contratante e do resultado de contratação mais vantajoso se justifica. A falta de zelo sobre a execução do contrato pode ocasionar a frustração dos motivos que autorizaram a movimentação do aparato administrativo. Nessa hipótese, os resultados não serão alcançados, ainda que a licitação tenha sido perfeita.

Mas a análise da licitação e do contrato nos planos da eficiência e da eficácia pode acontecer de forma separada. A adequação dos procedimentos adotados considerando a relação tempo-custo-benefício e o alcance de resultados podem ser aferidos isoladamente. Na prática, é possível encontrar, por exemplo, uma licitação eficiente e eficaz, realizada de forma lícita, com decisões acertadas, em tempo apropriado, ultimando na eleição de uma proposta realmente vantajosa, e, posteriormente, um contrato ineficiente e/ou ineficaz, porque mal executado, mal fiscalizado e com inúmeras alterações decorrentes de imprevidências, atrasos e negligências. Contudo, essa análise segregada não se mostra interessante, mas, sim, a análise da eficiência e da eficácia da contratação pública, já que, como se viu, licitação e contrato são indissociáveis. No plano da efetividade, ou seja, no momento da avaliação crítica dos efeitos produzidos pela ação, o objeto da análise será, pois, a contratação pública.[3]

Assim, é fundamental tomar a licitação e o contrato do ponto de vista da ação estatal que se desenrola por meio deles, denominada contratação pública. Uma ação complexa, com o objetivo de atender ao interesse público, primário ou secundário,[4] formada por diversos atos,

---

[3] O conceito de efetividade relaciona-se à avaliação dos efeitos de uma determinada ação estatal. Sobre o tema e sua relação com os conceitos de eficiência e eficácia, ver CASTRO, Rodrigo Batista. Eficácia, eficiência e efetividade na Administração Pública. *ENAMPAD 2006*, 23 a 27 de setembro de 2006, Salvador, BA, Brasil.

[4] A distinção entre interesse público primário e secundário tem berço na doutrina italiana. Em rápidas palavras, apenas a título elucidativo, considera-se interesse primário o interesse público propriamente dito, ou seja, aquele que representa o interesse da coletividade, dos administrados, a ser perseguido e satisfeito pelo Estado por meio da Administração Pública. O interesse secundário, por sua vez, é aquele decorrente das necessidades da Administração Pública voltadas para a realização do interesse público primário, sendo

procedimentos e processos interligados, cada qual destinado a cumprir uma etapa, produzir resultados específicos e atingir objetivos próprios. Na prática, a contratação pública é o conjunto de procedimentos relativos a uma fase preparatória, destinada a definir os objetivos da contratação e os rumos a serem tomados em busca do seu alcance,[5] a uma fase de seleção do fornecedor, que define o executor do contrato e, finalmente, a uma fase de execução do contrato, que busca garantir a satisfação do interesse público por meio da observância do que foi ajustado.

A Lei nº 14.133/2021 é, atualmente, o diploma legal que regula a contratação pública. Os 65 artigos do Título III (arts. 89 a 154) disciplinam o contrato administrativo, tratando de formalização, garantias, alocação de riscos, prerrogativas da Administração, duração, execução, alteração, extinção, recebimento do objeto, pagamentos, nulidades e meios alternativos de resolução de controvérsias. Tais normas se aplicam aos contratos independentemente da modalidade da licitação utilizada,[6] de decorrerem de contratação direta ou, ainda, de serem celebrados via sistema de registro de preços.

1.2 O planejamento das contratações públicas e sua relação com o contrato administrativo

Na nossa vida comum, planejamos nossos próximos passos considerando os objetivos que pretendemos alcançar e os recursos de que dispomos, realizando esforços para otimizá-los. Buscamos entender um contexto, colhendo informações, analisando, comparando, questionando e, enfim, fazendo escolhas que, em princípio, representam alternativas compatíveis com o resultado que queremos. Só então executamos. Viver sem planejar é impensável, diante das dificuldades, muitas vezes, irreversíveis que isso pode acarretar.

---

chamados de instrumentais. Para aprofundamento, ver MELLO, Celso Antônio Bandeira de. *Curso de Direito Administrativo*. 20. ed. São Paulo: Malheiros, 2006. p. 48-58.

5 A Lei nº 14.133/2021 disciplina a fase preparatória no seu art. 18, indicando os documentos e informações que ela deve conter.

6 A Lei nº 14.133/2021 prevê, no seu art. 28, cinco modalidades de licitação: pregão, concorrência, concurso, leilão e diálogo competitivo. Destas, pregão e concorrência são modalidades de uso geral, por assim dizer, pois cabem para a maioria das contratações de bens, serviços e obras que, se comuns, serão licitados por pregão, com exceção das obras, e se especiais, por concorrência. As outras três modalidades possuem uso mais restrito, como se pode observar dos arts. 30, 31 e 32 da referida Lei.

No mundo das contratações públicas, planejar é um dever e uma obrigação legal imposta ao gestor.[7] A Lei nº 14.133/2021 traz ao menos três comandos nesse sentido:

a) em seu art. 5º, o planejamento é alçado à natureza de princípio, vindo a integrar o rol de princípios que regem a sua aplicação;[8]
b) em seu art. 12, inc. VII, o plano de contratações anual foi institucionalizado como uma ferramenta de planejamento integrado e racionalização das contratações;[9]
c) em seu art. 18, a fase preparatória é a primeira fase do processo de contratação[10] e é caracterizada pelo planejamento.[11]

Especificamente em relação à fase preparatória, seu objetivo é reunir as informações necessárias para garantir, por meio da melhor estratégia, a contratação de um objeto que satisfaça plenamente a necessidade administrativa, junto a particular capaz de executá-lo. Trata-se, portanto, antes de mais nada, de pensar a ação contratual para, somente então, executá-la.

A fase preparatória da contratação, por óbvio, tem impacto direto na execução contratual e nas atividades de gestão e fiscalização.

---

[7] Já em 2014 alertamos para a importância do tema no nosso "Como planejar a contratação pública?", publicado na *Revista Zênite – Informativo de Licitações e Contratos (ILC)*. Curitiba: Zênite, n. 245, p. 663-668, jul. 2014.

[8] "Art. 5º Na aplicação desta Lei, serão observados os princípios da legalidade, da impessoalidade, da moralidade, da publicidade, da eficiência, do interesse público, da probidade administrativa, da igualdade, do planejamento, da transparência, da eficácia, da segregação de funções, da motivação, da vinculação ao edital, do julgamento objetivo, da segurança jurídica, da razoabilidade, da competitividade, da proporcionalidade, da celeridade, da economicidade e do desenvolvimento nacional sustentável, assim como as disposições do Decreto-Lei nº 4.657, de 4 de setembro de 1942 (Lei de Introdução às Normas do Direito Brasileiro)."

[9] "Art. 12. No processo licitatório, observar-se-á o seguinte:

...

VII - a partir de documentos de formalização de demandas, os órgãos responsáveis pelo planejamento de cada ente federativo poderão, na forma de regulamento, elaborar plano de contratações anual, com o objetivo de racionalizar as contratações dos órgãos e entidades sob sua competência, garantir o alinhamento com o seu planejamento estratégico e subsidiar a elaboração das respectivas leis orçamentárias."

[10] Não obstante à referência legal à fase preparatória *da licitação*, entendemos mais apropriada a referência à fase preparatória *do processo de contratação*, uma vez que tal fase também estará presente no processo de contratação direta, nos termos do art. 72 da Lei nº 14.133/2021.

[11] "Art. 18. A fase preparatória do processo licitatório é caracterizada pelo planejamento e deve compatibilizar-se com o plano de contratações anual de que trata o inciso VII do *caput* do art. 12 desta Lei, sempre que elaborado, e com as leis orçamentárias, bem como abordar todas as considerações técnicas, mercadológicas e de gestão que podem interferir na contratação, compreendidos:.."

De forma resumida, não apenas porque o próprio objeto do contrato é definido nessa fase, mas também porque:

a) o art. 18 estabelece que a fase preparatória deverá compreender "a definição das condições de execução e pagamento, das garantias exigidas e ofertadas e das condições de recebimento" (inc. III), "a elaboração de minuta de contrato, quando necessária, que constará obrigatoriamente como anexo do edital de licitação" (inc. VI); "o regime de fornecimento de bens, de prestação de serviços ou de execução de obras e serviços de engenharia, observados os potenciais de economia de escala" (inc. VII) e "a análise dos riscos que possam comprometer o sucesso da licitação e a boa execução contratual" (inc. X);
b) o §1º do art. 18 estabelece que o estudo técnico preliminar deve indicar as "providências a serem adotadas pela Administração previamente à celebração do contrato, inclusive quanto à capacitação de servidores ou de empregados para fiscalização e gestão contratual" (inc. X); e
c) o art. 6º, inc. XXIII estabelece que o termo de referência deve conter os "requisitos da contratação" (alínea "d"), o "modelo de execução do objeto, que consiste na definição de como o contrato deverá produzir os resultados pretendidos desde o seu início até o seu encerramento (alínea "e"); o "modelo de gestão do contrato, que descreve como a execução do objeto será acompanhada e fiscalizada pelo órgão ou entidade" (alínea "f") e os "critérios de medição e de pagamento" (alínea "g").

Como se pode observar, a Lei nº 14.133/2021 avançou enormemente no sentido de estabelecer, de forma perfeitamente compreensível, a relação, já indiscutível, entre a fase preparatória e a fase de execução contratual. Disso decorrem uma conclusão e, ao menos, uma preocupação. A conclusão: o incremento da fase preparatória deverá projetar efeitos positivos nas fases subsequentes, incluída a fase de execução contratual, minimizando alguns problemas tradicionais como a realização de aditivos contratuais sem o devido respaldo legal. A preocupação: para que isso ocorra, os agentes da etapa preparatória precisam ser capazes de desempenhar adequadamente suas atribuições, o que está diretamente relacionado à governança das contratações[12] e à gestão por competências,[13] campos praticamente inexplorados pela Administração Pública brasileira.

1.3 Os ajustes denominados contratos administrativos, para os fins da aplicação da Lei nº 14.133/2021

Os contratos da Lei nº 14.133/2021 são contratos administrativos. A doutrina francesa, responsável pela teoria que orienta a doutrina brasileira, reconhece como contrato administrativo aquele em que uma das partes, a Administração Pública, desfruta de posição de supremacia sobre a outra, o contratante privado, fundando-se na lógica de que a satisfação do interesse público tem o condão de possibilitar certas prerrogativas, previstas em lei. Basicamente, trata-se da possibilidade de modificar e extinguir unilateralmente o contrato, controlar e fiscalizar sua execução e infligir sanções ao contratante privado em caso de descumprimento do ajuste. A supremacia do interesse público também impede o reconhecimento ao contratante privado, como regra, do direito de invocar a *exceptio non adimpleti contractus* (exceção do contrato não cumprido), arguindo o descumprimento do contrato pela Administração como motivo para o seu próprio descumprimento. A categorização do contrato como sendo administrativo também pode se dar por meio de expressa qualificação legal e por possuir, como objeto, a própria execução de um serviço público.

Na doutrina brasileira, Celso Antônio Bandeira de Mello entende o contrato administrativo como

---

[12] Art. 11, Parágrafo único da Lei nº 14.133/2021: "A alta administração do órgão ou entidade é responsável pela governança das contratações e deve implementar processos e estruturas, inclusive de gestão de riscos e controles internos, para avaliar, direcionar e monitorar os processos licitatórios e os respectivos contratos, com o intuito de alcançar os objetivos estabelecidos no *caput* deste artigo, promover um ambiente íntegro e confiável, assegurar o alinhamento das contratações ao planejamento estratégico e às leis orçamentárias e promover eficiência, efetividade e eficácia em suas contratações."

[13] "Art. 7º Caberá à autoridade máxima do órgão ou da entidade, ou a quem as normas de organização administrativa indicarem, promover gestão por competências e designar agentes públicos para o desempenho das funções essenciais à execução desta Lei que preencham os seguintes requisitos:

...

II - tenham atribuições relacionadas a licitações e contratos ou possuam formação compatível ou qualificação atestada por certificação profissional emitida por escola de governo criada e mantida pelo poder público;"

> [...] um tipo de avença travada entre a Administração e terceiros na qual, por força de lei, de cláusulas pactuadas ou do tipo de objeto, a permanência do vínculo e as condições preestabelecidas assujeitam-se a cambiáveis imposições de interesse público, ressalvados os interesses patrimoniais do contratante privado.[14]

Diogo de Figueiredo Moreira Neto define tais ajustes como manifestações de vontade recíprocas, sendo uma delas da Administração Pública, que, unificadas pelo consenso, têm por objeto a constituição de uma relação jurídica obrigacional, visando a atender, com prestações comutativas, a interesses distintos, dos quais um, ao menos, é público.[15]

Já para Marçal Justen Filho, contrato administrativo é o acordo de vontades destinado a criar, modificar ou extinguir direitos e obrigações, tal como facultado legislativamente e em que pelo menos uma das partes atua no exercício da função administrativa.[16] Ainda, para o autor,

> [...] o contrato administrativo propriamente dito é um acordo de vontades destinado a criar, modificar ou extinguir direitos e obrigações, tal como facultado legislativamente e em que uma das partes, atuando no exercício da função administrativa, é investida de competências para inovar unilateralmente as condições contratuais e em que se assegura a intangibilidade da equação econômico-financeira original.[17]

Tais excertos traduzem a diversidade de tratamento que pode ser encontrada na doutrina pátria. Sinteticamente, há quem refute a utilização genérica da denominação "contratos administrativos", preferindo excluir dessa categorização os contratos de direito privado celebrados pela Administração – ou, nas lições de Hely Lopes Meirelles, contratos "*semipúblicos*".[18] Bandeira de Mello escreve, ainda, que a rotulação "contratos administrativos" tem sido utilizada "*de maneira imprópria e muito infeliz, porque propiciadora de equívocos*", compreendendo situações jurídicas muito distintas, quais sejam, os contratos em que "*os poderes reconhecíveis ao Poder Público advêm diretamente das disposições legais*" e

---

[14] MELLO, Celso Antônio Bandeira de. *Curso de Direito Administrativo*. 20. ed. São Paulo: Malheiros, 2006. p. 583-584.

[15] MOREIRA NETO, Diogo de Figueiredo. *Curso de Direito Administrativo*. 11. ed. Rio de Janeiro: Forense, 1998. p. 116.

[16] JUSTEN FILHO, Marçal. *Curso de Direito Administrativo*. São Paulo: Saraiva, 2005. p. 277.

[17] JUSTEN FILHO, Marçal. Ob. cit., p. 289.

[18] MEIRELLES, Hely Lopes. *Direito Administrativo Brasileiro*. 27. ed. São Paulo: Malheiros. p. 207.

os contratos em que os poderes de instabilização do vínculo existem independentemente dela, como ocorre com as concessões de serviço público, por exemplo. Esses últimos, segundo o autor, nada teriam de "contratos", pois os poderes que encartam são "relativos à prática de atos unilaterais, inerentes às competências públicas incidentes sobre aqueles objetos".[19]

Outros defendem a existência do gênero "*contratos administrativos*", no qual estariam inseridas as espécies "*contratos administrativos em sentido estrito*" e "*contratos de direito privado da Administração*". Seguindo por essa trilha, Marçal Justen Filho ressalta que a pluralidade das figuras abrangidas pelo gênero "*contratos administrativos*" gera a existência de regimes jurídicos diversos, o que justifica a ausência de menção às prerrogativas públicas no conceito traçado.[20]

A Lei nº 8.666/1993 trazia um conceito operacional de contrato administrativo, caracterizando tais avenças para os fins de aplicação de suas normas.[21] A Lei nº 14.133/2021 é silente, porém, o conceito presente na lei revogada mantém seu valor didático para a compreensão teórica de tais ajustes. Assim, é possível indicar como características do contrato administrativo regido pela Lei nº 14.133/2021:

a) Presença da Administração Pública no polo contratante;
b) Presença de um particular ou de uma entidade integrante da Administração Pública no polo contratado;
c) Existência de um acordo de vontades para a formação do vínculo;
d) Estipulação de obrigações recíprocas entre as partes;
e) Prevalência do conteúdo sobre o rótulo.

A necessidade de que a *Administração Pública ocupe um dos polos* contratuais é característica elementar. Não há que se falar em contrato

---

[19] MELLO, Celso Antônio Bandeira de. Ob. cit. p. 581-582.

[20] JUSTEN FILHO, Marçal. *Curso de Direito Administrativo*. São Paulo: Saraiva, 2005, p. 279. Outra corrente, ainda, nega a existência de contrato na Administração Pública, só o admitindo no direito privado, diante da desigualdade jurídica existente entre Administração Pública e particular. Atualmente, se apresenta ultrapassada frente aos avanços da técnica jurídica, conforme bem alerta Cláudio Cairo Gonçalves (GONÇALVES, Cláudio Cairo. *Contrato Administrativo*: tendências e exigências atuais. Belo Horizonte: Fórum, 2006. p. 103).

[21] "*Art. 2º*. As obras, serviços, inclusive de publicidade, compras, alienações, concessões, permissões e locações da Administração Pública, quando contratadas com terceiros, serão necessariamente precedidas de licitação, ressalvadas as hipóteses previstas nesta Lei.
Parágrafo único. Para os fins desta Lei, considera-se contrato todo e qualquer ajuste entre órgãos ou entidades da Administração Pública e particulares, em que haja um acordo de vontades para a formação de vínculo e a estipulação de obrigações recíprocas, seja qual for a denominação utilizada."

administrativo quando o Poder Público não figure como parte no ajuste. E por Administração Pública há que se compreender, de acordo com o inc. III do art. 6º da Lei nº 14.133/2021, a "administração direta e indireta da União, dos Estados, do Distrito Federal e dos Municípios, inclusive as entidades com personalidade jurídica de direito privado sob controle do poder público e as fundações por ele instituídas ou mantidas".

A segunda característica, qual seja, tratar-se de *ajuste firmado com particular ou entidade integrante da Administração Pública,* leva em conta que a grande maioria dos contratos administrativos é celebrada entre Administração Pública e integrantes do setor privado, sendo, tais contratos, o foco principal da Lei nº 14.133/2021, mas não exclui as avenças firmadas entre duas organizações públicas, as quais devem observar suas disposições no que for pertinente.

A existência de um *acordo de vontades* para a formação do vínculo é subjacente à ideia de contrato, privado ou público. Acordo pressupõe consenso, concordância quanto ao conteúdo, bem como livre adesão ao compromisso obrigacional, com todas as consequências acarretadas pelo inadimplemento. A validade do contrato está condicionada ao ingresso livre e espontâneo. Nessa linha, o Código Civil brasileiro prevê como anulável o negócio jurídico por vício resultante de erro, dolo e coação, os chamados vícios da vontade ou do consentimento, circunstâncias que interferem na manifestação de vontade (art. 171).[22] No âmbito dos contratos administrativos, não há deliberação das partes quanto ao conteúdo, que é predeterminado pela Administração contratante com vistas ao atendimento de suas necessidades, mas, é livre ao particular contratar, ou não, nos termos propostos, cabendo-lhe a decisão de participar da licitação, concordar com os termos do contrato ou, eventualmente, impugná-los. A Lei nº 14.133/2021 possibilita a redução das assimetrias de informação existentes entre a Administração Pública e o mercado privado, prevendo o estudo técnico preliminar como documento da fase preparatória da contratação e ampliando a possibilidade da participação privada por meio da realização de audiências e consultas públicas.[23]

---

[22] Apenas para ilustrar, citam-se como ajustes com vício de vontade o casamento mediante ignorância da verdadeira opção sexual do parceiro, a assinatura de contrato sob ameaça de divulgação de circunstância que se pretende manter em sigilo, a assinatura de contrato mediante o uso da força física.

[23] "Art. 21. A Administração poderá convocar, com antecedência mínima de 8 (oito) dias úteis, audiência pública, presencial ou a distância, na forma eletrônica, sobre licitação que pretenda realizar, com disponibilização prévia de informações pertinentes, inclusive

A *estipulação de obrigações recíprocas* é característica relacionada com a bilateralidade do negócio jurídico. Cada contratante se compromete com o cumprimento da respectiva obrigação. Obrigações recíprocas também são aquelas que se satisfazem mutuamente. Uma parte deseja o cumprimento da obrigação da outra, sendo este, exatamente, o cerne do contrato. Os contratantes são, ao mesmo tempo, credores e devedores entre si. A obrigação de um é causa jurídica da obrigação do outro. Tome-se como exemplo um contrato de compra e venda, no qual o comprador é devedor do preço e credor da coisa e o vendedor é credor do preço e devedor da coisa. A propósito, a reciprocidade de obrigações é um traço distintivo entre o contrato administrativo e o convênio administrativo. Nestes, as obrigações dos partícipes convergem para o alcance de um objetivo comum, não havendo prestação e contraprestação. A soma das obrigações possibilita um único resultado, buscado por todos os signatários, enquanto, nos contratos, cada contratante persegue a satisfação de seu específico e distinto interesse, diretamente ligado ao cumprimento, pela outra parte, das suas obrigações contratuais.

Por fim, a *prevalência do conteúdo sobre o rótulo* tem o nítido propósito de evitar a fuga ao dever de licitar e à incidência integral das regras da Lei nº 14.133/2021, firmando contratos administrativos sob denominações diferentes, como convênio, termo de acordo, termo de ajuste, termo de cooperação, entre outros. Verificada a presença dos elementos caracterizadores do contrato, especialmente o acordo de vontades para a formação de vínculo e a estipulação de obrigações recíprocas, a natureza contratual prevalecerá, a despeito do nome que tenha sido atribuído à avença. Desse modo, será ilegal um ajuste com características contratuais que tenha sido celebrado, por exemplo, como convênio e, portanto, sem obedecer a regras fundamentais da

---

de estudo técnico preliminar e elementos do edital de licitação, e com possibilidade de manifestação de todos os interessados.
Parágrafo único. A Administração também poderá submeter a licitação a prévia consulta pública, mediante a disponibilização de seus elementos a todos os interessados, que poderão formular sugestões no prazo fixado."

Lei nº 14.133/2021,[24] ensejando a apuração das responsabilidades dos agentes envolvidos.[25]

1.4 Uma visão sistêmica do contrato administrativo

A interpretação do contrato administrativo e a solução de conflitos dele decorrentes exigem conhecimento do regime jurídico que o rege. Daí a utilidade de uma visão integral e sistêmica, com ênfase nos principais aspectos jurídicos desse instituto.

As próximas linhas destinam-se a uma rápida abordagem sobre os princípios e preceitos do direito público e do direito privado que orientam a atividade administrativa contratual, com o estrito propósito de trazer esclarecimentos que poderão nortear a atuação dos agentes públicos sem formação acadêmica na área do Direito.

1.4.1 Aplicação das normas e dos preceitos de direito público, dos princípios da teoria geral do direito e das normas de direito privado

De acordo com o que estabelece o art. 89 da Lei nº 14.133/2021, o contrato administrativo é regido por normas e preceitos de direito público, aplicando-se, supletivamente, os princípios da Teoria Geral dos Contratos e as disposições de direito privado. As normas[26] e preceitos de direito público compõem o regime jurídico administrativo, cujos pilares são a supremacia do interesse público sobre o privado e a indisponibilidade do interesse público aos agentes que o manejam. Segundo ensina Celso Antônio Bandeira de Mello, a supremacia do interesse público sobre o privado "proclama a superioridade do interesse da coletividade, firmando a prevalência dele sobre o do particular, como condição, até

[24] Segundo estabelece o art. 184 da Lei nº 14.133/2021, "Aplicam-se as disposições desta Lei, no que couber e na ausência de norma específica, aos convênios, acordos, ajustes e outros instrumentos congêneres celebrados por órgãos e entidades da Administração Pública, na forma estabelecida em regulamento do Poder Executivo federal".

[25] Sobre o assunto, a Lei nº 14.133/2021 estabelece: "Art. 184. Aplicam-se as disposições desta Lei, no que couber e na ausência de norma específica, aos convênios, acordos, ajustes e outros instrumentos congêneres celebrados por órgãos e entidades da Administração Pública, na forma estabelecida em regulamento do Poder Executivo federal".

[26] As normas compreendem as regras e os princípios. Para maior aprofundamento, ver BONAVIDES, Paulo. *Curso de Direito Constitucional*. 12. ed. São Paulo: Malheiros, 2002. p. 257-259.

mesmo, da sobrevivência e asseguramento deste último".[27] Assim, a Administração Pública ocupa posição privilegiada nas avenças que celebra, calcada na busca da satisfação do interesse coletivo.

Contudo, sua atuação está limitada pela noção de *função administrativa*. Os poderes de que dispõe são meramente instrumentais e apenas exercitáveis se necessário ao atendimento do interesse público. Configuram, em verdade, *deveres-poderes*, expressão que ressalta a subordinação do poder ao dever de atender às finalidades de interesse geral.[28] A indisponibilidade do interesse público é magistralmente definida por Ruy Cirne Lima, para quem administrar "é a atividade de quem não é senhor absoluto".[29] O titular do interesse público é o Estado, que o exerce por meio de seus órgãos, personificados por seus agentes. Os bens e interesses do Estado não se encontram entregues à livre disposição da vontade do administrador, que tem a obrigação e o dever de tutelá-los conforme a finalidade a que estão adstritos.

O art. 37, *caput* da Constituição da República estabelece como princípios constitucionais da Administração Pública a legalidade, impessoalidade, moralidade, publicidade e eficiência, em cujo rol agregam-se os princípios implícitos da finalidade, razoabilidade, proporcionalidade, motivação, impessoalidade, publicidade, devido processo legal, moralidade administrativa, controle judicial dos atos administrativos, responsabilidade do Estado por atos administrativos e segurança jurídica.[30] O inc. XXI impõe o dever de garantir as condições efetivas da proposta durante a execução do contrato. O art. 5º da Lei nº 14.133/2021 aponta os princípios que regem as licitações e os contratos administrativos, quais sejam, legalidade, impessoalidade, moralidade, igualdade, publicidade, probidade administrativa, vinculação ao instrumento convocatório e julgamento objetivo. O dispositivo também infirma a aplicabilidade dos princípios correlatos, autorizando o intérprete a lançar mão de outros princípios e subprincípios para a solução de dúvidas concretas, tais como os princípios da adjudicação compulsória e da boa-fé. O art. 37 da Constituição da República e o

---

[27] MELLO, Celso Antônio Bandeira de. Ob. cit., p. 58.

[28] *Ibidem*, p. 60-61.

[29] CIRNE LIMA, Ruy Cirne. *Princípios de Direito Administrativo*. 3. ed. 1954. p. 53 *apud* MELLO, Celso Antônio Bandeira de. Ob. cit., p. 63.

[30] MELLO, Celso Antônio Bandeira de. Ob. cit., p. 84-110.

art. 5º da Lei nº 14.133/2021 norteiam a interpretação e a aplicação das demais normas que disciplinam as contratações públicas.[31]

A aplicação supletiva dos princípios da Teoria Geral dos Contratos e das disposições de direito privado aos contratos administrativos significa suprimento, por esta via, de lacunas e omissões encontradas nesses ajustes, não solucionadas pelas suas cláusulas e pelos preceitos de direito público.[32] Entre os princípios da Teoria Geral dos Contratos estão a autonomia privada, a supremacia da ordem pública, a relatividade dos efeitos do contrato, a função social do contrato, a boa-fé objetiva e a força obrigatória dos contratos (*pacta sunt servanda*).

Do *princípio da autonomia privada* decorre a liberdade de estipular o conteúdo e de celebrar o contrato. Em relação à *supremacia da ordem pública*, diz-se que nenhuma estipulação contratual pode prevalecer se contrária às normas de ordem pública. O *princípio da relatividade* cinge os efeitos do contrato às suas partes, não atingindo terceiros. Pelo *princípio da função social do contrato*, este não pode ser transformado em um instrumento para atividades abusivas, causando dano à parte contrária ou a terceiros. O *princípio da boa-fé objetiva* relaciona-se às expectativas das partes, que celebram o ajuste acreditando no seu fiel cumprimento e na satisfação de seus interesses. Por fim, o *princípio da força obrigatória* ou, em latim, *pacta sunt servanda*, eleva as cláusulas contratuais à categoria de lei para quem o pactua (*lex inter partes*). Este princípio, embora se apresente como de aplicação supletiva na interpretação de contratos e na colmatação de lacunas, é onipresente nas avenças propriamente administrativas, possuindo grande relevância e aplicação prática. *Pacta sunt servanda* significa submissão das partes ao que foi pactuado, tornando o ajuste praticamente intangível. O contrato, desde que válido,

---

[31] Nesse sentido, Marçal Justen Filho ensina que "O art. 5 é dotado de uma função hermenêutica. Os princípios ali consagrados orientam a interpretação e a aplicação dos dispositivos específicos da Lei 14.133/2021. A revelação da vontade e da extensão dos diversos dispositivos legais deve tomar em vista os princípios do art. 5. Em casos de controvérsia quanto ao conteúdo normativo dos demais princípios, tal como naqueles em que aparentemente se configura uma omissão, é viável recorrer aos princípios do art. 5º". Contudo, o autor alerta ser "é inviável produzir uma decisão sobre uma questão concreta tomando por base *exclusivamente* o art. 5º" diante das normas da LINDB, que "impuseram uma configuração pragmática inafastável na aplicação dos princípios" (JUSTEN FILHO, Marçal Justen. *Comentários à Lei de Licitações e Contratações Administrativas: Lei 14.133/2021*. São Paulo: Thomson Reuters Brasil, 2021. p. 97.)

[32] Excepcionam essa regra os contratos de direito privado firmado pela Administração, regidos predominantemente por normas de direito privado, conforme adiante se verá.

existe para ser cumprido.[33] Uma vez em vigor, seu conteúdo deve ser rigorosamente respeitado, sofrendo, a parte inadimplente, as devidas consequências. Em outras palavras, o pressuposto é a liberdade de contratar. Se as partes pactuaram livres e conscientes, apenas se desvencilharão de suas obrigações após o respectivo cumprimento. Daí a assertiva de que o contrato faz lei entre as partes. Sobressaindo-se da generalidade, os contratos administrativos permitem alterações unilaterais decorrentes da supremacia do interesse público pelo privado, como adiante se verá, mitigando a incidência desse cânone sem, contudo, gerar prejuízo econômico ao contratante privado.

Para além do comando expresso do art. 89 da Lei nº 14.133/2021, outros dispositivos, ao longo do texto da Lei, incorporam, implicitamente, princípios e preceitos da Teoria Geral dos Contratos. É o que ocorre, por exemplo, com o inc. VI do art. 92, que atribui à Administração contratante o poder-dever de estabelecer, no contrato, de forma discricionária, o prazo para o pagamento das prestações devidas, sem fixar um limite máximo de tempo. Entre outras coisas, a regra preserva a boa-fé objetiva ao permitir que o prazo de pagamento seja estabelecido diante da realidade da organização, de forma transparente, influenciando, desde logo, as decisões do particular, relacionadas à participação na licitação e ao preço a ser proposto.

1.4.2 Aplicabilidade da teoria da imprevisão aos contratos administrativos

Aplica-se aos contratos administrativos a Teoria da Imprevisão ou cláusula *rebus sic standibus* ("enquanto as coisas forem assim", em tradução livre), que visa preservar o equilíbrio contratual e a reciprocidade das obrigações assumidas pelas partes. Significa que, enquanto a realidade contratual permanecer idêntica, as partes se obrigarão pelo que foi originalmente contratado. Trata-se de exceção à força obrigatória dos contratos (*pacta sunt servanda*), pois a modificação das circunstâncias vigentes inicialmente pode ensejar a revisão das cláusulas contratuais. Nessa linha, ensina Celso Antônio Bandeira de Mello, quando escreve

---

[33] Segundo Orlando Gomes, "celebrado que seja, com observância de todos os pressupostos e requisitos necessários à sua validade, deve ser executado pelas partes como se suas cláusulas fossem preceitos legais imperativos" (GOMES, Orlando. *Contratos*. 18. ed. Rio de Janeiro: Forense, 1998. p. 36).

que *"as obrigações contratuais hão de ser entendidas em correlação com o estado de coisas ao tempo em que se contratou"*.[34]

O Código Civil Brasileiro de 2002 delineia a Teoria da Imprevisão ao estabelecer, no art. 478, que "nos contratos de execução continuada ou diferida, se a prestação de uma das partes se tornar excessivamente onerosa, com extrema vantagem para a outra, em virtude de acontecimentos extraordinários e imprevisíveis, poderá o devedor pedir a resolução do contrato". O art. 37, inc. XXI, da Constituição da República garante a manutenção das condições iniciais da proposta até o término do contrato. Na Lei nº 14. 133/2021, o art. 124, inc. II, alínea "d" regula a matéria, autorizando a alteração consensual para "restabelecer o equilíbrio econômico-financeiro inicial do contrato quando configurado força maior, caso fortuito ou fato do príncipe ou em decorrência de fatos imprevisíveis ou previsíveis de consequências incalculáveis, que inviabilizem a execução do contrato tal como pactuado, respeitada, em qualquer caso, a repartição objetiva de risco estabelecida no contrato".

A aplicação da Teoria da Imprevisão pode se dar em favor de qualquer das partes contratantes. Sua aplicação em benefício do particular também visa preservar o interesse público, albergado pelo contrato administrativo, pois uma vez protegido contra imprevisibilidades, o particular poderá elaborar sua proposta considerando a realidade do momento, sem preocupar-se em prognosticar eventuais e incertos prejuízos futuros que majorariam o preço final. Assim, em tese, diante da possibilidade de reequilibrar futuramente o contrato, as propostas apresentadas serão menores e conterão valores justos, gerando economicidade para a Administração.

A existência de uma matriz de riscos contratual[35] impede pleitos de reequilíbrio por qualquer das partes, em relação aos eventos de

---

[34] MELLO, Celso Antônio Bandeira de. *Curso de Direito Administrativo*. 18. ed. Malheiros: São Paulo, 2005. p. 608.

[35] A Lei nº 14.133/2021 traz, no inc. XXVII do seu art. 6º, o conceito de matriz de riscos: "XXVII – matriz de riscos: cláusula contratual definidora de riscos e de responsabilidades entre as partes e caracterizadora do equilíbrio econômico-financeiro inicial do contrato, em termos de ônus financeiro decorrente de eventos supervenientes à contratação, contendo, no mínimo, as seguintes informações:
a) listagem de possíveis eventos supervenientes à assinatura do contrato que possam causar impacto em seu equilíbrio econômico-financeiro e previsão de eventual necessidade de prolação de termo aditivo por ocasião de sua ocorrência;
b) no caso de obrigações de resultado, estabelecimento das frações do objeto com relação às quais haverá liberdade para os contratados inovarem em soluções metodológicas ou tecnológicas, em termos de modificação das soluções previamente delineadas no anteprojeto ou no projeto básico;

riscos nela previstos. Tal ferramenta se presta, exatamente, a dividir, desde logo, as responsabilidades por riscos previamente identificados, afastando discussões futuras caso venham a se concretizar.

Ainda, o art. 134 da Lei nº 14.133/2021 estabelece que os preços contratados serão alterados, para mais ou para menos, conforme o caso, se houver, após a data da apresentação da proposta, criação, alteração ou extinção de quaisquer tributos ou encargos legais ou a superveniência de disposições legais, com comprovada repercussão sobre os preços contratados.

A questão da aplicação da Teoria da Imprevisão e outros possíveis impactos da redação do art. 124, inc. II, letra "d" da Lei nº 14.133/2021 no contrato será mais bem-avaliada em tópico específico sobre a revisão contratual, no Capítulo VII.

1.4.3 Exceção do contrato não cumprido

A *exceptio non adimpleti contractus* ou exceção do contrato não cumprido está consagrada no Código Civil Brasileiro de 2002, cujo art. 476 estabelece que "nos contratos bilaterais, nenhum dos contratantes, antes de cumprida a sua obrigação, pode exigir o implemento da do outro". Representa, em linhas gerais, a possibilidade de, na inadimplência de uma das partes, a outra deixar, igualmente, de cumprir com sua obrigação sem sofrer qualquer consequência. Trata-se de um instrumento de defesa da equidade e da boa-fé, impedindo o contratante faltoso de reclamar do outro a respectiva obrigação.

Sua aplicabilidade depende de haver interdependência recíproca entre as obrigações, ou seja, a obrigação inadimplida deve guardar relação direta com a obrigação sustada. Em outras palavras, apenas poderá ser suspenso o cumprimento de obrigação que esteja atrelada à obrigação que já foi descumprida. Assim, por exemplo, em um contrato de prestação de serviços de manutenção com reposição de peças e obrigação de garantia, não poderá, o contratado, deixar de garantir os serviços já prestados em decorrência do não pagamento deles. Poderá,

---

c) no caso de obrigações de meio, estabelecimento preciso das frações do objeto com relação às quais não haverá liberdade para os contratados inovarem em soluções metodológicas ou tecnológicas, devendo haver obrigação de aderência entre a execução e a solução predefinida no anteprojeto ou no projeto básico, consideradas as características do regime de execução no caso de obras e serviços de engenharia;".

sim, deixar de prestar os serviços, já que a parte contratante não estará cumprindo com sua obrigação correspondente de realizar o pagamento.

No âmbito dos contratos administrativos, a exceção do contrato não cumprido não encontra aplicação de forma idêntica aos contratos privados. Segundo se extrai do art. 137, §2º, inc. IV, da Lei nº 14.133/2021, o contratado deverá manter-se no cumprimento das obrigações mesmo diante do atraso nos pagamentos devidos, havendo a possibilidade de rescisão do ajuste ou de suspensão de sua execução apenas após completos dois meses do referido atraso.[36] A regra encontra respaldo na supremacia do interesse público sobre o privado e no princípio da continuidade do serviço público. Mas, esse atraso somente será tolerado como lícito se devidamente motivado e previamente informado ao contratado, em respeito aos princípios da legalidade, da boa-fé e da segurança jurídica. Ainda, a aplicabilidade mitigada da exceção do contrato não cumprido não é uma autorização para atrasos perpetrados imotivadamente pela Administração Pública, os quais deverão acarretar o pagamento de atualização monetária.[37]

A aplicação prática da exceção do contrato não cumprido com base no art. 137, §2º, inc. IV, da Lei nº 14.133/2021 será analisada de forma mais detalhada em tópico específico, no Capítulo IX, que trata das hipóteses de extinção contratual.

---

[36] "Art. 137. Constituirão motivos para extinção do contrato, a qual deverá ser formalmente motivada nos autos do processo, assegurados o contraditório e a ampla defesa, as seguintes situações:
§ 2º O contratado terá direito à extinção do contrato nas seguintes hipóteses:
IV - atraso superior a 2 (dois) meses, contado da emissão da nota fiscal, dos pagamentos ou de parcelas de pagamentos devidos pela Administração por despesas de obras, serviços ou fornecimentos;".

[37] A Lei nº 14.133/2021 não ignorou o dever de atualização monetária em decorrência de atraso nos pagamentos, conforme se observa dos seguintes dispositivos:
"Art. 92. São necessárias em todo contrato cláusulas que estabeleçam:
V - o preço e as condições de pagamento, os critérios, a data-base e a periodicidade do reajustamento de preços e *os critérios de atualização monetária entre a data do adimplemento das obrigações e a do efetivo pagamento;"*. (Sem grifo no original.)
"Art. 136. Registros que não caracterizam alteração do contrato podem ser realizados por simples apostila, dispensada a celebração de termo aditivo, como nas seguintes situações:
II - atualizações, compensações ou penalizações financeiras decorrentes das condições de pagamento previstas no contrato". (Sem grifo no original.)

1.4.4 O Exercício de Prerrogativas Públicas por Meio das Cláusulas Exorbitantes

Os contratos privados são caracterizados pela igualdade jurídica entre as partes e pela existência de obrigações equitativas, salvo expressa previsão em contrário. Nos contratos administrativos, diferentemente, a Administração Pública goza, *a priori* e independentemente de previsão contratual, de uma posição de superioridade decorrente da supremacia do interesse público sobre o privado.[38] Essa posição jurídica permite-lhe um atuar impositivo, que subjuga o contratado, sempre respeitando as condições originalmente pactuadas e os direitos e garantias constitucionalmente assegurados.

De acordo com o art. 104 da Lei nº 14.133/2021, que estabelece o regime jurídico dos contratos administrativos, a Administração Pública contratante tem as prerrogativas de modificar e rescindir unilateralmente os contratos, fiscalizar sua execução, aplicar sanções aos contratados inadimplentes e, nos casos de serviços essenciais, ocupar provisoriamente bens, pessoal e serviços vinculados ao objeto do contrato para assegurar a continuidade da sua prestação.[39] São as denominadas "cláusulas exorbitantes", as quais, segundo Maria Sylvia Zanella Di Pietro, "podem ser definidas como aquelas que não são comuns ou que seriam ilícitas nos contratos entre particulares, por encerrarem prerrogativas ou privilégios de uma das partes em relação à outra".[40]

Tais poderes especiais se justificam por ser o contrato administrativo um meio de satisfação do interesse público, porém não significam escravização do contratado às determinações da Administração. Embora caracterizem poderes, as prerrogativas públicas são, também, deveres da Administração Pública, não cabendo a renúncia ao seu exercício quando se fizerem necessárias.

---

[38] Conforme Marcos Juruena Villela Souto, os contratos celebrados com particulares por empresas públicas e sociedades de economia mista exploradoras de atividade econômica para o exercício da atividade-fim não admite o uso de cláusulas exorbitantes, "*que resultariam numa desleal competição não desejada pelo constituinte*" (SOUTO, Marcos Juruena Villela. Ob. cit., p. 278.)

[39] A doutrina também classifica como cláusula exorbitante a inoponibilidade, pelo contratado, da exceção do contrato não cumprido contra a Administração antes de noventa dias de atraso no pagamento, nos termos do art. 78, inc. XV da Lei, tema abordado no tópico anterior. Nesse sentido, veja SOUTO, Marcos Juruena Villela. *Direito Administrativo Contratual*. Rio de Janeiro: Lumen Juris, 2004. p. 377-378.

[40] DI PIETRO, Maria Sylvia Z. *Direito Administrativo*. 20. ed. São Paulo: Atlas, 2007. p. 239.

Enquanto poder não usual e excepcional, o exercício de prerrogativas está jungido à noção de função pública, encontrando limites claros no ordenamento jurídico. A relação contratual é equilibrada por um sistema de "freios e contrapesos" que atribui seriedade e segurança jurídica ao ajuste. O interesse público que fundamenta o exercício da prerrogativa também opera como seu limite. Melhor dizendo, o exercício da prerrogativa se justifica na medida do que for necessário ao alcance do interesse público, não se admitindo desvios ou excessos. Assim, a superioridade administrativa não obriga a que o particular ingresse no contrato sem o pleno conhecimento de suas cláusulas e condições e sujeito a desmandos. Nenhuma surpresa o aguardará na próxima ordem de serviço, nenhuma solicitação o surpreenderá, nada o obrigará a executar o que não estava previsto contratual ou legalmente ou que lhe traga prejuízos financeiros. E, principalmente, as cláusulas econômico-financeiras, sobre as quais reside o interesse fundamental do contratante privado, encontram-se protegidas pelas disposições dos §§ 1º e 2º do art. 104[41] e do próprio art. 37, inc. XXI da Constituição da República. Apenas podem ser modificadas mediante concordância do contratado e devem ser revistas em caso de alterações no objeto feitas unilateralmente pela Administração, de modo que seja mantido o equilíbrio econômico financeiro do contrato. Assim, está claro que o exercício de prerrogativas se encontra limitado pelo dever de manter o equilíbrio econômico-financeiro inicial do contrato, não subjugando, em nenhuma medida, os direitos do contratado.

1.4.4.1 O regime de prerrogativas públicas à luz do contexto normativo da Lei nº 14.133/2021

A manutenção das prerrogativas da Administração Pública contratante no bojo da Lei nº 14.133/2021 não significa, em absoluto, manutenção do *status quo ante*, consolidado pela Lei nº 8.666/1993. Apesar da semelhança de redação, não significa, nem mesmo, a repetição de normas, mas, apenas e tão somente, a manutenção da relação de verticalidade. Em verdade, a nova Lei contém premissas suficientes

---

[41] "§ 1º As cláusulas econômico-financeiras e monetárias dos contratos não poderão ser alteradas sem prévia concordância do contratado.
§ 2º Na hipótese prevista no inciso I do *caput* deste artigo, as cláusulas econômico-financeiras do contrato deverão ser revistas para que se mantenha o equilíbrio contratual."

para a construção de uma nova relação contratual, mais equilibrada, menos instável, mais eficaz.

Nesse contexto, destaca-se que o interesse privado passou a ocupar certo protagonismo, reconhecendo, a Lei nº 14.133/2021, sua importância para o negócio jurídico e a importância da sua satisfação para a satisfação do próprio interesse público. Ainda, como já se viu, princípios basilares da Teoria Geral dos Contratos foram trazidos para o seu texto, de forma expressa ou implícita, o exercício de prerrogativas foi mitigado, mecanismos de proteção econômico-financeira foram enfatizados e novos espaços para o consenso foram criados,[42] num evidente objetivo de melhorar o ambiente de negócios. Da mesma forma, a positivação do dever de planejamento, incluído expressamente entre os princípios que devem ser observados na aplicação da Lei,[43] e a indicação explícita dos atos que devem ser praticados na fase preparatória da contratação[44] ajudarão a mitigar falhas de planejamento que resultavam, outrora, em aditivos indevidos.

---

[42] Conforme bem destacam Pironti e Figueroa: "a noção de consensualidade surge como tendência à nova Administração Pública, como meio eficaz de evolução do modelo de gestão e aplicação eficiente e justa do direito." Ainda, escrevem os autores: "Nesse passo, a transformação do direito se dá exatamente no sentido de que a atuação coercitiva do Estado far-se-á apenas excepcionalmente, ou seja, quando a consensualidade não puder sobrepujar a imperatividade. Dessa forma, a dialogicidade deve imperar nas relações entre o Poder Público e o privado, respeitados, por óbvio, os princípios gerais do Direito e a razoabilidade desse consenso" (PIRONTI, Rodrigo; FIGUEROA, Rodrigo Ochoa. *Breve ensaio sobre o consensualismo na Administração Pública e o contraponto entre o modelo burocrático e responsável ("gerencial").* Revista de Direito Administrativo & Constitucional, Belo Horizonte, ano 13, n. 15, jan./mar. 2013. p. 1-310.)

[43] "Art. 5º Na aplicação desta Lei, serão observados os princípios da legalidade, da impessoalidade, da moralidade, da publicidade, da eficiência, do interesse público, da probidade administrativa, da igualdade, *do planejamento*, da transparência, da eficácia, da segregação de funções, da motivação, da vinculação ao edital, do julgamento objetivo, da segurança jurídica, da razoabilidade, da competitividade, da proporcionalidade, da celeridade, da economicidade e do desenvolvimento nacional sustentável, assim como as disposições do Decreto-Lei nº 4.657, de 4 de setembro de 1942 (Lei de Introdução às Normas do Direito Brasileiro)".

[44] "Art. 18. A fase preparatória do processo licitatório é caracterizada pelo planejamento e deve compatibilizar-se com o plano de contratações anual de que trata o inciso VII do *caput* do art. 12 desta Lei, sempre que elaborado, e com as leis orçamentárias, bem como abordar todas as considerações técnicas, mercadológicas e de gestão que podem interferir na contratação, compreendidos: I - a descrição da necessidade da contratação fundamentada em estudo técnico preliminar que caracterize o interesse público envolvido;
II - a definição do objeto para o atendimento da necessidade, por meio de termo de referência, anteprojeto, projeto básico ou projeto executivo, conforme o caso;
III - a definição das condições de execução e pagamento, das garantias exigidas e ofertadas e das condições de recebimento;
IV - o orçamento estimado, com as composições dos preços utilizados para sua formação;
V - a elaboração do edital de licitação;

É possível afirmar, pois, que a Lei nº 14.133/2021 conferiu nova roupagem à verticalidade decorrente da supremacia do interesse público sobre o privado, reduzindo iniquidades que afetavam negativamente o negócio jurídico e aumentando a proteção econômico-financeira do contratado em face de imposições unilaterais.

1.4.5 Manutenção das Condições Efetivas das Propostas

A Constituição da República, no art. 37, inc. XXI, garante ao contratado a manutenção das condições efetivas de sua proposta. O comando constitucional preserva, durante toda a execução, a relação original entre encargos e vantagens. A norma em questão é a base das disposições contidas nos referidos §§ 1º e 2º do art. 104 e norteia a aplicação da Teoria da Imprevisão (cláusula *rebus sic standibus*) aos contratos administrativos.

1.5 Contratos administrativos regidos pelo direito privado ou contratos privados da administração pública

A revogada Lei nº 8.666/1993 tratava dos contratos cujo conteúdo fossem regidos, predominantemente, por norma de direito privado, arrolando, em caráter exemplificativo, os contratos de seguro, de financiamento e de locação em que o Poder Público figurasse como locatário. Para tais espécies, a Lei se aplicava no que fosse cabível, observando-se

---

VI - a elaboração de minuta de contrato, quando necessária, que constará obrigatoriamente como anexo do edital de licitação;
VII - o regime de fornecimento de bens, de prestação de serviços ou de execução de obras e serviços de engenharia, observados os potenciais de economia de escala;
VIII - a modalidade de licitação, o critério de julgamento, o modo de disputa e a adequação e eficiência da forma de combinação desses parâmetros, para os fins de seleção da proposta apta a gerar o resultado de contratação mais vantajoso para a Administração Pública, considerado todo o ciclo de vida do objeto;
IX - a motivação circunstanciada das condições do edital, tais como justificativa de exigências de qualificação técnica, mediante indicação das parcelas de maior relevância técnica ou valor significativo do objeto, e de qualificação econômico-financeira, justificativa dos critérios de pontuação e julgamento das propostas técnicas, nas licitações com julgamento por melhor técnica ou técnica e preço, e justificativa das regras pertinentes à participação de empresas em consórcio;
X - a análise dos riscos que possam comprometer o sucesso da licitação e a boa execução contratual;
XI - a motivação sobre o momento da divulgação do orçamento da licitação, observado o art. 24 desta Lei."

uma derrogação do regime público em face do regime privado, ou seja, o afastamento de normas da Lei nº 8.666/1993 em favor de normas do direito privado que regulassem, especialmente, tais espécies contratuais.

A aplicação da regra nunca foi pacífica, pois remetia à análise de cada caso concreto, gerando inúmeras dificuldades.[45] Na prática, havia a necessidade de compatibilizar o regime de direito público com o de direito privado nos casos em que, pela natureza jurídica de certas avenças ou pela existência de lei estabelecendo especialmente as normas aplicáveis, fosse este, e não aquele, o seu principal regulador.[46] Algo nada simples de se fazer.

A Lei nº 14.133/2021 não trouxe disposição similar à de sua antecessora. O art. 3º, inc. II determina que não se subordinam ao seu regime as contratações sujeitas a normas previstas em legislação própria, o que incluiria os contratos regidos por norma de direito privado, celebrados pela Administração Pública. Contudo, o art. 2º, inc. III estabelece que a Lei se aplica às locações, tipicamente um "contrato privado da Administração Pública", despertando discussões acerca do tema.

Ao analisar o regime jurídico dos contratos na Lei nº 14.133/2021, Luciano Ferraz afirma que a diferença entre contratos administrativos em sentido estrito e contratos privados da Administração Pública subsiste em face da nova lei e que a expressão "legislação própria", empregada no inc. II do art. 3º, não é sinônimo de lei específica ou especial, razão pela qual não existe incompatibilidade de regência, por exemplo, por normas do Código Civil, de contratos celebrados pela Administração Pública, em que se verifique, no âmbito do mercado, a onerosidade excessiva ou a restrição a regras típicas de mercado. Desse modo, na visão do doutrinador, permanece vigente a referida dicotomia, com certa

---

[45] Para Marçal Justen Filho, tratava-se de "reconhecer que a satisfação de determinadas necessidades estatais pressupõe a utilização de mecanismos próprios e inerentes ao regime privado, subordinados inevitavelmente a mecanismos de mercado". Para o autor, "as características da estruturação empresarial conduzem à impossibilidade de aplicar o regime de direito público, eis que isso acarretaria a supressão do regime de mercado que dá identidade à contratação ou o desequilíbrio econômico que inviabilizaria a empresa privada" (JUSTEN FILHO, Marçal. *Comentários à Lei de Licitações e Contratos Administrativos*. 11. ed. São Paulo: Dialética, 2005. p. 531).

[46] A duração dos contratos de locação em que a Administração Pública figura como locatária gerava discussão na vigência da Lei nº 8.666/1993, considerando que a Lei nº 8.245/1991, chamada de Lei de Locações, estabelece a possibilidade de prorrogação automática, por tempo indeterminado. O Tribunal de Contas da União havia definido a questão por meio do Acórdão 1127/2009 TCU-Plenário, nos seguintes termos, no sentido de que as restrições do antigo art. 57 da Lei nº 8.666/1993 não se aplicava a tais contratos, que poderiam ser formalmente prorrogados a cada novo período, conforme o caso.

flexibilidade na construção das cláusulas contratuais nos casos em que o objeto, a finalidade e o objetivo do contrato revelem a necessidade de regência pelas normas de direito privado, sob pena de onerosidade excessiva ou prejuízo à livre concorrência.[47]

No mesmo sentido, Anderson Sant'ana Pedra, ao comentar as disposições do inc. II, do art. 3º, afirma que o legislador "utilizou de redação com largo espectro até para alcançar situações supervenientes que sejam apresentadas por inovações legislativas".[48] Ao tratar dos contratos privados da Administração pública, o autor defende que os mesmos recebem "influxo das normas de direito público, mas não das regras da NLLCA, podendo adotar modelos negociais mais flexíveis, de acordo com a regra de mercado".[49]

Ronny Charles Lopes de Torres escreve que, no caso das contratações sujeitas a normas previstas em legislação própria, "a especialidade desta legislação afastará a aplicação do regime jurídico licitatório e contratual".[50]

Ainda, Marçal Justen Filho alerta que a ausência de submissão ao regime próprio dos contratos administrativos não afasta a aplicação das normas pertinentes às atividades preparatórias e, quando for o caso, à licitação, devendo, a atividade administrativa pré-contratual, nortear-se pelas exigências de planejamento.[51]

Verifica-se, portanto, que a identificação do regime jurídico dos contratos administrativos permanece submetida à análise concreta acerca dos efeitos da sua publicização, sob o prisma do possível prejuízo ao regime de mercado que dá identidade à contratação. Em sua vasta maioria, os contratos celebrados pela Administração serão contratos administrativos em sentido estrito, aplicando-se integralmente

---

[47] Conforme palestra proferida no Webinar "As regras relacionadas aos contratos administrativos na nova Lei de Licitações", promovido pela Fundação Getúlio Vargas, disponível em: https://www.youtube.com/watch?v=nBzx9CZ1oVk. Acesso em: 8 mar. 2023.

[48] PEDRA, Anderson Sant'Ana. Comentário ao art. 3º. *In:* FORTINI, Cristiana; OLIVEIRA, Rafael Sérgio Lima de; CAMARÃO, Tatiana. Comentários à lei de licitações e contratos administrativos: Lei nº 14.133/2021. 2. ed. Belo Horizonte: Fórum, 2022. v. I. p. 60.

[49] Idem, p. 64. O autor ainda relaciona como contratações que não se submetem à Lei nº 14.133/2021, em decorrência da disposição do inc. II do seu art. 3º, aquelas celebradas pelos Serviços Sociais Autônomos, as contratações com o terceiro setor, os convênios públicos e os ajustes celebrados com organizações da sociedade civil (OSC), os contratos de gestão e os termos de parceria (p. 60-62).

[50] TORRES, Ronny Charles Lopes de. *Leis de Licitações Públicas comentadas* – Lei nº 14.133/2021 e Lei Complementar n. 123/2006. 12. ed. São Paulo: Jus Podivm, 2021. p. 69.

[51] JUSTEN FILHO, Marçal. *Comentários à Lei de Licitações e Contratações Administrativas*: Lei 14.133/2021. São Paulo: Thomson Reuters Brasil, 2021. p. 75.

as disposições da Lei nº 14.133/2021. Em situações específicas, serão regidos por normas de direito privado, às quais a Administração contratante deverá se submeter.

Neste contexto, remanesce a problemática do exercício das prerrogativas públicas e à existência de cláusulas exorbitantes em tais contratos. Tais cláusulas, como sabido, demarcam, nos contratos administrativos em sentido estrito, a sujeição característica do particular à Administração Pública.

A opinião prevalecente na doutrina tradicional e na jurisprudência,[52] à luz da revogada Lei nº 8.666/1993, era no sentido de que, nesses contratos, a Administração Pública atuava despida de seu poder de supremacia perante o particular. Mas, não havia unanimidade. Toshio Mukai defendia que a Administração Pública jamais celebraria contratos puros de direito privado[53] e para Lucas Rocha Furtado, mesmo nos contratos privados da Administração Pública, a prevalência da Administração Pública ocorreria por meio de cláusulas exorbitantes.[54]

Retratando essa polêmica, o saudoso professor Jessé Torres Pereira Junior ensinava que as prerrogativas públicas "*que laboram em favor da prevalência do interesse público*", tais como a modificação unilateral do contrato, acompanham a Administração, colocando como condição para sua concretização a expressa previsão em edital e contrato.[55]

Para Luciano Ferraz, diante dos termos da Lei nº 14.133/2021, não cabe mais derivar da lei a possibilidade do exercício de prerrogativas públicas nos contratos privados da Administração Pública. Todas as vezes em que for necessário atribuir poderes maiores à Administração Pública, será necessário fazê-lo pela via contratual, com aquiescência do contratante privado.[56] Anderson Sant'ana Pedra também afirma que, em tais contratos, "não se tem o exercício das prerrogativas inerentes ao regime publicista".[57] Para Marçal Justen Filho, os contratos de direito

---

[52] Ver Acórdão 1.436/2008 – TCU Plenário, rel. Min. Marcos Bemquerer.

[53] MUKAI, Toshio *apud* FURTADO, Lucas Rocha. *Curso de Licitações e Contratos Administrativos*. 2. ed. rev. e amp. Belo Horizonte: Fórum, 2009. p. 438.

[54] FURTADO, Lucas Rocha. *Curso de Licitações e Contratos Administrativos*. 2. ed. rev. e amp. Belo Horizonte: Fórum, 2009. p. 437-439.

[55] PEREIRA JUNIOR, Jessé Torres. *Comentários à Lei das Licitações e Contratações da Administração Pública*. 5. ed. Renovar: Rio de Janeiro. p. 627.

[56] Conforme palestra proferida no Webinar "As regras relacionadas aos contratos administrativos na nova Lei de Licitações", promovido pela Fundação Getúlio Vargas, disponível em: https://www.youtube.com/watch?v=nBzx9CZ1oVk . Acesso em: 8 mar. 2023.

[57] PEDRA, Anderson Sant'Ana. Comentário ao art. 3º. *In:* FORTINI, Cristiana; OLIVEIRA, Rafael Sérgio Lima de; CAMARÃO, Tatiana. *Comentários à lei de licitações e contratos administrativos*: Lei nº 14.133/2021. 2. ed. Belo Horizonte: Fórum, 2022. v. I. p. 64.

privado dos quais a Administração Pública participa não comportam o exercício das prerrogativas atribuídas pelo regime de direito público.[58]

A discussão sobre a contratualização do exercício de prerrogativas teve importante espaço por ocasião da publicação da Lei nº 13.303/2016, a Lei das Estatais, pela clara imposição de um regime jurídico distinto a tais entidades, quase que completamente despido de prerrogativas.[59] Contudo, o mesmo não aconteceu com a Lei nº 14.133/2021, que não foi clara acerca dos contratos privados da Administração Pública.

Portanto, conforme entendemos, seu art. 104 não serve de base à eventual inclusão de prerrogativas públicas em tais contratos, estando correta, em nosso ver, a afirmativa de que o afastamento das prerrogativas de tais ajustes ocorre em relação às normas da Lei nº 14.133/2021, porém, não em relação aos preceitos que dão sustentação ao regime de direito público. O regime privatista não prevalece a qualquer custo, irrestritamente, a ponto de afastar normas públicas consideradas essenciais e indispensáveis à proteção do interesse público. Diante de risco, haverá, sempre, o dever de protegê-lo. Desse modo, não se exclui a possibilidade de aplicação de sanções pela Administração Pública contratante, nem de extinção unilateral por descumprimento total ou parcial do ajuste. Entretanto, frisa-se: há um dever vinculado à proteção do interesse público, que deverá ser constatado na situação concreta, e não uma autorização genérica para o exercício de tais prerrogativas.

1.6 Contratos administrativos de escopo ou resultado

É importante distinguir contratos de resultado ou por escopo dos contratos de prazo. O motivo principal é a diferença entre algumas regras incidentes, mais especificamente as que regulam sua duração e extinção.

Conforme ensina Hely Lopes Meirelles, nos contratos de resultado o que se busca é a obtenção de seu objeto concluído, operando o prazo como limite de tempo para a entrega da obra, do serviço ou da

---

[58] JUSTEN FILHO, Marçal. *Comentários à Lei de Licitações e Contratações Administrativas:* Lei 14.133/2021. São Paulo: Thomson Reuters Brasil, 2021. p. 73.

[59] Christianne de Carvalho Stroppa aborda o tema com maestria em sua tese de doutoramento, intitulada "O regime jurídico dos contratos das empresas estatais prestadoras de serviços públicos na Lei de Responsabilidade das Estatais – Lei nº 13.303/2016. Disponível em: https://tede2.pucsp.br/bitstream/handle/23044/2/Christianne%20de%20Carvalho%20Stroppa.pdf. Acesso em: 20 mar. 2023.

compra sem sanções contratuais. Já nos contratos por prazo, o prazo é de eficácia do negócio jurídico contratado e, uma vez expirado, extingue-se o contrato, qualquer que seja a fase de execução de seu objeto.[60]

A diferença primordial reside em que, enquanto nos contratos por prazo prepondera como elemento relevante o tempo durante o qual a prestação permanecerá sendo executada, nos contratos por escopo o prazo de duração é dimensionado de acordo com as necessidades de realização do objeto, prevalecendo, pois, a necessidade de obter o resultado. Consequentemente, naqueles, a extinção do contrato coincidirá com o término de sua vigência, ao passo que, nestes, apenas se operará com a execução integral do objeto.

Tomem-se como exemplos um contrato de execução de obra ou prestação de serviço de engenharia e um contrato de prestação de serviços de limpeza, ambos com data final e máxima de vigência em 05 de dezembro, perguntando: se em 22 de dezembro o termo aditivo prorrogando a vigência ainda não estiver confeccionado, devem, ambos, ser considerados extintos? No primeiro caso, a resposta é "não" e, no segundo, "sim". O motivo: o primeiro ajuste é um contrato de resultado, o segundo, um contrato por prazo.

A Lei nº 14.133/2021 absorveu tais diferenças e definiu, no art. 6º, inc. XVII, "serviços não contínuos ou contratados por escopo" como sendo "aqueles que impõem ao contratado o dever de realizar a prestação de um serviço específico em período predeterminado, podendo ser prorrogado, desde que justificadamente, pelo prazo necessário à conclusão do objeto". Também previu, em seu art. 111, que "[n]a contratação que previr a conclusão de escopo predefinido, o prazo de vigência será automaticamente prorrogado quando seu objeto não for concluído no período firmado no contrato".[61]

A distinção entre prazo de execução e prazo de vigência é fundamental para a integral compreensão da matéria. O prazo de vigência

---

[60] MEIRELLES, Hely Lopes. *Licitação e Contrato Administrativo*. 11. ed. São Paulo: Malheiros, 1997. p. 197.

[61] Vale lembrar, apenas para fins didáticos, que a propósito dos contratos celebrados com fundamento na Lei nº 8.666/1993, o entendimento da AGU consignado no Parecer 13/2013-CPLC/DEPCONSU/PGF/AGU era no sentido da extinção dos contratos de escopo quando o prazo de vigência não fosse prorrogado em tempo hábil. Contudo, o próprio Tribunal de Contas da União já dava sinais de que a extinção de tais contratos pelo decurso do prazo não era absoluta, entendendo, no Acórdão 127/2016-Plenário, pela possibilidade de manutenção de um contrato de escopo com a vigência expirada para evitar prejuízo ao interesse público diretamente envolvido, compreendendo, então, os períodos de paralisação da obra como períodos de suspensão do prazo de vigência.

é o tempo de duração do contrato e o prazo de execução é o tempo de execução do objeto. O tempo de execução está inserido no tempo de duração, estando, pois, o prazo de execução inserido no prazo de vigência. Assim, nos contratos por escopo ou de resultado, pode-se dizer que a execução, em termos de relevância, prevalece sobre a vigência, que nesses casos é elemento meramente formal e não de eficácia do ajuste. Por isso, a ausência da prorrogação formal do prazo de vigência, cuja relevância é inquestionável nos contratos de prazo, tem pouca importância quando comparada à incompletude do objeto contratado, nos contratos de escopo.

Sendo assim, nos contratos de resultado, é fundamental formalizar, nos autos do processo, as ocorrências imprevistas e imprevisíveis aptas a justificar a necessidade de manutenção da sua vigência, tais como intempéries que tenham ocasionado a suspensão da execução, bem como infrações praticadas pelo contratado que impossibilitem o cumprimento do cronograma de execução, cabendo à Administração contratante tomar as providências descritas no parágrafo único do citado art. 111, quando for o caso.[62]

1.7 Validade do contrato administrativo

A validade do contrato administrativo depende de sua celebração em conformidade com o ordenamento jurídico vigente. Não há uma regra legal indicando expressa e sistematicamente os requisitos ou pressupostos de sua validade, porém, considerando as regras contidas na Lei nº 14.133/2021, os elementos do ato administrativo e, conforme autoriza o art. 89 da referida lei, o disposto no art. 104 do Código Civil Brasileiro,[63] parece possível afirmar que condicionam a validade do contrato administrativo:

a) Objeto lícito;
b) Finalidade pública;

---

[62] "Parágrafo único. Quando a não conclusão decorrer de culpa do contratado:
I - o contratado será constituído em mora, aplicáveis a ele as respectivas sanções administrativas;
II - a Administração poderá optar pela extinção do contrato e, nesse caso, adotará as medidas admitidas em lei para a continuidade da execução contratual."

[63] "Art. 104. A validade do negócio jurídico requer:
I – agente capaz;
II – objeto lícito, possível, determinado ou determinável;
III – forma prescrita ou não defesa em lei".

c) Forma prescrita em lei;
d) Signatários com capacidade e competência;
e) Respeito ao prévio e adequado procedimento administrativo.

Um *objeto é ilícito* quando sua obtenção é contrária ao ordenamento jurídico. O objeto do contrato administrativo não pode ser avesso à lei, à moral, aos princípios de ordem pública e aos bons costumes. É incomum um contrato administrativo contendo objeto ilícito, mas a consideração vale a título didático. Seria ilícito, por exemplo, um contrato administrativo cujo objeto estimulasse o exercício ilegal da advocacia por meio da contratação de empresa de contabilidade que prestasse, cumulativamente, tais serviços, sem ter, em seus quadros, profissional do Direito devidamente inscrito na Ordem dos Advogados do Brasil.

A *finalidade*, ou seja, o resultado que se pretende obter com o contrato administrativo, deve ser sempre pública. Não será válido o contrato cujo objetivo seja satisfazer interesse particular.

A *forma* do contrato administrativo está prevista no art. 95 da Lei nº 14.133/2021. Como regra deve ser escrito, podendo ser verbal no caso de pequenas compras ou o de prestação de serviços de pronto pagamento.[64] Admite-se, excepcionalmente, numa interpretação extensiva do comando legal e em face dos Princípios da Razoabilidade e da Proporcionalidade, a contratação de pequenos serviços de urgência que, à luz das normas de regência, sejam passíveis de pagamento sob o mesmo regime.

A *capacidade do agente* é requisito de validade inerente a todo negócio jurídico. É capaz a pessoa juridicamente considerada apta a exercer direitos e responder por atos e obrigações. A legislação civil considera incapaz a pessoa que não apresentar certos atributos. A incapacidade para qualquer ato é chamada absoluta, enquanto a incapacidade para alguns atos, relativa. Sob outro enfoque, as pessoas jurídicas devem ser representadas pelos sócios, gerentes, diretores ou por quem detenha poderes para agir em seu nome. Assim, se quem assina o contrato não tem a necessária capacidade jurídica, a validade do ajuste estará comprometida. No âmbito da Administração Pública, capacidade envolve competência, que é o conjunto de atribuições de um determinado agente

---

[64] "Art. 95. ...
§ 2º É nulo e de nenhum efeito o contrato verbal com a Administração, salvo o de pequenas compras ou o de prestação de serviços de pronto pagamento, assim entendidos aqueles de valor não superior a R$ 10.000,00 (dez mil reais)."

público, estabelecido pelo direito positivo.[65] A autoridade que assinar o contrato administrativo deve ter competência para tanto.

Por último, o contrato administrativo deve ser antecedido de um *procedimento administrativo* de licitação, dispensa ou inexigibilidade, conforme o caso, a teor do que determina o art. 37, inc. XXI da Constituição da República.

A configuração de algum defeito de validade do contrato ensejará análise do caso concreto, visando constatar a necessidade de invalidar o ajuste ou a possibilidade de sua manutenção, conforme a natureza do vício, a gravidade de seus efeitos, o momento de sua ocorrência e o estado atual de coisas.[66] Será sanável, por exemplo, o erro relacionado à capacidade do agente e à competência da autoridade administrativa, mediante posterior ratificação do ato; será insanável, por outro lado, o vício relacionado à ausência de licitação quando esta deveria, por lei, ter sido realizada.

A Lei nº 14.133/2021 trata, no Capítulo XI do Título III, da nulidade dos contratos. Seu art. 147 condiciona a declaração de nulidade à avaliação de onze aspectos e ao afastamento da possibilidade de saneamento. O parágrafo único determina, ainda, que, caso "a anulação não se revele medida de interesse público, o poder público deverá optar pela continuidade do contrato e pela solução da irregularidade por meio de indenização por perdas e danos, sem prejuízo da apuração de responsabilidade e da aplicação de penalidades cabíveis".

1.8 Eficácia do contrato administrativo

A eficácia do contrato administrativo está relacionada à capacidade para produzir seus efeitos típicos. O art. 94 da Lei nº 14.133/2021 traz a divulgação do contrato e de seus aditamentos no Portal Nacional de Contratações Públicas (PNCP) como condição *indispensável* para a sua eficácia, fixando prazos para tanto.[67] Observa-se que o contrato deverá

---

[65] DI PIETRO, Maria Sylvia Zanella. *Direito Administrativo*. 20. ed. São Paulo: Atlas, 2007. p. 188.

[66] A respeito do tema, consulte-se ZANCANER, Weida. *Da convalidação e da invalidação dos atos administrativos*. São Paulo: Malheiros.

[67] "Art. 94. A divulgação no Portal Nacional de Contratações Públicas (PNCP) é condição indispensável para a eficácia do contrato e de seus aditamentos e deverá ocorrer nos seguintes prazos, contados da data de sua assinatura:
I - 20 (vinte) dias úteis, no caso de licitação;
II - 10 (dez) dias úteis, no caso de contratação direta."

ser divulgado em seu inteiro teor, deixando, a lei, de fazer menção ao seu extrato, que poderá ser utilizado em publicações complementares e não obrigatórias, em outros veículos de divulgação.

De acordo com a norma, apenas após a devida publicidade é que o contrato passará a ter eficácia. Significa dizer que a execução do contrato, assim como de seus aditamentos, está atrelada à data da divulgação no Portal Nacional de Contratações Públicas (PNCP), vedando-se seu início em momento anterior à publicidade oficial. A norma encontra justificativa na transparência administrativa e no princípio da publicidade enquanto instrumento do controle externo, exercido pelos administrados.

Outra interpretação pode ser cogitada, no sentido de que eficácia condicionada pela norma seria perante terceiros, admitindo-se efeitos entre as partes (*inter partes*), produzidos a partir da assinatura. Contudo, essa não nos parece a melhor interpretação. O fato de *a licitação* já ter sido levada a conhecimento público, permitindo o exercício do respectivo controle externo, não é suficiente para afastar a necessidade de informar a efetiva celebração *do contrato* e divulgar o seu inteiro teor. Com efeito, a realização do certame não torna certa a contratação, que depende de legalidade, oportunidade e conveniência administrativa. Daí afirmar-se que a publicidade do contrato é condição de eficácia perante todos (*erga omnes*), com a finalidade de viabilizar o controle prévio do contrato.

A lei estabelece prazos distintos para a divulgação, de vinte dias úteis ou de dez dias úteis, conforme se trate de licitação ou contratação direta, inclusive dispensas fundadas nos incisos I e II do art. 75, abrindo exceção em caso de "contratos celebrados em casos de urgência".[68] Diante da ausência de definição legal, deve-se entender por urgência não apenas aqueles contratos decorrentes de dispensas emergenciais, mas também aqueles decorrentes de processos licitatórios cuja demora na contratação possa acarretar prejuízo ao interesse público.

O prazo legal de divulgação deve ser observado, apenas podendo ser ultrapassado mediante justificativas suficientes, devidamente motivadas nos autos do processo, pena de apuração de responsabilidade.

---

[68] Art. 94, "§ 1º Os contratos celebrados em caso de urgência terão eficácia a partir de sua assinatura e deverão ser publicados nos prazos previstos nos incisos I e II do *caput* deste artigo, sob pena de nulidade".

1.9 O termo de contrato e sua substituição por instrumentos hábeis

Não se deve confundir o contrato administrativo, ou seja, a relação jurídica travada entre a Administração e o particular, com o instrumento que o formaliza. O contrato é o negócio jurídico, o compromisso firmado, o conjunto de direitos, deveres e obrigações assumidos reciprocamente pelas partes. O documento que o formaliza é, a rigor, o *termo* de contrato, *instrumento* que materializa o conteúdo do ajuste como forma de assegurar seu cumprimento.

De um modo geral, a expressão "contrato" é utilizada pela Lei nº 14.133/2021 para referir-se à relação jurídica e não ao documento que lhe dá forma. Contudo, ao regular o aspecto formal do negócio em seu art. 95, a Lei manteve a imprecisão técnica presente na Lei nº 8.666/1993, utilizando a expressão "instrumento de contrato" quando deveria ser utilizada a expressão "termo de contrato".[69]

Deve-se entender que a norma autoriza a substituição do *termo* de contrato, podendo, o ajuste, ser *instrumentalizado* por outros documentos, tais como os indicados. Assim, a regra é que os contratos sejam formalizados mediante "termo de contrato", podendo, em algumas situações, ocorrer sua substituição pelos documentos considerados "instrumentos hábeis".

O termo de contrato traz detalhadamente as especificações do ajuste e as cláusulas necessárias a todo contrato administrativo, indicadas no art. 92 da Lei nº 14.133/2021. A carta-contrato tem conteúdo simplificado e sucinto, apenas o essencial para descrever o ajuste com brevidade. Os demais documentos – nota de empenho, ordem de compra, ordem de serviço – não tem como principal finalidade formalizar um contrato, mas sua emissão sinaliza a preexistência de uma relação jurídica, razão pela qual são aceitos como documentos substitutos do termo de contrato.

---

[69] "Art. 95. O *instrumento de contrato* é obrigatório, salvo nas seguintes hipóteses, em que a Administração poderá substituí-lo por outro instrumento hábil, como carta-contrato, nota de empenho de despesa, autorização de compra ou ordem de execução de serviço:
I - dispensa de licitação em razão de valor;
II - compras com entrega imediata e integral dos bens adquiridos e dos quais não resultem obrigações futuras, inclusive quanto a assistência técnica, independentemente de seu valor.
§ 1º Às hipóteses de substituição do instrumento de contrato, aplica-se, no que couber, o disposto no art. 92 desta Lei."

Os documentos substitutos não comportam adaptações, para que se pareçam com o termo de contrato. Não cabe neles a inserção de cláusulas que não lhes sejam peculiares. É o que se extrai do § 1º do art. 95, que determina a aplicabilidade do art. 92 apenas "no que couber" aos instrumentos substitutos do termo de contrato. Assim, eventuais cláusulas que sejam entendidas como necessárias à relação jurídica concreta – tais como as hipóteses de rescisão e a disciplina sobre a aplicação de sanções – deverão ser dispostas no próprio edital, que deverá explicitar a vinculação do ajuste futuro aos seus termos. A substituição, portanto, deve se mostrar cabível respeitadas as peculiaridades do respectivo instrumento, caso contrário, caberá utilizar o termo de contrato para acomodar todas as condições pertinentes ao ajuste.

A Lei nº 14.133/2021 impõe a utilização do termo de contrato, salvo em duas hipóteses: no caso de dispensa de licitação em razão de valor e compras com entrega imediata e integral dos bens adquirido, de que não resultem obrigações futuras, inclusive quanto a assistência técnica, independentemente de seu valor.[70] Acertadamente, a Advocacia Geral da União editou a Orientação Normativa n. 21, de 1º de junho de 2022, ampliando a interpretação, reconhecendo a possibilidade de substituição do termo de contrato sempre que o contrato tiver valor inferior aos limites para a dispensa de licitação em razão do valor e que o contrato consistir na compra de bens com entrega imediata e integral e dos quais não resultem obrigações futuras, inclusive quanto a assistência técnica.[71]

Os critérios utilizados pelo legislador foram o vulto da contratação e a brevidade do vínculo negocial. Em ambos os casos, a simplificação

---

[70] "Art. 95. O instrumento de contrato é obrigatório, salvo nas seguintes hipóteses, em que a Administração poderá substituí-lo por outro instrumento hábil, como carta-contrato, nota de empenho de despesa, autorização de compra ou ordem de execução de serviço:
I - dispensa de licitação em razão de valor;
II - compras com entrega imediata e integral dos bens adquiridos e dos quais não resultem obrigações futuras, inclusive quanto a assistência técnica, independentemente de seu valor."

[71] Orientação Normativa n. 21/2022 da AGU:
"I – Nas contratações decorrentes da Lei nº 14.133/2021, independentemente do objeto, do prazo de vigência, do parcelamento do fornecimento, da existência ou não de obrigações futuras e da forma empregada para selecionar o contratado (processo licitatório, contratação direta por dispensa ou inexigibilidade de licitação), será possível substituir o instrumento de contrato por instrumentos mais simples sempre que o contrato possuir valor inferior aos limites para a dispensa de licitação em razão do valor (art. 75, incisos I e II);
II – Nas contratações decorrentes da Lei nº 14.133/2021, independentemente do valor, será possível substituir o instrumento de contrato por instrumentos mais simples sempre que o contrato consistir na compra de bens com entrega imediata e integral e dos quais não resultem obrigações futuras, inclusive quanto a assistência técnica.

do instrumento contratual leva em conta o menor risco envolvido, em razão do menor vulto econômico ou da ausência de obrigações que necessitem de um vínculo contratual vigente para que possam ser exigidas.

Por assistência técnica deve ser entendida a prestação de serviços remunerada, desvinculada do período de *garantia* técnica do produto. A Lei nº 14.133/2021 refere-se a uma obrigação *contratual* assumida pelo fornecedor especificamente perante a Administração contratante e que pode ser classificada como "obrigação futura". Difere, pois, da garantia *legal*, assegurada pelo Código do Consumidor, exigível independentemente de qualquer avença contratual. Por isso, o fato de haver garantia *do produto*, oferecida pelo fabricante e à qual se obriga solidariamente o fornecedor, não impede a substituição do termo de contrato. O que define essa possibilidade é a existência, ou não, de obrigação *contratual* a ser cumprida em momento posterior à entrega do bem.

A substituição do termo de contrato é uma *faculdade* da Administração, que precisará ser exercida com cautela. A formalização simplificada do contrato não deverá ensejar risco de prejuízo ao interesse público. Portanto, mesmo nas hipóteses em que a substituição do termo de contrato é admitida pela Lei, a possibilidade concreta deve ser avaliada cuidadosamente, caso a caso, considerando as peculiaridades da contratação.[72] Não se revela conveniente, por exemplo, que um contrato de prestação de serviços de tecnologia da informação, cuja execução dependa de tecnologia avançada e conhecimentos muito específicos, além de envolver utilização de equipamentos sofisticados, seja formalizado por simples ordem de serviço, ainda que o valor esteja dentro do limite legal para a dispensa de licitação.

1.9.1 Formalização de contratos decorrentes do sistema de registro de preços

Em relação aos contratos celebrados em decorrência de sistema de registro de preços, cabe alertar que a ata não substitui a devida formalização da contratação, cabendo aplicar o art. 95 da Lei nº 14.133/2021. A Lei não é explícita nesse sentido, mas permite tal conclusão ao

[72] Na vigência da Lei nº 8.666/1993, o Tribunal de Contas da União já recomendava a confecção de "instrumento formal que possa efetivamente proteger os interesses da Administração, cabendo aos gestores responsáveis a escolha do instrumento mais conveniente tendo em vista a complexidade do objeto a ser licitado, independentemente da modalidade de licitação utilizada" (Acórdão n. 93/2004-Plenário).

fazer menção ao contrato decorrente da ata de registro de preços no parágrafo único do art. 84.[73] Desse modo, a regra de formalização é a mesma para todos os contratos, inclusive os decorrentes de sistema de registro de preços.

Isso ocorre porque ata não é contrato, mas um documento que estabelece entre as partes um vínculo específico e diferente do contratual. A ata consagra uma obrigação de manter uma promessa de dar ou fazer algo; o contrato traz como objeto a própria obrigação de dar ou fazer. Portanto, é necessário um instrumento contratual para formalizar o ajuste e gerar a respectiva obrigação.

É importante esclarecer que a ata, mesmo não sendo contrato, não gera obrigação apenas para o particular que a assina. Embora a ata seja uma promessa de contratação que vincula o particular, a sua utilização, pela Administração, está condicionada à estrita observância de seus termos. Assim, o sistema de registro de preços não pode subjugar o particular a condições desfavoráveis de execução do contrato, diferentes das esperadas quando da assinatura da ata. Portanto, existe, de forma inolvidável, um compromisso da Administração Pública, decorrente do dever de lealdade para com seu futuro contratante.[74]

O valor que indicará a possibilidade de dispensar o termo de contrato e substituí-lo por outro instrumento hábil não será o valor total estimado para os contratos decorrentes do sistema de registro de preços, mas o valor isolado de cada uma das sucessivas contratações realizadas e que necessitam ser devidamente formalizadas. Cada participante do sistema de registro de preços, e também os órgãos e entidades que aderirem à ata, formalizarão seus próprios contratos, nos termos da ata, a qual deverá observar os deveres e obrigações estabelecidas no edital e na minuta de contrato anexa, conforme o caso.

---

[73] "Art. 84. O contrato decorrente da ata de registro de preços terá sua vigência estabelecida em conformidade com as disposições nela contidas."

[74] Uma análise crítica sobre o Sistema de Registro de Preços na Lei nº 14.133/2021, incluindo a natureza da ata e seus efeitos, foi objeto do nosso artigo "Sistema de Registro de Preços na Lei nº 14.133/2021: deveres e obrigações da Administração Pública para com o fornecedor", publicado na Revista de Direito Administrativo e Infraestrutura – RDAI n. 20. Link para acesso: https://rdai.com.br/index.php/rdai/article/view/rdai20percio.

Dicas

✓ As prerrogativas unilaterais da Administração são importantes ferramentas para a satisfação do interesse público, mas devem ser exercitadas com cautela, respeitando os limites impostos pelo ordenamento jurídico.

✓ A presença de parcela remuneratória no ajuste celebrado pela Administração configura relação jurídica de cunho contratual, independentemente de ter recebido outra denominação, como, p. ex., convênio.

✓ Todos os atos administrativos praticados no exercício de competência discricionária devem estar acompanhados de suficiente motivação.

✓ O art. 95 da Lei nº 14.133/2021 e as regras sobre substituição do termo de contrato por instrumento hábil se aplica para qualquer contrato, incluindo decorrentes de sistema de registro de preços.

✓ A substituição do termo de contrato por instrumento hábil nos casos autorizados pelo art. 95 da Lei nº 14.133/2021 *é uma faculdade da* Administração, que deverá ser exercitada apenas quando, inquestionavelmente, não trouxer risco de dano ao interesse público, especialmente em decorrência da natureza do objeto contratado e das condições de execução.

ELABORAÇÃO DO CONTRATO ADMINISTRATIVO

2.1 A minuta do termo de contrato como instrumento vinculante

A minuta do termo de contrato, quando obrigatória, será um anexo do edital, conforme determina o art. 18, inc. IV da Lei nº 14.133/2021. O documento deve conter todas as condições da contratação, excetuando-se, obviamente, aquelas atinentes à proposta que se sagrará vencedora. Sua divulgação prévia como anexo do edital possibilitará aos interessados conhecerem os termos do futuro contrato e realizarem as impugnações que entenderem devidas.

Nos casos em que ocorrer a substituição do termo de contrato por instrumento equivalente, o edital ou o ato que autorizar a contratação direta deverá mencionar que ocorrerá a substituição, trazendo, de forma clara, em um tópico específico, as disposições essenciais à execução do ajuste, extraídas do rol do art. 92 da Lei nº 14.133/2021. Outra opção pode ser a adoção, como regra, da minuta do termo contrato como anexo do edital, vinculando à contratação aos seus termos, porém realizando-se a substituição no momento oportuno da formalização, conforme previsto em edital.

É importante identificar as cláusulas referentes ao contrato e distingui-las das pertinentes à licitação. Aquelas deverão integrar a minuta do termo de contrato, estas, comporão o conteúdo do edital. A repetição de cláusulas contratuais no corpo do edital não é recomendada, pois torna o documento prolixo e aumenta o risco de incompatibilidades por vezes incontornáveis, decorrentes de regramentos distintos para situações idênticas. Como exemplo, as sanções administrativas devem ser disciplinadas no edital e na minuta do termo de contrato, devendo, aquele, conter as infrações e sanções correspondentes à licitação e, esta, as infrações e sanções correspondentes à execução contratual.

O art. 19 da Lei nº 14.133/2021 traz a obrigatoriedade de instituir minutas de contratos padronizados[75] e o art. 25 estabelece a obrigatoriedade de, sempre que objeto permitir, adotar as minutas instituídas. Tais comandos não afastam a necessária cautela, no sentido de utilizar a minuta padronizada quando houver identidade de objeto e tratar-se de contratação corriqueira, não restando dúvidas sobre a possibilidade de adequar suas cláusulas sempre que necessário em razão do contrato pretendido. Neste caso, sendo essenciais tais modificações, deverão ser analisadas previamente pela assessoria jurídica, juntamente com os demais atos da fase preparatória.

A Lei nº 14.133/2021 é omissa em relação a eventuais modificações no edital e em seus anexos, incluindo a minuta do termo de contrato. Em nosso entender, se tais modificações repercutirem na competição, alterando as condições de execução do objeto e de pagamento ou outra que seja relevante para a definição do negócio e a formulação da proposta, deverá ocorrer nova divulgação do edital e seus anexos, pelos mesmos meios originalmente empregados, reabrindo-se o prazo inicialmente estabelecido para a realização da licitação. Esta solução estava prevista na Lei nº 8.666/1993 e parece continuar sendo apropriada, ainda que ausente do novo texto legal.

2.2 Cláusulas que devem constar do contrato administrativo

2.2.1 Cláusulas necessárias, segundo expressa previsão legal

O art. 92 da Lei nº 14.133/2021 arrola as cláusulas necessárias a todos os contratos administrativos. O art. 89 também traz algumas

---

[75] A Lei, traz de forma expressa, a possibilidade de estados e municípios utilizarem as minutas padronizadas instituídas pelo Poder Executivo Federal. Contudo, a regra não se restringe a elas, sendo possível a utilização de minutas instituídas por qualquer ente federativo, desde que, em qualquer caso, isso seja feito de forma criteriosa, atentando para a realidade do respectivo ente.

normas a serem observadas. Sistematizando, as seguintes cláusulas devem constar da minuta de termo de contrato:

No preâmbulo:

- nome das partes e dos representantes;
- finalidade do contrato;
- ato que autorizou a lavratura;
- número do processo de licitação ou contratação direta;
- sujeição dos contratantes à Lei nº 14.133/2021 e às cláusulas contratuais;
- legislação aplicável à execução do contrato e especialmente aos casos omissos;
- crédito pelo qual correrá a despesa, com a indicação da classificação funcional programática e da categoria econômica.

No texto principal:

- o objeto e seus elementos característicos;
- a vinculação ao edital de licitação e à proposta do licitante vencedor ou ao ato que tiver autorizado a contratação direta e à respectiva proposta;
- a legislação aplicável à execução do contrato, inclusive quanto aos casos omissos;
- o regime de execução ou a forma de fornecimento;[76]

---

[76] De acordo com o art. 6º da Lei nº 14.133/2021, são eles:
"XXVIII - empreitada por preço unitário: contratação da execução da obra ou do serviço por preço certo de unidades determinadas;
XXIX - empreitada por preço global: contratação da execução da obra ou do serviço por preço certo e total;
XXX - empreitada integral: contratação de empreendimento em sua integralidade, compreendida a totalidade das etapas de obras, serviços e instalações necessárias, sob inteira responsabilidade do contratado até sua entrega ao contratante em condições de entrada em operação, com características adequadas às finalidades para as quais foi contratado e atendidos os requisitos técnicos e legais para sua utilização com segurança estrutural e operacional;
XXXI - contratação por tarefa: regime de contratação de mão de obra para pequenos trabalhos por preço certo, com ou sem fornecimento de materiais;
XXXII - contratação integrada: regime de contratação de obras e serviços de engenharia em que o contratado é responsável por elaborar e desenvolver os projetos básico e executivo, executar obras e serviços de engenharia, fornecer bens ou prestar serviços especiais e realizar montagem, teste, pré-operação e as demais operações necessárias e suficientes para a entrega final do objeto;
XXXIII - contratação semi-integrada: regime de contratação de obras e serviços de engenharia em que o contratado é responsável por elaborar e desenvolver o projeto executivo, executar obras e serviços de engenharia, fornecer bens ou prestar serviços especiais e realizar montagem, teste, pré-operação e as demais operações necessárias e suficientes para a entrega final do objeto;

- o preço e as condições de pagamento, os critérios, a data-base e a periodicidade do reajustamento de preços e os critérios de atualização monetária entre a data do adimplemento das obrigações e a do efetivo pagamento;
- os critérios e a periodicidade da medição, quando for o caso, e o prazo para liquidação e para pagamento;
- os prazos de início das etapas de execução, conclusão, entrega, observação e recebimento definitivo, quando for o caso;
- o crédito pelo qual correrá a despesa, com a indicação da classificação funcional programática e da categoria econômica;
- a matriz de risco, quando for o caso;
- o prazo para resposta ao pedido de repactuação de preços, quando for o caso;
- o prazo para resposta ao pedido de restabelecimento do equilíbrio econômico-financeiro, quando for o caso;
- as garantias oferecidas para assegurar sua plena execução, quando exigidas, inclusive as que forem oferecidas pelo contratado no caso de antecipação de valores a título de pagamento;
- o prazo de garantia mínima do objeto, observados os prazos mínimos estabelecidos nesta Lei e nas normas técnicas aplicáveis, e as condições de manutenção e assistência técnica, quando for o caso;
- os direitos e as responsabilidades das partes, as penalidades cabíveis e os valores das multas e suas bases de cálculo;
- as condições de importação e a data e a taxa de câmbio para conversão, quando for o caso;
- a obrigação do contratado de manter, durante toda a execução do contrato, em compatibilidade com as obrigações por ele assumidas, todas as condições exigidas para a habilitação na licitação, ou para a qualificação, na contratação direta;
- a obrigação de o contratado cumprir as exigências de reserva de cargos prevista em lei, bem como em outras normas específicas, para pessoa com deficiência, para reabilitado da Previdência Social e para aprendiz;

XXXIV - fornecimento e prestação de serviço associado: regime de contratação em que, além do fornecimento do objeto, o contratado responsabiliza-se por sua operação, manutenção ou ambas, por tempo determinado;"

- o modelo de gestão do contrato, observados os requisitos definidos em regulamento;
- os casos de extinção.[77]

Na finalização:

- preposto nomeado pela contratada;
- vinculação ao edital de licitação ou ao termo que a dispensou ou a inexigiu, ao convite e à proposta do licitante vencedor;
- foro da Administração para resolução de conflitos.

Recomenda-se que sejam explicitados, ainda, os deveres do contratado de facilitar a fiscalização, permitir amplo acesso ao objeto em execução, e de atender prontamente as solicitações do fiscal e do gestor do contrato, em correspondência à prerrogativa pública prevista no art. 104, inc. III da Lei nº 14.133/2021.

2.2.1.1 A obrigatoriedade de cláusula de reajustamento de preços em todos os contratos

Todos os contratos devem conter cláusula de reajustamento de preços, prevendo reajustamento em sentido estrito ou repactuação, conforme o caso.[78] A ausência de previsão, por erro da Administração, não deverá resultar em prejuízo ao contratado, que poderá pleiteá-lo após decorrido o prazo legal de um ano,[79] cabendo às partes, nesse caso, elegerem, consensualmente, o critério mais adequado.[80]

---

[77] Vale lembrar que, na vigência da Lei nº 8.666/1993, a jurisprudência do TCU já era clara, no seguinte sentido de que é dever da Administração descrever objetivamente, em cláusula da minuta contratual, os motivos para a rescisão do contrato, de forma a evitar descrições genéricas (e.g., descumprimento parcial das obrigações e responsabilidades), bem como descrever, objetiva e exaustivamente, em cláusula da minuta contratual, os motivos para a aplicação de cada um dos tipos de penalidade administrativa, evitando-se descrições genéricas (e.g., descumprimento parcial de obrigação contratual. (Acórdão 265/2010 TCU-Plenário.)

[78] "Art. 92. São *necessárias* em todo contrato cláusulas que estabeleçam:...
V - o preço e as condições de pagamento, *os critérios, a data-base e a periodicidade do reajustamento de preços* e os critérios de atualização monetária entre a data do adimplemento das obrigações e a do efetivo pagamento;". (Sem grifos no original.)

[79] Conforme estabelecem o art. 25, §8º e o art. 92, §4º e o art. 135, §3º da Lei nº 14.133/2021, bem como, e antes ainda, o art. 28, §1º da Lei nº 9.079/95.

[80] Sobre o assunto, o TCU já entendeu, em relação aos contratos da Lei 8.666/1993, que: "Ainda que se possa considerar como discricionário o dito reajuste, isso não poderia justificar uma ação desproporcional por parte da administração pública, mesmo porque ela estaria obrigada a declarar os motivos para não admitir tal reajuste contratual, nos termos do art. 50, I, da Lei nº 9.784/1999, propiciando a insurgência da empresa contratada pelos meios administrativos ou judiciais cabíveis." (Acórdão 1470/2008 Plenário – Trecho extraído do voto do Ministro Relator.)

A Lei nº 14.133/2021 denomina reajustamento em sentido estrito "a forma de manutenção do equilíbrio econômico-financeiro de contrato consistente na aplicação do índice de correção monetária previsto no contrato, que deve retratar a variação efetiva do custo de produção, admitida a adoção de índices específicos ou setoriais".[81] Já a repactuação é definida com a "forma de manutenção do equilíbrio econômico-financeiro de contrato utilizada para serviços contínuos com regime de dedicação exclusiva de mão de obra ou predominância de mão de obra, por meio da análise da variação dos custos contratuais, devendo estar prevista no edital com data vinculada à apresentação das propostas, para os custos decorrentes do mercado, e com data vinculada ao acordo, à convenção coletiva ou ao dissídio coletivo ao qual o orçamento esteja vinculado, para os custos decorrentes da mão de obra".[82]

Assim, contratos em geral devem ter a previsão de reajustamento em sentido estrito e contratos de prestação de serviços contínuos com regime de dedicação exclusiva de mão de obra ou predominância de mão de obra, previsão de repactuação.

De acordo com o § 3º do art. 92, a duração prevista para o contrato não interfere na obrigatoriedade da cláusula contratual prevendo o reajustamento em sentido estrito, a qual deverá estar presente mesmo em contratos com prazo de vigência inferior a doze meses. Segundo o dispositivo, a data base para a contagem do prazo para a concessão do reajustamento em sentido estrito é a data do orçamento estimado, elaborado pela Administração durante a fase preparatória da contratação, o que resulta na possibilidade de reajustamento antes de transcorrido um ano de vigência do contrato. Daí a obrigatoriedade genérica da cláusula em questão, que será aplicável sempre que o período aquisitivo se completar.[83]

A previsão de repactuação deverá observar as disposições dos arts. 135 e 136 da Lei nº 14.133/2021.

---

[81] Conforme art. 6º, inc. LVIII, da Lei nº 14.133/2021.

[82] Conforme art. 6º, inc. LIX, da Lei nº 14.133/2021.

[83] A regra reflete entendimento pacificado no âmbito do TCU, conforme se verifica, exemplificativamente, do Acórdão 73/2010 do Plenário, que determinava que se fizesse constar nos editais e nos respectivos contratos, ainda quando o prazo de duração do ajuste fosse inferior a doze meses, cláusula estabelecendo o critério de reajustamento dos preços, indicando expressamente no referido instrumento o índice de reajuste contratual a ser adotado.

2.2.1.2 A ausência de um prazo legal máximo para a realização dos pagamentos devidos pela Administração

A Lei nº 14.133/2021 não fixa um prazo máximo para que a Administração contratante realize os pagamentos devidos à contratada, mas determina que um prazo seja fixado e indicado no contrato. Com efeito, o inciso VI do art. 92 traz como cláusula necessária "o prazo para liquidação e para pagamento", criando uma importante responsabilidade para a Administração.

O prazo para pagamento interfere diretamente na competitividade da licitação e nas condições econômicas das propostas que serão apresentadas. Prazos de pagamento maiores podem reduzir a competitividade e levar a propostas com valores mais elevados, salvo se forem prática de mercado. Por outro lado, prazos curtos, mas que não são, na prática, observados pela Administração, além de afrontar o princípio da segurança jurídica, levam à escassez de interessados e repercutem nas propostas em forma de "taxa de risco", aumentando o seu valor. É fundamental, portanto, que seja fixado um prazo compatível com a prática de mercado.

A Administração deverá fixar, com razoabilidade e considerando a sua realidade, um prazo que possa ser, rigorosamente, observado. Prazos reais reduzem significativamente a possibilidade de atrasos e, consequentemente, eventuais problemas para o fornecedor, relacionados ao cumprimento de seus compromissos financeiros. Assim, a providência reflete os preceitos da lealdade, da boa-fé e da segurança jurídica, que devem nortear os contratos administrativos.

Cada ente federativo pode e deve dispor, em normas próprias, acerca dos prazos de pagamento de seus contratos, considerando, inclusive, os diferentes encargos financeiros que eles representam e a natureza jurídica do contratante privado. É boa prática estabelecer que contratos com valores menores sejam pagos em prazos mais curtos, assim como contratos celebrados com microempresários individuais. Disciplina nesse sentido não interfere, em nenhuma medida, no dever de observar a ordem cronológica para cada fonte diferenciada de recursos, prevista no art. 141 da Lei nº 14.133/2021.[84]

---

[84] Art. 141. No dever de pagamento pela Administração, será observada a ordem cronológica para cada fonte diferenciada de recursos, subdividida nas seguintes categorias de contratos:
I - fornecimento de bens;

2.2.1.3 A alocação dos riscos em matriz de riscos

A matriz de riscos é cláusula obrigatória nos contratos de obras e serviços de grande vulto e naqueles contratos cujo regime de execução for a contratação integrada ou a contratação semi-integrada. Nos demais contratos, sua necessidade deverá ser identificada na fase preparatória.

A Lei nº 14.133/2021 conceitua a matriz de riscos no inc. XXVII do art. 6º e regula sua aplicabilidade nos arts. 22, 103 e 133.

2.2.1.4 O prazo para resposta a pedidos de repactuação e restabelecimento do equilíbrio econômico-financeiro

O contrato deverá trazer, explicitamente, a indicação do prazo que a Administração contratante terá para responder aos pedidos de reequilíbrio econômico-financeiro formulados pelo contratado. Trata-se de outra regra legal que prestigia a segurança jurídica e reprime eventuais abusos, garantindo ao contratado uma resposta, dentro do prazo acordado.

Segundo o §6º do art. 92, para o pedido de repactuação de contratos de serviços contínuos com regime de dedicação exclusiva de mão de obra ou com predominância de mão de obra, esse prazo será, preferencialmente, de um mês, contado da data em que o contratado apresentar a documentação necessária à sua análise, prevista no §6º do art. 135.[85] A referência à observância *preferencial* possibilita a fixação de prazo distinto, desde que devidamente justificado, o que poderá acontecer em razão da realidade e da capacidade operacional de cada Administração. Contudo, é certo que esse prazo, seja qual for, deverá ser estabelecido de forma padronizada, ou seja, deverá ser o mesmo em todos os contratos, não havendo razão para a distinção. Ainda, o prazo deverá ser fixado de forma razoável, considerando tratar-se de questão do mais absoluto interesse do contratado, sendo inadmissível prazo muito longo, que submeta o contratado a prejuízo injustificado.

II - locações;
III - prestação de serviços;
IV - realização de obras.

[85] "§ 6º A repactuação será precedida de solicitação do contratado, acompanhada de demonstração analítica da variação dos custos, por meio de apresentação da planilha de custos e formação de preços, ou do novo acordo, convenção ou sentença normativa que fundamenta a repactuação."

Podem ser estabelecidos prazos distintos para resposta a pedidos de repactuação e de revisão contratual decorrente de imprevisibilidades, considerando que, a rigor, a concessão desta última dependerá de prévia análise jurídica.[86]

O prazo para resposta não se confunde, necessariamente, com o prazo para a concessão do reequilíbrio, que deverá ocorrer, a rigor, em ato contínuo ao seu reconhecimento. A demora na concessão poderá implicar em dificuldades para o contratante privado na execução do objeto e, portanto, prejuízo à própria Administração.

Por fim, deverá ser previsto, também, um prazo geral para resposta a solicitações e reclamações relacionadas à execução dos contratos, que não se relacionem ao reequilíbrio econômico-financeiro e à repactuação, em atenção ao disposto no art. 123 da Lei nº 14.133/2021[87] e ao princípio da segurança jurídica. Tais prazos, por sua vez, deverão estar previstos em regulamento específico ou em normas internas ou ser fixados por meio da minuta padronizada de edital ou termo de contrato, conforme o caso, elaborada com o auxílio do órgão de assessoramento jurídico e aprovada pela autoridade competente.

2.2.1.5 As garantias oferecidas para assegurar a execução do contrato

O art. 96 da Lei nº 14.133/2021 prevê a possibilidade de a Administração contratante exigir do contratado a prestação de garantia nas contratações de obras, serviços e fornecimentos. A exigência de garantia e o respectivo percentual[88] deverão estar diretamente relacionados ao risco envolvido na execução contratual. Tal avaliação ocorrerá na fase preparatória da contratação, considerando as características do caso concreto.

---

[86] Conforme estabelece o art. 52, § 4º: "Na forma deste artigo, o órgão de assessoramento jurídico da Administração também realizará controle prévio de legalidade de contratações diretas, acordos, termos de cooperação, convênios, ajustes, adesões a atas de registro de preços, outros instrumentos congêneres e de seus termos aditivos."

[87] "Art. 123. A Administração terá o dever de explicitamente emitir decisão sobre todas as solicitações e reclamações relacionadas à execução dos contratos regidos por esta Lei, ressalvados os requerimentos manifestamente impertinentes, meramente protelatórios ou de nenhum interesse para a boa execução do contrato."

[88] "Art. 98. Nas contratações de obras, serviços e fornecimentos, a garantia poderá ser de até 5% (cinco por cento) do valor inicial do contrato, autorizada a majoração desse percentual para até 10% (dez por cento), desde que justificada mediante análise da complexidade técnica e dos riscos envolvidos."

As modalidades de garantia são fiança bancária, seguro-garantia, título da dívida pública e título de capitalização custeado por pagamento único, com resgate pelo valor total, na forma do seu §1º, cabendo, como regra, ao contratado escolher, conforme lhe for conveniente, observando os requisitos legais para a sua aceitação pela Administração.

O contrato deverá mencionar o percentual da garantia, o prazo para a sua prestação e as consequências da sua inobservância, as condições de execução e as condições de devolução. A Lei trata do assunto nos arts. 96 a 102 e alguns aspectos merecem destaque:

a) conforme autoriza o art. 99, nas contratações de obras e serviços de engenharia de grande vulto, a Administração poderá *exigir* que a modalidade de garantia prestada seja o seguro-garantia, suprimindo o direito de escolha do contratado em favor de um gerenciamento mais efetivo dos riscos decorrentes do inadimplemento do contrato;
b) de acordo com o §3º do art. 96, § 3º, o prazo para a prestação do seguro-garantia, em qualquer caso, será, no mínimo, de um mês, contado da data de homologação da licitação e anterior à assinatura do contrato, para a prestação da garantia. Essa regra vincula o momento da formalização do contrato e deve ser considerada na fase preparatória, especialmente para o fim de fixar os prazos de início e conclusão da execução;
c) no caso do seguro-garantia, será possível, ainda, prever cláusula de retomada, nos termos do art. 102 da Lei nº 14.133/2021.[89] O assunto será melhor abordado no Capítulo IV, juntamente com as modalidades de garantia.

---

[89] "Art. 102. Na contratação de obras e serviços de engenharia, o edital poderá exigir a prestação da garantia na modalidade seguro-garantia e prever a obrigação de a seguradora, em caso de inadimplemento pelo contratado, assumir a execução e concluir o objeto do contrato, hipótese em que:
I - a seguradora deverá firmar o contrato, inclusive os aditivos, como interveniente anuente e poderá:
a) ter livre acesso às instalações em que for executado o contrato principal;
b) acompanhar a execução do contrato principal;
c) ter acesso a auditoria técnica e contábil;
d) requerer esclarecimentos ao responsável técnico pela obra ou pelo fornecimento;
II - a emissão de empenho em nome da seguradora, ou a quem ela indicar para a conclusão do contrato, será autorizada desde que demonstrada sua regularidade fiscal;
III - a seguradora poderá subcontratar a conclusão do contrato, total ou parcialmente.
Parágrafo único. Na hipótese de inadimplemento do contratado, serão observadas as seguintes disposições:

2.2.1.6 Modelo de execução do objeto

O art. 92 estabelece como cláusula necessária ao contrato a indicação do modelo de execução contratual, o qual, segundo o art. 6º, "consiste na definição de como o contrato deverá produzir os resultados pretendidos desde o seu início até o seu encerramento".[90] O modelo de execução variará conforme o objeto e as características do interesse público que a Administração pretende ver atendido pelo contrato.

No caso dos contratos de serviços contínuos com regime de dedicação exclusiva de mão de obra, o art. 6º, inc. XVI da Lei nº 14.133/2021 estabelece que o modelo de execução exigirá, entre outros, que:

a) os empregados do contratado fiquem à disposição nas dependências do contratante para a prestação dos serviços;
b) o contratado não compartilhe os recursos humanos e materiais disponíveis de uma contratação para execução simultânea de outros contratos; e
c) o contratado possibilite a fiscalização pelo contratante quanto à distribuição, controle e supervisão dos recursos humanos alocados aos seus contratos.

2.2.1.6.1 Subcontratação na execução do objeto

Subcontratar um objeto significa repassar a execução a um terceiro, alheio à relação contratual, permanecendo, a empresa contratada pela Administração, integralmente responsável pelo todo. Não há, portanto, cessão ou transferência *do contrato*, mas apenas da execução do objeto. O negócio jurídico envolvendo a subcontratação se dá, estritamente, entre a empresa contratada e a empresa terceira que ela escolheu como parceira técnica.

A Lei nº 14.133/2021, em seu art. 122, prevê a possibilidade de subcontratação *parcial*, até o limite autorizado em cada caso pela Administração, no caso de obras, serviços ou fornecimentos. A necessidade de subcontratar partes da execução do objeto decorrerá das características do próprio objeto e do mercado em que ele estiver inserido e poderá ser identificada ainda na fase preparatória da contratação,

---

I - caso a seguradora execute e conclua o objeto do contrato, estará isenta da obrigação de pagar a importância segurada indicada na apólice;
II - caso a seguradora não assuma a execução do contrato, pagará a integralidade da importância segurada indicada na apólice."

[90] Conforme art. 6º, XXI, "e" da Lei nº 14.133/2021.

durante a realização dos estudos técnico preliminares e a elaboração do termo de referência, hipótese em que sua possibilidade deverá ser prevista no edital da licitação, indicando-se a parcela a ser subcontratada ou o percentual admitido pela Administração, conforme o caso. Salienta-se que a Lei 14.133/2021 não exige, para todo e qualquer caso, previsão contratual como condição para a subcontratação, conforme se extrai do §2º do art. 122.[91] Porém, nas situações em que a fase preparatória puder detectar, com assertividade, seu cabimento, a previsão contratual será obrigatória.

2.2.1.7 Modelo de gestão do contrato

O art. 92 estabelece como cláusula necessária ao contrato a indicação do modelo de gestão do contrato, o qual, segundo o art. 6º, "descreve como a execução do objeto será acompanhada e fiscalizada pelo órgão ou entidade".[92]

A regra obriga a Administração contratante a explicitar a forma como realizará as verificações que implicarão, diretamente, no cumprimento de obrigações pelo contratado, no pagamento realizado pela Administração – especialmente quando se tratar de contrato com pagamento conforme o resultado – na aplicação de sanções e em eventual rescisão contratual. Rigorosamente, o modelo de gestão de contrato é, em verdade, a descrição da metodologia de *fiscalização* do contrato, variável conforme o caso concreto.

A disciplina contratual deverá observar norma eventualmente editada pela organização, regulando a sistemática de acompanhamento e fiscalização das diferentes espécies contratuais e seus respectivos objetos. A propósito do assunto, observa-se que a Lei nº 14.133/2021 determinou, expressamente, o *dever* da Administração de regulamentar as regras relativas à atuação de fiscais e gestores de contrato.[93]

---

[91] Art. 122, § 2º: "Regulamento ou edital de licitação *poderão* vedar, restringir ou estabelecer condições para a subcontratação." (Sem grifos no original.)

[92] Conforme art. 6º, XXI, "f" da Lei nº 14.133/2021.

[93] Conforme art. 8º, §3º da Lei nº 14.133/2021.

2.2.1.7.1 Metodologia de fiscalização dos encargos previdenciários e trabalhistas e dos deveres do contratado

Nas contratações de serviços contínuos com regime de dedicação exclusiva de mão de obra,[94] a Administração Pública responde solidariamente com a empresa contratada pelos encargos previdenciários que onerarem o contrato e, subsidiariamente, pelos encargos trabalhistas, quando comprovado que falhou ao fiscalizar o cumprimento das respectivas obrigações pelo contratado, conforme expressa determinação do § 2º do art. 121 da Lei nº 14.133/2021.[95]

A rigor, a realização da retenção e subsequente recolhimento do valor de 11% sobre o valor descrito na fatura ou nota fiscal como referente aos serviços, nos termos da Lei nº 8.212/1991 e da Instrução Normativa da Receita Federal do Brasil 971/2009, afasta o risco de responsabilização futura por inadimplemento da contratada referente à contribuição patronal ao INSS, já que a Administração Pública contratante é o próprio sujeito passivo da obrigação tributária. Para a parcela de recolhimento sob a responsabilidade da empresa referente à obrigação do empregado, que é descontada de seu salário, bem como para a contribuição ao FGTS, contudo, permanece o dever de cuidado. Assim, dada a gravidade da conduta de sonegação dessas contribuições – a qual, cabe lembrar, é crime tipificado no art. 337-A do Código Penal – a verificação da condição de regularidade, já exigida para fins de habilitação, impõe-se durante a execução do contrato, sob pena de responsabilização da Administração, que se beneficiou dos serviços.[96]

---

[94] A Lei traz a seguinte definição, no art. 6º:
"XVI - serviços contínuos com regime de dedicação exclusiva de mão de obra: aqueles cujo modelo de execução contratual exige, entre outros requisitos, que:
a) os empregados do contratado fiquem à disposição nas dependências do contratante para a prestação dos serviços;
b) o contratado não compartilhe os recursos humanos e materiais disponíveis de uma contratação para execução simultânea de outros contratos;
c) o contratado possibilite a fiscalização pelo contratante quanto à distribuição, controle e supervisão dos recursos humanos alocados aos seus contratos;".

[95] "§ 2º Exclusivamente nas contratações de serviços contínuos com regime de dedicação exclusiva de mão de obra, a Administração responderá solidariamente pelos encargos previdenciários e subsidiariamente pelos encargos trabalhistas se comprovada falha na fiscalização do cumprimento das obrigações do contratado."

[96] A medida encontra fundamento também no art. 195, § 3º da Constituição Federal da República, que estabelece que "a pessoa jurídica em débito com o sistema de seguridade social, como estabelecido em lei, não poderá contratar com o Poder Público nem dele receber benefícios ou incentivos fiscais ou creditícios".

Além da cláusula geral de manutenção das condições de habilitação, obrigatória ao contrato por força do disposto no inc. XVII do art. 92, deve haver previsão específica da forma e periodicidade de verificação da manutenção dessas condições, por meio da exigência da apresentação das competentes certidões e comprovantes de recolhimento pelo contratado ou mesmo, pela consulta direta aos sites dos órgãos emissores.

É praxe que tais verificações aconteçam antes da realização dos pagamentos devidos, mediante a devida previsão em contrato, que funciona, também, como um incentivo ao contratado para manter-se em dia com suas obrigações. Porém, a irregularidade no seu cumprimento não autoriza, a rigor, a retenção do pagamento após a execução dos serviços, como forma de coerção do contratado à regularização do débito e afastamento do risco de responsabilização. Tal conduta já foi reputada indevida pelo Tribunal de Contas da União, durante a vigência da Lei nº 8.666/1993, caracterizando enriquecimento sem causa da Administração.[97] No Superior Tribunal de Justiça, a questão está pacificada há algum tempo, no mesmo sentido.[98] Não cabe, portanto, previsão contratual nesse sentido.

---

97 "9.2.1. os órgãos e entidades da Administração Pública Federal devem exigir, nos contratos de execução continuada ou parcelada, a comprovação, por parte da contratada, da regularidade fiscal, incluindo a seguridade social, sob pena de violação do disposto no § 3º do art. 195 da Constituição Federal;
9.2.2. os órgãos e entidades da Administração Pública Federal devem incluir, nos editais e contratos de execução continuada ou parcelada, cláusula que estabeleça a obrigação do contratado de manter, durante toda a execução do contrato, todas as condições de habilitação e qualificação exigidas na licitação, prevendo, como sanções para o inadimplemento a essa cláusula, a rescisão do contrato e a execução da garantia para ressarcimento dos valores e indenizações devidos à Administração, além das penalidades já previstas em lei (arts. 55, inciso XIII, 78, inciso I, 80, inciso III, e 87, da Lei 8.666/1993);
9.2.3. Verificada a irregular situação fiscal da contratada, incluindo a seguridade social, é vedada a retenção de pagamento por serviço já executado, ou fornecimento já entregue, sob pena de enriquecimento sem causa da Administração;" (Acórdão 964/2012 – TCU – Plenário).

98 Vide STJ, AgInt no REsp 1.742.457/CE, Rel. Ministro Francisco Falcão, Segunda Turma, DJe de 07/06/2019: "III. O entendimento adotado no acórdão recorrido destoa da jurisprudência do Superior Tribunal de Justiça, que é firme no sentido de que, apesar de ser exigível a Certidão de Regularidade Fiscal para a contratação com o Poder Público, não é possível a retenção do pagamento de serviços já prestados, em razão de eventual descumprimento da referida exigência." Na mesma linha: AgInt no AREsp 1.161.478/MG, Rel. Ministro Sérgio Kukina, Primeira Turma, DJe de 06/12/2018; AgInt no AREsp 503.038/RJ, Rel. Ministro Gurgel de Faria, Primeira Turma, DJe de 31/05/2017; AgRg no AREsp 277.049/DF, Rel. Ministro Benedito Gonçalves, Primeira Turma, DJe de 19/03/2013; AgRg no REsp 1.313.659/PR, Rel. Ministro Mauro Campbell Marques, Segunda Turma, DJe de 06/11/2012. Não obstante, é possível encontrar decisões em outro sentido: o TRF da 5ª Região entendeu que a Administração não pode reter o pagamento sem a devida previsão contratual (, Quarta Turma – Remessa Ex-Officio 97.789, j. 2009) e o TJDF entendeu ser lícita a retenção do pagamento quando não comprovado o recolhimento de tributos (Primeira Turma Cível – Acórdão 407.199, j. 2010).

No tocante ao cumprimento, pela empresa contratada, dos encargos trabalhistas referentes aos empregados que se encontram executando os serviços, a forma de verificação é mais complexa e precisa constar, expressamente, do modelo de gestão do contrato. O risco de responsabilização, tendo como consequência um ônus pecuniário aos cofres públicos, tornou premente a adoção de práticas preventivas, as quais se traduziram, inicialmente, em uma fiscalização intensiva do cumprimento da legislação trabalhista pela contratada, referendada por atos normativos inferiores editados no âmbito dos três Poderes. A inclusão, no contrato, de cláusulas que fixavam deveres e obrigações relacionados à apresentação de documentos pela contratada, que comprovem a regularidade trabalhista de seus empregados, tornou-se uma regra. A Lei nº 14.133/2021 incorporou algumas práticas preventivas já adotadas, como o depósito de valores em conta vinculada, o pagamento direto aos trabalhadores da empresa, o pagamento conforme o fato gerador e a exigência de comprovações documentais da empresa contratada.[99] Um dispositivo, contudo, chama atenção por contradizer, aparentemente, a jurisprudência já referida, acerca da ilicitude da

---

[99] "§ 3º Nas contratações de serviços contínuos com regime de dedicação exclusiva de mão de obra, para assegurar o cumprimento de obrigações trabalhistas pelo contratado, a Administração, mediante disposição em edital ou em contrato, poderá, entre outras medidas:
I - exigir caução, fiança bancária ou contratação de seguro-garantia com cobertura para verbas rescisórias inadimplidas;
II - condicionar o pagamento à comprovação de quitação das obrigações trabalhistas vencidas relativas ao contrato;
III - efetuar o depósito de valores em conta vinculada;
IV - em caso de inadimplemento, efetuar diretamente o pagamento das verbas trabalhistas, que serão deduzidas do pagamento devido ao contratado;
V - estabelecer que os valores destinados a férias, a décimo terceiro salário, a ausências legais e a verbas rescisórias dos empregados do contratado que participarem da execução dos serviços contratados serão pagos pelo contratante ao contratado somente na ocorrência do fato gerador."
"Art. 50. Nas contratações de serviços com regime de dedicação exclusiva de mão de obra, o contratado deverá apresentar, quando solicitado pela Administração, sob pena de multa, comprovação do cumprimento das obrigações trabalhistas e com o Fundo de Garantia do Tempo de Serviço (FGTS) em relação aos empregados diretamente envolvidos na execução do contrato, em especial quanto ao:
I - registro de ponto;
II - recibo de pagamento de salários, adicionais, horas extras, repouso semanal remunerado e décimo terceiro salário;
III - comprovante de depósito do FGTS;
IV - recibo de concessão e pagamento de férias e do respectivo adicional;
V - recibo de quitação de obrigações trabalhistas e previdenciárias dos empregados dispensados até a data da extinção do contrato;
VI - recibo de pagamento de vale-transporte e vale-alimentação, na forma prevista em norma coletiva".

retenção de pagamentos já devidos: o inciso II, do §3º do art. 121 prevê a possibilidade de "*condicionar* o pagamento à comprovação de quitação das obrigações trabalhistas vencidas relativas ao contrato". A leitura insulada permitiria concluir que, diferentemente do que ocorria na vigência da Lei nº 8.666/1993, a Lei nº 14.133/2021 traz autorização legal para a retenção, pura e simples, em caso de irregularidade. Tal interpretação, contudo, conflitaria com a tese do enriquecimento ilícito por parte da Administração e com as recomendações do Tribunal de Contas da União que originaram práticas de fiscalização hoje consolidadas.[100]

---

[100] O célebre Acórdão 1.214/2013 do Plenário recomendou à Secretaria de Logística e Tecnologia da Informação do Ministério do Planejamento para que incorporasse os seguintes aspectos à IN/SLTI-MP 2/2008, então vigente, os quais foram consolidados pela IN/SEGES-MP 5/2017:
"a) que os pagamentos às contratadas sejam condicionados, exclusivamente, à apresentação da documentação prevista na Lei 8.666/1993;
b) prever nos contratos, de forma expressa, que a administração está autorizada a realizar os pagamentos de salários diretamente aos empregados, bem como das contribuições previdenciárias e do FGTS, quando estes não forem honrados pelas empresas;
c) que os valores retidos cautelarmente sejam depositados junto à Justiça do Trabalho, com o objetivo de serem utilizados exclusivamente no pagamento de salários e das demais verbas trabalhistas, bem como das contribuições sociais e FGTS, quando não for possível a realização desses pagamentos pela própria administração, dentre outras razões, por falta da documentação pertinente, tais como folha de pagamento, rescisões dos contratos e guias de recolhimento;
d) fazer constar dos contratos cláusula de garantia que assegure o pagamento de:
d.1) prejuízos advindos do não cumprimento do contrato;
d.2) multas punitivas aplicadas pela fiscalização à contratada;
d.3) prejuízos diretos causados à contratante decorrentes de culpa ou dolo durante a execução do contrato;
d.4) obrigações previdenciárias e trabalhistas não honradas pela contratada;
e) quanto à fiscalização dos contratos a ser realizada pela administração com o objetivo de verificar o recolhimento das contribuições previdenciárias, observar os aspectos abaixo:
e.1) fixar em contrato que a contratada está obrigada a viabilizar o acesso de seus empregados, via internet, por meio de senha própria, aos sistemas da Previdência Social e da Receita do Brasil, com o objetivo de verificar se as suas contribuições previdenciárias foram recolhidas;
e.2) fixar em contrato que a contratada está obrigada a oferecer todos os meios necessários aos seus empregados para a obtenção de extratos de recolhimentos sempre que solicitado pela fiscalização;
e.3) fixar em contrato como falta grave, caracterizada como falha em sua execução, o não recolhimento das contribuições sociais da Previdência Social, que poderá dar ensejo à rescisão da avença, sem prejuízo da aplicação de sanção pecuniária e do impedimento para licitar e contratar com a União, nos termos do art. 7º da Lei 10.520/2002;
e.4) reter 11% sobre o valor da fatura de serviços da contratada, nos termos do art. 31, da Lei 8.212/93;
e.5) exigir certidão negativa de débitos para com a previdência – CND, caso esse documento não esteja regularizado junto ao SICAF;
e.6) prever que os fiscais dos contratos solicitem, por amostragem, aos empregados terceirizados que verifiquem se essas contribuições estão ou não sendo recolhidas em seus nomes. O objetivo é que todos os empregados tenham tido seus extratos avaliados ao final de um ano – sem que isso signifique que a análise não possa ser realizada mais de uma

Por questão de segurança jurídica, a disciplina contratual deverá seguir a orientação dominante na doutrina e, especialmente, na jurisprudência.[101] De uma maneira geral, sem adentrar nos aspectos controversos, os quais deverão ser decididos com a orientação do órgão de assessoramento jurídico da Administração, o termo de contrato deverá disciplinar:

- o dever do contratado de manter-se em dia com as obrigações trabalhistas;
- o dever de apresentar, sempre que exigidos, os documentos necessários à comprovação da regularidade no pagamento

---

vez para um mesmo empregado, garantindo assim o "efeito surpresa" e o benefício da expectativa do controle;
e.7) comunicar ao Ministério da Previdência Social e à Receita do Brasil qualquer irregularidade no recolhimento das contribuições previdenciárias;
f) quanto à fiscalização dos contratos a ser realizada pela Administração com o objetivo de verificar o recolhimento do Fundo de Garantia do Tempo de Serviço (FGTS), observe os aspectos abaixo:
f.1) fixar em contrato que a contratada é obrigada a viabilizar a emissão do cartão cidadão pela Caixa Econômica Federal para todos os empregados;
f.2) fixar em contrato que a contratada está obrigada a oferecer todos os meios necessários aos seus empregados para a obtenção de extratos de recolhimentos sempre que solicitado pela fiscalização;
f.3) fixar em contrato como falta grave, caracterizado como falha em sua execução, o não recolhimento do FGTS dos empregados, que poderá dar ensejo à rescisão unilateral da avença, sem prejuízo da aplicação de sanção pecuniária e do impedimento para licitar e contratar com a União, nos termos do art. 7º da Lei 10.520/2002;
f.4) fixar em contrato que a contratada deve, sempre que solicitado, apresentar extrato de FGTS dos empregados;
f.5) solicitar, mensalmente, Certidão de Regularidade do FGTS;
f.6) prever que os fiscais dos contratos solicitem, por amostragem, aos empregados terceirizados extratos da conta do FGTS e os entregue à Administração com o objetivo de verificar se os depósitos foram realizados pela contratada. O objetivo é que todos os empregados tenham tido seus extratos avaliados ao final de um ano – sem que isso signifique que a análise não possa ser realizada mais de uma vez em um mesmo empregado, garantindo assim o "efeito surpresa" e o benefício da expectativa do controle;
f.7) comunicar ao Ministério do Trabalho qualquer irregularidade no recolhimento do FGTS dos trabalhadores terceirizados;
g) somente sejam exigidos documentos comprobatórios da realização do pagamento de salários, vale-transporte e auxílio alimentação, por amostragem e a critério da administração;
h) seja fixado em contrato como falta grave, caracterizada como falha em sua execução, o não pagamento do salário, do vale-transporte e do auxílio alimentação no dia fixado, que poderá dar ensejo à rescisão do contrato, sem prejuízo da aplicação de sanção pecuniária e da declaração de impedimento para licitar e contratar com a União, nos termos do art. 7º da Lei 10.520/2002;
i) a fiscalização dos contratos, no que se refere ao cumprimento das obrigações trabalhistas, deve ser realizada com base em critérios estatísticos, levando-se em consideração falhas que impactem o contrato como um todo e não apenas erros e falhas eventuais no pagamento de alguma vantagem a um determinado empregado."

[101] Havendo norma infralegal disciplinando o assunto, o procedimento a ser seguido será aquele nela previsto.

das verbas trabalhistas dos funcionários destacados para a prestação dos serviços;

- o dever da contratada de ressarcir a Administração em caso de condenação judicial ao pagamento desses encargos;
- a exigência de que a garantia de execução abarque débitos trabalhistas da empresa contratada;
- a possibilidade de pagamento dos débitos da contratada diretamente aos empregados, utilizando-se dos valores devidos à empresa;
- as sanções aplicáveis em caso de descumprimento desses deveres;
- a extinção contratual em decorrência de irregularidades no pagamento de salários e demais verbas trabalhistas;
- a possibilidade de retenção e execução da garantia visando ao pagamento direto aos empregados ou o ressarcimento à Administração contratante.

O regramento de tais questões no contrato mostra-se indispensável diante da possibilidade de responsabilização da Administração Pública contratante em face do descumprimento das obrigações pela contratada. O tema será melhor abordado no Capítulo VIII.

2.2.2 Cláusulas necessárias não expressas

2.2.2.1 Previsão das condições em que ocorrerá a preclusão ao direito de requerer reequilíbrio econômico-financeiro

O contrato deve prever as condições para a ocorrência da preclusão do pedido de reequilíbrio econômico-financeiro, atentando para o disposto no art. 131 da Lei nº 14.133/2021.[102] Considerando tratar-se de hipótese de renúncia a direito disponível, é fundamental que o contrato seja claro acerca de todas as condições em que ela ocorrerá.[103]

---

[102] "Art. 131. A extinção do contrato não configurará óbice para o reconhecimento do desequilíbrio econômico-financeiro, hipótese em que será concedida indenização por meio de termo indenizatório.
Parágrafo único. O pedido de restabelecimento do equilíbrio econômico-financeiro deverá ser formulado durante a vigência do contrato e antes de eventual prorrogação nos termos do art. 107 desta Lei".

[103] Nesse sentido, aliás, é o item "i" das conclusões do Parecer n. 00003/2023/DECOR/CGU/AGU: "considerando que o reajuste em sentido estrito é um direito patrimonial disponível, que as renúncias se interpretam estritamente (art. 114 do Código Civil), que os preceitos de

Segundo o referido art. 131, *uma vez extinto o contrato*, pedidos de reequilíbrio econômico-financeiro realizados durante a sua vigência e, no caso de contratos de natureza continuada, antes de eventuais termos aditivos de prorrogação de prazo, serão atendidos, porém convertidos em pagamentos indenizatórios. Daí se extrai que, uma vez extinto o contrato, salvo situações excepcionais devidamente justificadas – como negociações trabalhistas não concluídas, levando a dissídio coletivo ainda não resolvido –, não haverá direito a reequilíbrio econômico-financeiro que não tenha sido requerido pelo contratado durante a sua vigência.

O parágrafo único do art. 131 permite, ainda, entender que, durante a vigência dos contratos de natureza continuada, para serem devidos, os pedidos de reequilíbrio econômico-financeiros devem ser formulados antes de assinado o termo aditivo de prorrogação do prazo de vigência. Esse já era o entendimento do Tribunal de Contas da União, no paradigmático acórdão nº 1.828/2009-Plenário, que versava sobre a repactuação e claramente inspirou a criação da regra legal.

No tocante aos contratos que devem, nos termos estritos da Lei, conter disciplina sobre o assunto:

a) Todos os contratos devem disciplinar a forma como ocorrerá a eventual preclusão em razão de extinção contratual, pois todos os contratos administrativos são passíveis de reequilíbrio econômico-financeiro, a teor do art. 37, inc. XXI da Constituição da República; e
b) Os contratos de natureza continuada devem trazer a disciplina sobre a preclusão eventualmente decorrente da assinatura termo aditivo que vier a prorrogar a sua vigência, diante da menção expressa ao art. 107 da Lei nº 14.133/2021.

Problema que se põe é em relação à preclusão do direito ao reequilíbrio em contratos de prazo, celebrados com prazo de vigência superior a um ano. Aparentemente, contratos com prazos longos podem fazer retroceder à situação que a preclusão lógica concebida pelo referido acórdão do TCU pretendeu evitar, qual seja, o pedido muito distante do momento da ocorrência do fato gerador, com impacto no planejamento orçamentário da Administração contratante. Assim, seguindo-se a

---

direito privado se aplicam supletivamente aos contratos administrativos, que os contratos administrativos devem dispor com clareza e precisão sobre os deveres, obrigações e responsabilidades das partes (§ 2º do art. 89 da Lei nº 14.133, de 2021, § 1º do art. 54 da Lei nº 8.666, de 1993), a renúncia tácita do reajuste em sentido estrito não prescinde de disciplina no edital ou contrato para fins de sua caracterização."

lógica de segurança jurídica, presente no art. 131 e seu parágrafo único, bem como o princípio de mesmo nome previsto expressamente no art. 5º como princípio a ser observado na aplicação da Lei, vislumbra-se a necessidade de a Administração estabelecer, em regulamento ou contrato, o momento em que a preclusão ocorrerá, ainda que não coincidente com a data de eventual prorrogação da vigência. Assim, por exemplo, em um contrato de serviço ou fornecimento contínuo com prazo de cinco anos de vigência, em que a prorrogação e eventual preclusão do direito ao reequilíbrio poderiam ocorrer na oportunidade do decurso dos referidos cinco anos, parece-no possível estabelecer que os pedidos de reequilíbrio devam ser solicitados anualmente.

Contratos de natureza não continuada, a exemplo dos contratos de prestação serviços de engenharia e de obras, caracterizados como de escopo ou resultado, não se encontram abarcados nas disposições do parágrafo único do art. 131.[104] Com efeito, a vigência de tais contratos é regida pela norma do art. 111, que não condiciona sua prorrogação à assinatura do termo aditivo, prevendo que ela ocorrerá automaticamente diante da não conclusão do objeto.[105] Entretanto, a mesma problemática suscitada quanto ao momento limite para a solicitação do reequilíbrio em contratos de prazo celebrados com vigência plurianual, pode ser trazida para os contratos de escopo, vislumbrando-se, em princípio, a possibilidade de fixar prazo anual, via regulamento ou contrato, pois a restrição da regra aos contratos de prazo não parece fazer sentido diante do objetivo da norma. O que se deve avaliar, isto é certo, inclusive em relação aos contratos de prazo, mas especialmente em relação aos contratos de escopo, é o impacto, na execução contratual, da não concessão do reequilíbrio solicitado fora do prazo, que pode ser prejudicial

---

[104] Esse é, também, o entendimento da Advocacia Geral da União, constante do item "k" das conclusões do Parecer n. 00003/2023/DECOR/CGU/AGU: "k) no regime jurídico da Lei nº 14.133, de 2021, e em razão do disposto no seu art. 111, que delimita uma hipótese de prorrogação automática do prazo de vigência dos contratos de escopo, que se dá *ex lege* e ao fim do prazo de vigência inicialmente estabelecido, não se caracteriza a renúncia tácita do direito ao reajuste em sentido estrito, pois como a prorrogação se efetivou *ex lege* e automaticamente, não há na prorrogação propriamente um ato do contratado, muito menos um ato incompatível com o superveniente exercício do direito ao reajuste em sentido estrito, portanto a hipóteses excepcional em que se admite a preclusão lógica do reajuste nos contrato de escopo, no âmbito da Lei nº 14.133, de 2021, ocorre apenas nos casos em que são efetivamente celebrados aditamentos de prorrogação de vigência, antes do termo final do prazo de vigência previsto no contrato;".

[105] "Art. 111. Na contratação que previr a conclusão de escopo predefinido, o prazo de vigência será automaticamente prorrogado quando seu objeto não for concluído no período firmado no contrato."

à própria Administração. Assim, em qualquer caso, mesmo diante da perda do prazo pela contratada, decisão de conceder, ou não, o reequilíbrio, será discricionariedade da Administração, que deverá levar em conta o risco para o interesse público decorrente da não concessão.

Mais comentários ao tema da preclusão do direito ao reequilíbrio econômico-financeiro podem ser encontrados no Capítulo VII.

2.2.2.2 Possibilidade de prorrogação do prazo de vigência, nos contratos por prazo

A relevância da cláusula que prevê a possibilidade de prorrogação para além do período inicial de vigência é indiscutível, pois além de ser uma regra de suma relevância para a competição que se instaurará por ocasião da licitação, sinaliza uma escolha concretamente realizada pela Administração, diante da autorização legal genérica. Sua presença no edital e no contrato é, só por essa razão, indispensável.

Nessa linha, o art. 107 da Lei nº 14.133/2021 condiciona, expressamente, a prorrogação do prazo de vigência dos contratos de fornecimento e prestação de serviços continuados à previsão em edital – e, por óbvio, no termo de contrato que formalizar o ajuste.[106]

O tema da duração dos contratos de prazo e da prorrogação do prazo de vigência será melhor abordado no Capítulo V.

2.2.2.3 Prorrogação automática do prazo de vigência de contratos de escopo ou resultado

De acordo com o art. 111 da Lei nº 14.133/2021, na contratação que previr a conclusão de escopo predefinido, o prazo de vigência será automaticamente prorrogado quando seu objeto não for concluído no período firmado no contrato.

Tal cláusula deve constar do termo de contrato, não para condicionar a prorrogação da sua vigência, já que a própria Lei prevê a prorrogação automática, mas por tratar de tema essencial ao ajuste, objeto de norma legal específica, sobre o qual não deve recair nenhuma dúvida.

---

106 "Art. 107. Os contratos de serviços e fornecimentos contínuos poderão ser prorrogados sucessivamente, respeitada a vigência máxima decenal, desde que haja previsão em edital e que a autoridade competente ateste que as condições e os preços permanecem vantajosos para a Administração, permitida a negociação com o contratado ou a extinção contratual sem ônus para qualquer das partes."

A regras acerca da vigência dos contratos de escopo ou resultado serão abordadas no Capítulo V.

2.3 Cláusulas possíveis

Outras cláusulas podem ser inseridas no contrato a título de cautela ou para melhor caracterização do ajuste, uma vez que o seu objeto independe de previsão contratual:

- Situações em que o contrato poderá ser alterado unilateral e consensualmente;
- Direito do contratado e os procedimentos para solicitação de reequilíbrio econômico-financeiro em caso de imprevisibilidades;
- Obrigação da contratada de reparar, corrigir, substituir o objeto defeituoso às suas expensas; e
- Obrigação da contratada de ressarcir danos eventualmente causados por seus funcionários a terceiros e à própria Administração contratante.

2.4 Cláusulas vedadas

Não podem integrar o conteúdo de um contrato administrativo, entre outras, cláusulas que contenham:

- Obrigações impossíveis ou ilícitas;
- Prerrogativas públicas não previstas em lei;
- Previsão de subcontratação integral do objeto;
- Previsão de cessão ou transferência do contrato a terceiro;
- Ingerência da Administração na empresa contratada;
- Renúncia geral e irrestrita ao direito ao reequilíbrio econômico-financeiro;
- Obrigações não relacionadas ao objeto licitado.

Em relação aos contratos de prestação de serviços terceirizados, a Lei nº 14.133/2021 veda, expressamente, em seu art. 48:

a) indicar pessoas expressamente nominadas para executar direta ou indiretamente o objeto contratado;
b) fixar salário inferior ao definido em lei ou em ato normativo a ser pago pelo contratado;

c) estabelecer vínculo de subordinação com funcionário de empresa prestadora de serviço terceirizado;
d) definir forma de pagamento mediante exclusivo reembolso dos salários pagos;
e) demandar a funcionário de empresa prestadora de serviço terceirizado a execução de tarefas fora do escopo do objeto da contratação;
f) prever em edital exigências que constituam intervenção indevida da Administração na gestão interna do contratado.

Em relação à ingerência na administração da empresa contratada, com repercussão em questões trabalhistas, o TCU já decidiu, ainda na vigência da Lei nº 8.666/1993, que a Administração deve abster-se de estabelecer jornada detalhada (p.ex. definir o horário de intervalo do trabalhador e não o período de disponibilidade do serviço); submeter trabalhador a teste de conhecimento, competências e habilidades e a sua substituição com base nesse teste; estabelecer cronograma de treinamento e considerar esse treinamento como horas trabalhada e ressarcir despesas de transporte, alimentação e hospedagem em condições equivalentes às de seus empregados.[107]

Podem ser consideradas, entre outras, ações de ingerência:
a) exercer poder de mando sobre os empregados da contratada;
b) direcionar a contratação de pessoas para trabalhar na empresa contratada;
c) promover ou aceitar o desvio de funções dos trabalhadores da contratada;
d) considerar trabalhadores da contratada como colaboradores do próprio órgão ou entidade contratante.

A rigor, devem ser evitadas quaisquer regras que permitam a confusão entre os regimes de subordinação decorrente da relação que a contratada tem com seus empregados e a relação de terceirização estabelecida entre a contratada e a Administração. A mão de obra executora dos serviços deve ser gerenciada pela empresa contratada de acordo com as suas diretrizes, seguindo as normas do Direito do Trabalho, nada mudando quando a empresa é contratada pela Administração Pública, a qual não detém poder sobre os empregados, mas sim, direito (e dever) de exigir a execução do objeto, nos termos e limites do contrato celebrado.

---

[107] Ver Acórdão 947/2010 TCU – Plenário.

2.5 Forma e publicidade do contrato administrativo

O contrato administrativo deve ser escrito, conforme expressamente determinado pelo art. 91. O contrato verbal pode ser admitido nas hipóteses do §3º do art. 95, quais sejam, pequenas compras ou prestações de serviços de pronto pagamento, assim entendidas aquelas com valor não superior a dez mil reais.[108] O respeito à forma prescrita na Lei é requisito de validade do contrato administrativo.

A forma escrita utilizada pode ser o termo de contrato ou outro instrumento hábil, que, embora não tenha a finalidade original de formalizar um contrato, pressuponha a existência de um ajuste prévio, tais como nota de empenho de despesa, autorização de compra e ordem de execução de serviço. Essa simplificação de formalidades será facultada à Administração nas hipóteses de dispensa de licitação em razão do valor e, independentemente do valor, nas compras com entrega imediata[109] e integral dos bens adquiridos, das quais não resultem obrigações futuras, inclusive quanto à assistência técnica.[110] Em interpretação ampliativa, entendemos que a substituição do termo de contrato poderá ocorrer, também, em outras hipóteses em que o valor da contratação não superar o limite previsto para a dispensa em razão do valor. Tal entendimento encontra amparo no fato de que o motivo que autoriza a substituição é, evidentemente, o mesmo, qual seja, o baixo risco econômico representado por contratações com valor inferior ao limite da dispensa em razão do valor.[111] Em todos esses casos, diga-se, a Administração não somente poderá, como deverá realizar a substituição, em prol da eficiência da contratação. Por outro lado, nos casos

---

108 Tal valor, constante da Lei nº 14.133/2021, tem sido atualizado anualmente, via decreto do Poder Executivo federal.

109 De acordo com o inc. X, do art. 6º da Lei nº 14.133/2021, considera-se compra imediata aquela aquisição remunerada de bens com prazo de entrega de até trinta dias da ordem de fornecimento.

110 Conforme prescreve o art. 95 da Lei nº 14.133/2021.

111 É nesse sentido, também, a Orientação Normativa n. 21, de 1º de junho de 2021: "I - Nas contratações decorrentes da Lei nº 14.133/2021, independentemente do objeto, do prazo de vigência, do parcelamento do fornecimento, da existência ou não de obrigações futuras e da forma empregada para selecionar o contratado (processo licitatório, contratação direta por dispensa ou inexigibilidade de licitação), será possível substituir o instrumento de contrato por instrumentos mais simples sempre que o contrato possuir valor inferior aos limites para a dispensa de licitação em razão do valor (art. 75, incisos I e II);
II - Nas contratações decorrentes da Lei nº 14.133/2021, independentemente do valor, será possível substituir o instrumento de contrato por instrumentos mais simples sempre que o contrato consistir na compra de bens com entrega imediata e integral e dos quais não resultem obrigações futuras, inclusive quanto a assistência técnica."

em que, a despeito do valor, a complexidade da contratação inspirar maiores cuidados, a Administração poderá optar pela formalização por meio de um termo de contrato.

O art. 91 admite a celebração de contratos na forma eletrônica, atendidas as exigências previstas em regulamento, conforme disposto em seu §1º. Por contratos na forma eletrônica, devem ser entendidos aqueles ajustes formalizados digitalmente, com assinaturas emitidas no âmbito da Infraestrutura de Chaves Públicas Brasileira – ICP-Brasil, uma prática que já vem sendo adotada por diversos órgãos e entidades públicas.

Os contratos serão divulgados e mantidos à disposição do público em sítio eletrônico oficial, como determina o mesmo art. 91, assim entendido o Portal Nacional de Contratações Públicas (PNCP), a teor do que estabelecem o art. 174 da Lei, em especial seu §2º, inc. V,[112] e o art. 175.[113] O sigilo poderá ocorrer quando for imprescindível à segurança da sociedade e do Estado, nos termos da legislação que regula o acesso à informação.[114] Ao obrigar à divulgação no Portal Nacional de Contratações Públicas (PNCP), a Lei se refere, simplesmente, a "contratos", não fazendo distinção em razão do instrumento de formalização que foi utilizado. Portanto, qualquer contrato, independentemente da formalidade adotada para sua celebração, deverá ser divulgado no Portal Nacional de Contratações Públicas (PCNP), observando as regras do art. 91.

A divulgação no Portal Nacional de Contratações Públicas (PNCP) é condição indispensável para a eficácia do contrato e, também, de seus aditamentos, a teor do art. 94. O dispositivo ainda traz os prazos a serem cumpridos, contados da data da assinatura do ajuste, sendo eles vinte dias úteis, para contratos decorrentes de licitação, e dez dias úteis, para contratos decorrentes de contratação direta. Apenas contratos celebrados em caso de urgência terão eficácia desde logo, a partir de sua assinatura, devendo, contudo, ser publicados nos mesmos

---

[112] "Art. 174. É criado o Portal Nacional de Contratações Públicas (PNCP), *sítio eletrônico oficial destinado à:...*
§ 2º O PNCP conterá, entre outras, as seguintes informações acerca das contratações:...
V - *contratos* e termos aditivos;" (Sem grifos no original.)

[113] "Art. 175. Sem prejuízo do disposto no art. 174 desta Lei, os entes federativos poderão instituir sítio eletrônico oficial para divulgação *complementar* e realização das respectivas contratações." (Sem grifos no original.)

[114] Conforme §1º, do art. 91, da Lei nº 14.133/2021.

prazos, sob pena de nulidade.[115] Tais casos de urgência não se referem, estritamente, a contratos firmados com fundamento na emergência prevista no art. 75, inc. VIII da Lei. Outras situações podem exigir a eficácia antecipada, que estará autorizada sempre que demonstrada a necessidade imprescindível para o atendimento do interesse público envolvido na contratação.[116]

Dicas

- ✓ O contrato administrativo é uma ferramenta de gestão pública. Por isso, todos os seus aspectos devem ser definidos, na fase preparatória, visando obter, de forma mais eficiente e eficaz, os resultados pretendidos pela Administração. Na gestão e na fiscalização será possível confirmar se as escolhas realizadas foram, ou não, acertadas, devendo, atuação dos agentes, nesta fase, estar direcionadas também para essa finalidade.
- ✓ A prorrogação do prazo de vigência, nos termos do art. 106 da Lei nº 14.133/2021, está condicionada à existência de previsão contratual.
- ✓ O §7º do art. 25 da Lei nº 14.133/2021 impõe para a Administração o dever de prever o *índice* de reajustamento em sentido estrito, inclusive em contratos com vigência inferior a um ano. A ausência de previsão deverá ser solucionada consensualmente pelas partes, sendo possível a eleição de um índice a ser aplicado.
- ✓ O modelo de gestão contratual deve ser rigorosamente seguido pelo gestor e pelo fiscal, que poderão e deverão, sempre que necessário, sugerir alterações e melhorias. Isso não apenas garante a eficiência e a eficácia da fiscalização, como também, traz segurança aos agentes, em relação ao risco de futuras responsabilizações.

---

[115] Conforme §1º, do art. 94, da Lei nº 14.133/2021.

[116] É o que pode acontecer, por exemplo, com uma contratação de serviços de reforma em que, ao longo da execução, venha a ser verificada certa urgência para impedir prejuízos, ou uma contratação para o fornecimento de merenda escolar, cujo processo de contratação tenha se demorado mais do que o previsto.

CONVOCAÇÃO DO ADJUDICATÁRIO PARA CELEBRAR O CONTRATO

3.1 Procedimento e formalização da convocação

De acordo com o art. 90 da Lei nº 14.133/2021, "a Administração convocará regularmente o interessado para assinar o termo de contrato, aceitar ou retirar o instrumento equivalente, dentro do prazo e condições estabelecidas no edital de licitação, sob pena de decair o direito à contratação, sem prejuízo das sanções previstas nesta Lei". A convocação deve ser realizada por escrito, do modo previamente indicado no instrumento convocatório.

A rigor, o momento da convocação não integra os procedimentos inerentes ao processo de licitação, nem à fase de gestão contratual. Portanto, a competência para convocar o adjudicatário não pertence, originariamente, ao agente de contratação, à comissão de contratação ou ao gestor do contrato. Norma inferior deverá atribui-la, sendo comum que tal responsabilidade recaia sobre o setor de contratos.

3.2 Prazo para a convocação e prazo de validade da proposta

Não há prazo legal para a convocação. A Administração deverá fixá-lo em edital, com base em critérios de conveniência e oportunidade administrativa. Cabe atentar para o prazo de validade das propostas, previsto no edital, uma vez que seu decurso libera os licitantes dos compromissos assumidos.[117]

A realização da contratação fora do prazo de validade da proposta depende da vontade do adjudicatário, que poderá recusá-la ou aceitá-la, conforme seu interesse. A limitação de um período de validade para a proposta é uma proteção aos interesses econômicos dos licitantes. Contudo, a permanência do licitante no certame após a expiração, praticando atos compatíveis com a vontade de contratar – e, portanto, incompatíveis com eventual desinteresse, decorrente da expiração do prazo de validade de sua proposta – poderá gerar impasse prejudicial ao bom andamento da contratação, a ser evitado durante a licitação, mediante a solicitação da expressa renovação da proposta.

3.3 A recusa do adjudicatário em contratar

Vigente o prazo de validade da proposta, o desatendimento da convocação acarretará para o contratado a perda do direito à contratação, que não poderá ser reclamada, administrativa ou judicialmente. Exceção ocorrerá na existência de motivo suficiente para o não atendimento do chamado. O adjudicatário deve argui-lo no decurso do prazo concedido pela Administração, devida e documentalmente motivado, o que, havendo conveniência administrativa, autorizará a prorrogação por uma vez e por igual período, a teor do § 1º do art. 90 da Lei nº 14.133/2021.

É necessário ressaltar que apenas o motivo justo isenta o licitante das consequências previstas na Lei, sendo, por isso, fundamental identificar o que pode ser considerado motivo justo. O vencimento do prazo de validade da proposta é motivo justo, conforme a própria Lei assegura. A ocorrência comprovada de caso fortuito e força maior também libera o adjudicatário dos compromissos assumidos em sua proposta. São situações para as quais ele não contribuiu e cujos efeitos são inevitáveis, tais como sinistros de toda ordem, eventos gerados pela força da natureza ou pelo próprio homem, que tornam inviável a execução do ajustado.[118]

---

[117] Art. 90, "§ 3º Decorrido o prazo de validade da proposta indicado no edital sem convocação para a contratação, ficarão os licitantes liberados dos compromissos assumidos."

[118] O Código Civil Brasileiro estabelece:
"Art. 393. O devedor não responde pelos prejuízos resultantes de caso fortuito ou força maior, se expressamente não se houver por eles responsabilizado.

É indispensável uma cuidadosa análise concreta sob a ótica da impossibilidade do cumprimento da proposta, guardados critérios de razoabilidade. Não são admissíveis como motivo justo fatos previsíveis e evitáveis pelo adjudicatário ou fatos que, apesar da imprevisibilidade de sua ocorrência, não impossibilitem o regular cumprimento do contrato por via alternativa. Sendo injusto o motivo, estará caracterizado o descumprimento total da obrigação assumida, sujeitando o adjudicatário às penalidades legal e contratualmente previstas.

3.3.1 Convocação dos licitantes classificados remanescentes

Na hipótese de recusa, justa ou injusta,[119] do adjudicatário em contratar, a Administração dispõe da faculdade de convocar os licitantes remanescentes, na ordem de classificação, para fazê-lo em igual prazo e nas mesmas condições propostas pelo licitante vencedor, conforme estabelece o § 2º do art. 90 da Lei nº 14.133/2021. O objetivo, a toda evidência, é o aproveitamento do certame, realizado isento de ilegalidades.

A Administração não está obrigada a adotar esse procedimento e convocar o segundo colocado, nem este pode, consequentemente, exigir que assim seja. O dispositivo traz, claramente, uma competência discricionária. Entretanto, a presunção, orientada pelo princípio da eficiência, é a de que esta será, a rigor, a melhor escolha administrativa. Desse modo, decisão diversa deverá ser suficientemente motivada, de modo a afastar qualquer arbitrariedade.[120]

A competência para a tomada de tal decisão não pertence ao agente de contratação ou à comissão de contratação, que conduziram o certame. A natureza do ato em questão é a mesma daquele que autoriza a abertura da licitação ou que a extingue, com a revogação ou a anulação. Portanto, sua prática, salvo delegação formal expressa, compete à mesma autoridade, em regra, a autoridade máxima do órgão ou entidade.

Parágrafo único. O caso fortuito ou de força maior verifica-se no fato necessário, cujos efeitos não era possível evitar ou impedir".

[119] Conforme o art. 90, § 5º da Lei 14.133/2021, "A recusa injustificada do adjudicatário em assinar o contrato ou em aceitar ou retirar o instrumento equivalente no prazo estabelecido pela Administração caracterizará o descumprimento total da obrigação assumida e o sujeitará às penalidades legalmente estabelecidas e à imediata perda da garantia de proposta em favor do órgão ou entidade licitante."

[120] Caso a opção não seja pelo chamamento na ordem de classificação, a licitação poderá ser revogada, nos termos do art. 71 da Lei nº 14.133/2021, ou meramente arquivada, a título de contratação fracassada.

A recusa do vencedor possibilitará a convocação do segundo colocado e, assim sucessivamente, até o último classificado, em busca de um licitante que queira contratar nas condições da proposta vencedora, inclusive quanto ao preço. A Lei não expressa tal condição, porém, do §4º do art. 90 é possível deduzi-la, eis que, segundo se extrai do dispositivo, a não aceitação abrirá para a Administração outras possibilidades, quais sejam, convocar os licitantes remanescentes para negociação, que não está vinculada ao preço do adjudicatário, ou celebrar o contrato nas condições ofertadas, sempre atendida a ordem de classificação.[121]

As regras para a realização da negociação devem estar previstas no edital e, preferencialmente, ser estabelecidas em norma inferior que lhe sirva de fundamento.[122]

---

[121] "§ 4º Na hipótese de nenhum dos licitantes aceitar a contratação nos termos do § 2º deste artigo, a Administração, observados o valor estimado e sua eventual atualização nos termos do edital, poderá:
I - convocar os licitantes remanescentes para negociação, na ordem de classificação, com vistas à obtenção de preço melhor, mesmo que acima do preço do adjudicatário;
II - adjudicar e celebrar o contrato nas condições ofertadas pelos licitantes remanescentes, atendida a ordem classificatória, quando frustrada a negociação de melhor condição."

[122] Recomenda-se atenção e cautela no desenho da metodologia a ser utilizada, tanto para preservar o tratamento isonômico dos licitantes remanescentes, quanto para obter a pretendida eficácia do procedimento. Vale registrar a sugestão de Ronny Charles Lopes de Torres: "Uma sugestão para simplificar este momento procedimental, é que a Administração adote uma modelagem similar ao leilão holandês, que funciona de forma diversa ao leilão inglês. No leilão holandês, é definido um determinado patamar de preço, que vai sendo diminuído de forma contínua, até que um dos interessados interrompa o leilão, adquirindo o objeto pelo preço apresentado. No leilão holandês, é definido um determinado patamar de preço, que vai sendo diminuído de forma contínua, até que um dos interessados interrompa o leilão, adquirindo o objeto pelo preço apresentado. Assim, ao iniciar a rodada, seria estabelecido um preço mínimo (acima do preço do licitante vencedor) para tentativa de aceitação entre os licitantes. Em princípio, este preço deve ser inferior ao do segundo colocado, já que para este haveria vinculação ao preço proposto.
Não vemos impedimento a que tal procedimento de negociação seja feito mais de uma vez, caso nenhum dos licitantes aceite o valor proposto, com paulatino aumento do preço negociado, até que um deles, respeitando-se a ordem de classificação, aceitasse firmar a contratação no valor negociado. Ultrapassada essa(s) rodada(s) de negociação, o órgão poderá passar para a alternativa admitida pelo inciso II do §4º, que é de adjudicar a contratação ao licitante remanescente, respeitada a ordem de classificação, pelo preço ofertado por ele próprio. Os licitantes remanescentes têm a opção de aceitar ou não a contratação, nas condições da vencedora que frustrou o certame ao não assinar o contrato. Caso decidam negar-se à contratação, não podem ser punidos por essa escusa.
Contudo, quando convocados à contratação de acordo com suas próprias propostas, como definido pelo inciso II do §4º, a recusa à contratação pode submeter o licitante remanescente à abertura de processo sancionatório, ao menos é o que se depreende da leitura conjunta dos §4º, §5 e §6º do artigo 90, da Lei nº 14.133/2021. Trata-se, portanto, de um interessante modelo para a definição do preço de contratação do licitante remanescente, que pode ser aprimorado com a adoção da técnica do leilão holandês, para a fase de negociação. Este procedimento pode ser automatizado e certamente traz maiores incentivos para que os licitantes remanescentes ofereçam preços mais interessantes para a Administração."

3.4 Perda, pelo adjudicatário, de condição de habilitação

Rigorosamente, a perda de condição de habilitação pelo adjudicatário impede a contratação. A Lei não disciplina a questão, mas parece lógico que, se dada condição foi considerada necessária para indicar que o licitante estava apto a contratar, o término do certame não produz qualquer modificação nesse contexto. Portanto, não se mostra lícito à Administração contratar o adjudicatário ciente de que ele perdeu uma ou mais condições de habilitação, necessárias à execução do objeto, conforme exigências realizadas no certame precedente. Anote-se que a perda, para essa finalidade, deve ter um caráter definitivo, pois, sendo transitória, será correto oportunizar a regularização, em prazo que não prejudique o alcance do interesse público envolvido.

Dicas

✓ A demora na convocação pode prejudicar a celebração do contrato, em decorrência do término do prazo de validade da proposta.

✓ No caso de recusa do adjudicatário em contratar, a decisão de revogar a licitação ao invés de convocar os licitantes remanescentes deve ser devidamente motivada.

(TORRES, Ronny Charles Lopes de. *Convocação de licitante remanescente na nova Lei de Licitações e uma proposta de modelo para negociação*. Disponível em: https://ronnycharles.com.br/convocacao-de-licitante-remanescente-na-nova-lei-de-licitacoes-e-uma-proposta-de-modelo-para-negociacao/. Acesso em: 17 maio 2023).

CAPÍTULO IV

PRESTAÇÃO DE GARANTIA CONTRATUAL

4.1 Finalidade da garantia e condições para sua exigência

A exigência de garantia de execução visa minimizar prejuízos gerados por eventual inadimplemento do contrato. Assim, o descumprimento parcial ou total das obrigações assumidas pode ensejar a perda da garantia prestada.

Trata-se de uma faculdade administrativa que deve ser exercida com vistas às necessidades reais e concretas do contrato a ser executado, uma vez que representa um ônus para o particular e, como tal, produzirá impactos econômicos na proposta apresentada na licitação A Administração deve identificar, sob critérios de conveniência e oportunidade, os casos em que ela se faz necessária.

É importante distinguir a garantia de execução da garantia de proposta, que visa à comprovação de condições econômico-financeiras pelos licitantes.[123] A garantia de execução ou contratual é exigida apenas do adjudicatário, vencedor da disputa, e tem por objetivo assegurar a boa execução do contrato.

[123] "Art. 58. Poderá ser exigida, no momento da apresentação da proposta, a comprovação do recolhimento de quantia a título de garantia de proposta, como requisito de pré-habilitação.
§ 1º A garantia de proposta não poderá ser superior a 1% (um por cento) do valor estimado para a contratação.
§ 2º A garantia de proposta será devolvida aos licitantes no prazo de 10 (dez) dias úteis, contado da assinatura do contrato ou da data em que for declarada fracassada a licitação.
§ 3º Implicará execução do valor integral da garantia de proposta a recusa em assinar o contrato ou a não apresentação dos documentos para a contratação.
§ 4º A garantia de proposta poderá ser prestada nas modalidades de que trata o § 1º do art. 96 desta Lei."

A previsão em edital e o respeito ao percentual máximo legal são condições para sua exigência. Não há que se falar em prestação de garantia se o instrumento convocatório da licitação respectiva não determinou claramente essa obrigatoriedade. A regra se aplica independentemente da natureza jurídica da entidade promotora do certame. Também não se admite cláusula editalícia estabelecendo a mera possibilidade de exigir garantia, remetendo o exercício da competência discricionária para o momento da contratação. O princípio da segurança jurídica impõe que o edital discipline desde logo a matéria, de forma induvidosa, afastando qualquer possibilidade de influência subjetiva na decisão administrativa. Por sua vez, o termo de contrato deverá trazer as consequências do descumprimento, pelo contratado, dessa regra da contratação.

4.2 As modalidades de garantia

O § 1º do art. 96 prevê como modalidades de garantia que podem ser utilizadas nos contratos administrativos a caução em dinheiro ou título da dívida pública, emitidos sob a forma escritural, mediante registro em sistema centralizado de liquidação e de custódia autorizado pelo Banco Central do Brasil, e avaliados por seus valores econômicos, conforme definido pelo Ministério da Economia; o seguro-garantia; a fiança bancária emitida por banco ou instituição financeira devidamente autorizada a operar no País pelo Banco Central do Brasil e o título de capitalização custeado por pagamento único, com resgate pelo valor total.

A rigor, cabe ao particular eleger, unicamente em face de seu interesse, qual modalidade de garantia prestará. À Administração cabe avaliar se a modalidade escolhida cumpre os requisitos formais e materiais de admissibilidade, previstos pela própria Lei ou em legislação especial, conforme o caso. Note-se, contudo, que nas obras e serviços de engenharia de grande vulto, o art. 99 autoriza a Administração a *exigir* em edital a prestação da garantia na modalidade seguro-garantia.

A lei traz como condição à aceitação da caução em título da dívida pública a emissão "sob a forma escritural, mediante registro em sistema centralizado de liquidação e de custódia autorizado pelo Banco Central do Brasil, e avaliado por seu valor econômico, conforme definido pelo Ministério da Fazenda". A medida é preventiva contra títulos que não apresentam a necessária exigibilidade e liquidez.[124] O responsável pelo recebimento da garantia, a rigor um servidor do setor de contratos, o gestor do contrato ou o fiscal administrativo, quando houver, deve verificar o atendimento de tais requisitos.

A fiança bancária é uma garantia oferecida por bancos e outras instituições financeiras para empresas privadas para resguardar o cumprimento das obrigações destas com terceiros. Por meio de um contrato chamado de carta de fiança, o fiador garante que a empresa cumprirá com suas obrigações perante a Administração contratante, na proporção do valor fixado em edital.

Já o seguro-garantia tem o objetivo de garantir o cumprimento das obrigações do tomador (empresa cliente, contratada da Administração) em relação ao segurado (cliente do tomador, Administração). O contrato de seguro-garantia, representado pela apólice, obriga a seguradora ao pagamento de certo valor nas situações acobertadas pelo seguro. Mas, mais do que isso, o seguro-garantia demonstra que a empresa detém idoneidade financeira, já que o processo para a sua obtenção junto às seguradoras é extremamente criterioso.[125]

Por fim, o título de capitalização é uma aplicação programada durante prazo preestabelecido, que garante ao proprietário a disputa em sorteios de prêmios em dinheiro. Depois do prazo programado, o titular pode resgatar o dinheiro, com a devida correção acumulada.

4.3 Limites percentuais

Como regra, a garantia contratual não poderá ser exigida em valor superior a 5% do valor inicial do contrato. O limite está imposto pelo art. 98, que autoriza a sua majoração para até dez por cento, desde que justificada mediante análise da complexidade técnica e dos riscos envolvidos, na fase preparatória da contratação. Ainda, o art. 99 permite que, nas contratações de obras e serviços de engenharia de grande vulto, a exigência de seguro-garantia chegue a 30% do valor inicial do contrato.

---

[124] Marçal Justen Filho ensina que "não basta o particular exibir uma cártula, mesmo que aparentemente dotada de autenticidade e exigibilidade. Somente serão aceitos os títulos que, por terem sido previamente cadastrados no sistema de controle estatal – o que abrange a definição do valor pelo qual serão exigíveis –, assegurarem certeza e aptidão ao cumprimento da função de segurança inerente à caução" (JUSTEN FILHO, Marçal. *Comentários à Lei de Licitações e Contratações Administrativas: Lei 14.133/2021*. São Paulo: Thomson Reuters Brasil, 2021. p. 1260.).

[125] A Circular Susep 622/2022 regulamenta o seguro-garantia.

O percentual deverá ser fixado sobre o valor *inicial do contrato*, não sobre o valor *estimado* da contratação. É, portanto, o valor da proposta vencedora que servirá de base de cálculo para o valor da garantia a ser prestada. Já para as contratações de serviços e fornecimentos contínuos com vigência superior a um ano, assim como nas subsequentes prorrogações, a regra prevista no parágrafo único do art. 98 determina a utilização do valor *anual* do contrato na definição e aplicação dos percentuais.

Na definição de valor anual do contrato, há que se compreender o seu valor *final*, ou seja, contemplando eventuais alterações realizadas em razão de modificações contratuais ou reequilíbrio econômico-financeiro, impondo, portanto, quando for o caso, a complementação de valores, decorrentes do aumento da base de cálculo do percentual da garantia.

4.4 Momento em que deve ser prestada a garantia

A prestação da garantia deve, por uma questão de lógica, ser prévia ao início da execução. A rigor, deve ser exigida como condição para a celebração do ajuste, concomitantemente aos trâmites para sua formalização.

Não é correto substituir o procedimento do depósito integral e prévio da garantia pelo "desconto" de seu valor dos pagamentos devidos ao contratado ao longo da execução, uma vez que o objeto da garantia é a própria execução. O desconto parcial também oferece um risco inaceitável, pois a parcela futura, ainda não garantida, permanecerá a descoberto.

A Administração deve disciplinar a prestação da garantia em edital, especialmente no tocante ao início do prazo, à possibilidade de sua prorrogação, desde que devidamente justificada, à prestação como condição para a celebração do contrato e às consequências do descumprimento injustificado.

O prazo fixado deve ser devidamente acompanhado pelo responsável designado, que pode ser um servidor do setor de contratos, o gestor do contrato ou o fiscal administrativo, quando houver. Seu descumprimento injustificado deve levar à tomada das providências previstas no contrato, como aplicação de multa por atraso no cumprimento de obrigação e, até mesmo, a equiparação com o descumprimento total do contrato e respectivas consequências.

A Lei apenas fixou prazo específico para a prestação do seguro-garantia. O §3º do art. 96 estabelece que o edital fixará prazo mínimo de um mês, contado da data de homologação da licitação e anterior à assinatura do contrato. Eventuais dificuldades no cumprimento desta regra legal deverão ser reportadas pelo adjudicatário e analisada pela Administração, caso a caso, que decidirá a luz dos princípios enunciados no art. 5º da Lei, com suporte nas disposições da Lei de Introdução às Normas do Direito Brasileiro.

4.5 Restituição e execução da garantia

A garantia deve ser devolvida à contratada com o término do contrato, após o cumprimento das obrigações – na prática, em seguida ao recebimento definitivo do objeto, quando não subsistirem motivos para sua retenção.[126] Também será restituída nos casos de extinção contratual sem culpa do contratado.[127]

Havendo culpa do contratado, a extinção unilateral pela Administração ensejará a execução da garantia, para ressarcir prejuízos decorrentes da não execução, pagar verbas trabalhistas, fundiárias e previdenciárias, quando cabível, e pagar as multas devidas.[128]

O §8º do art. 156 estabelece que, se a multa aplicada e as indenizações cabíveis forem superiores ao valor de pagamento eventualmente devido pela Administração ao contratado, além da perda desse valor, a diferença será descontada da garantia prestada ou será cobrada judicialmente. Portanto, a primeira providência em caso de cobrança de multas contratuais não pagas será o desconto dos pagamentos devidos, partindo-se para a execução da garantia no caso de serem insuficientes.

---

[126] O Tribunal de Contas da União já considerou irregular a liberação da garantia contratual, sem o recebimento definitivo da obra, especialmente por existirem irregularidades graves na execução. As contas foram julgadas irregulares nesse quesito e, pela imprudência, o responsável foi multado (Acórdão 590/2005-1ª Câmara e Acórdão 2244/2010-Plenário).

[127] Conforme art. 100 da Lei nº 14.133/2021.

[128] Conforme art. 139 da Lei nº 14.133/2021.

4.5.1 Retenção da garantia durante a vigência da garantia do produto e em caso de descumprimento de obrigações trabalhistas e previdenciárias

Questão que se põe é se, durante a vigência da garantia do produto adquirido, oferecida pela contratada (garantia convencional), a Administração poderia reter a garantia de execução, visando assegurar o cumprimento dessa obrigação. A resposta deve ser negativa. Uma vez entregue o produto nas condições contratadas, estará adimplida a obrigação principal. A pendência de cumprimento de uma obrigação secundária não é suficiente para justificar a retenção da garantia de execução. Não há risco de prejuízo ao interesse público que possa ser comparado, equitativamente, ao valor dado pelo particular em garantia, tornando desproporcional tal medida. O ônus imposto ao contratado seria muito maior, uma vez que a parcela principal do contrato já teria sido regularmente cumprida. Exceção poderia ser cogitada se uma parcela da garantia contratual fosse vinculada, expressa e proporcionalmente, ao cumprimento da garantia do objeto.

Também cabe ponderar quanto à possibilidade de, devidamente previsto em contrato, reter a garantia em caso de irregularidade cometida pelo contratado no recolhimento de contribuições previdenciárias e no pagamento de verbas trabalhistas. A questão é relevante em face da responsabilidade da Administração contratante por encargos previdenciários e trabalhistas em contratos de serviços contínuos com dedicação exclusiva de mão de obra, preconizada pelo § 2º do art. 121 da Lei nº 14.133/2021 e já firmada na Súmula 331 do Tribunal Superior do Trabalho, respectivamente solidária e subsidiária. A hipótese de retenção pode ser cogitada em casos de rescisão contratual ou de término do contrato em decorrência da extinção do prazo de vigência, sempre com a finalidade de aguardar a verificação do cumprimento regular, pela contratada, das obrigações decorrentes dos contratos de trabalho vinculados ao contrato administrativo. O termo de contrato poderá, pois, estabelecer um período de verificações, posterior ao término do ajuste, durante o qual a garantia permanecerá retida, de modo que possa ser utilizada para a regularização dos pagamentos ou reembolso de prejuízos, se for o caso.[129]

---

[129] A medida já foi prevista em atos normativos federais inferiores, tais como no art. 65 da Instrução Normativa n. 7/2017-SEGES/MP, publicada na vigência da Lei nº 8.666/1993.

Sendo, a responsabilidade da Administração quanto às contribuições previdenciárias, solidária, é necessário identificar alternativa que preserve o interesse público em caso de irregularidade no cumprimento dessas obrigações. A conduta culposa (ou dolosa) do contratado autoriza a retenção proporcional da garantia, conforme o caso, para a realização dos pagamentos devidos. Cabe à Administração prever no contrato a obrigação do contratado de manter-se regular – condição, aliás, que corresponde a requisito de habilitação –, bem como a possibilidade de retenção da garantia como consequência da irregularidade. Atualmente, a determinação de retenção de 11% sobre o valor da nota fiscal ou fatura, determinada pela Lei nº 9.711/1998, situa a Administração pública como sujeito da obrigação tributária e assegura a manutenção da regularidade da empresa, afastando o risco de responsabilização no tocante à parcela sob a responsabilidade do empregador. Contudo, não está afastada a possibilidade de irregularidade relacionada ao recolhimento de contribuições descontadas dos salários dos empregados e referentes ao FGTS, razão pela qual a retenção da garantia também poderá ocorrer por esse motivo.

A responsabilidade subsidiária da Administração quanto ao pagamento de verbas trabalhistas decorre de decisão judicial em processo trabalhista para o qual tenha sido chamada como parte reclamada. A Administração deverá efetuar os pagamentos caso o contratado não o faça, em conformidade com o estabelecido em sentença condenatória. Essa situação, além de trazer para o âmbito da gestão do contrato a necessidade de acompanhar a conduta do contratado mediante solicitação oportuna de documentos, permite a tomada de outras providências pertinentes. Assim, mediante expressa previsão contratual, é possível a retenção da garantia de execução em caso de irregularidade no pagamento de verbas trabalhistas, na proporcionalidade dos débitos existentes, visando à realização dos pagamentos devidos ou ao ressarcimento dos valores para tanto despendidos pela Administração.

4.6 A cláusula de retomada no seguro-garantia

Para as contratações de obras e serviços de engenharia em que o seguro-garantia for exigido, a Lei nº 14.133/2021 traz a possibilidade de prever a obrigação da seguradora de concluir o objeto do contrato, em caso de inadimplemento pelo contratado.[130] É a chamada cláusula de retomada ou *step-in rights*.[131] Nesta hipótese, a seguradora figura, em relação ao contrato administrativo, como interveniente-anuente,[132] posição que lhe concede direitos e prerrogativas e, também, lhe permite optar entre pagar a importância segurada na apólice ou assumir a execução do contrato, diretamente ou mediante subcontratação.[133]

A cláusula de retomada é uma ferramenta de grande utilidade, especialmente por possibilitar a execução do objeto e, portanto, a satisfação do interesse público envolvido. A rigor, será fixada em contratos de maior complexidade técnica ou relevância econômica, que exijam uma gestão de riscos mais rigorosa. A partir de uma interpretação sistemática dos arts. 99 e 102, não se verifica limitação à sua utilização *apenas* em contratações de grande vulto, significando que poderá ser adotada em contratações que envolvam valores distintos, desde que se

---

[130] "Art. 102. Na contratação de obras e serviços de engenharia, o edital poderá exigir a prestação da garantia na modalidade seguro-garantia e prever a obrigação de a seguradora, em caso de inadimplemento pelo contratado, assumir a execução e concluir o objeto do contrato, hipótese em que:
I - a seguradora deverá firmar o contrato, inclusive os aditivos, como interveniente anuente e poderá:
a) ter livre acesso às instalações em que for executado o contrato principal;
b) acompanhar a execução do contrato principal;
c) ter acesso a auditoria técnica e contábil;
d) requerer esclarecimentos ao responsável técnico pela obra ou pelo fornecimento;
II - a emissão de empenho em nome da seguradora, ou a quem ela indicar para a conclusão do contrato, será autorizada desde que demonstrada sua regularidade fiscal;
III - a seguradora poderá subcontratar a conclusão do contrato, total ou parcialmente.
Parágrafo único. Na hipótese de inadimplemento do contratado, serão observadas as seguintes disposições:
I - caso a seguradora execute e conclua o objeto do contrato, estará isenta da obrigação de pagar a importância segurada indicada na apólice;
II - caso a seguradora não assuma a execução do contrato, pagará a integralidade da importância segurada indicada na apólice."

[131] Introduzida no ordenamento jurídico brasileiro em 2015, pela Lei nº 13.097, que alterou a Lei nº 8.987/1995 e a Lei nº 11.079/2004.

[132] Conforme bem destacam Souza, Madalena e Vita, "um grande reflexo do uso da cláusula de retomada é que a seguradora passa de uma simples função passiva de garantidora para uma posição ativa. Inclusive, ao se sujeitar à incidência da cláusula de retomada, a seguradora passa a ter o direito de escrutinar e fiscalizar os particulares, dada a possibilidade de vir a ser chamada para concluir a execução do contrato. Isso incentivará a seguradora a avaliar com muito mais atenção os segurados e acompanhar com muito mais atenção a execução do contrato." ("Reflexões sobre a cláusula de retomada na nova Lei de Licitações", disponível em *https://www.conjur.com.br/2022-jun-15/opiniao-clausula-retomada-lei-licitacoes*, acesso em 22.5.2023).

[133] A subcontratação de terceiro para executar o objeto não transfere ao subcontratado os riscos da execução, nem a responsabilidade pela entrega do objeto à Administração contratante, nos termos contratados.

mostre, concretamente, uma medida eficaz para o alcance dos objetivos legais.[134] Contudo, nesses casos, o baixo percentual do seguro-garantia, que pode chegar a 5% ou 10%, e não aos 30% das contratações de grande vulto, pode figurar como obstáculo à sua plena utilização.[135]

Questão relevante é se a Administração contratante poderia *obrigar* a seguradora a assumir a execução, retirando dela a escolha entre executar e pagar o prêmio. Com efeito, o caput do art. 102 estabelece que a Administração poderá prever "a *obrigação* de a seguradora, em caso de inadimplemento pelo contratado, assumir a execução e concluir o objeto do contrato". Em nosso entender, a Lei não contém autorização para tanto, referindo-se à obrigação no sentido de *encargo*, não de imposição. Interpretação em sentido diverso não se mostra benéfica ao instituto, diante da possibilidade de, pelo risco inerente, reduzir o interesse das seguradoras em oferecer o seguro-garantia para participação em licitações públicas. Assim, cabe à seguradora, diante do caso concreto, avaliar alternativamente as soluções e optar por uma ou por outra. Nada obsta, contudo, que a seguradora aceite previamente condições distintas, devidamente previstas em cláusula de matriz de riscos contratual.

Dicas

✓ O §3º do art. 96 da Lei nº 14.133/2021 prevê o prazo de um mês, contado da data da homologação da licitação, para a prestação do seguro-garantia pelo contratado, que deverá ser

---

[134] Enquanto o art. 99 autoriza a elevação do percentual do seguro-garantia em contratações de grande vulto, o art. 102 trata, especificamente, da cláusula de retomada. No mesmo sentido, entende Paulo Sérgio de Monteiro Reis, que ainda destaca como benefício decorrente da cláusula de retomada o fato de que, "durante a execução da obra, a seguradora também terá papel preponderante, podendo (devendo) acompanhá-la de perto, para detectar falhas e erros que possam conduzir à extinção do contrato, com a sua consequente obrigação de executar o remanescente ou pagar à Administração o valor integral constante da respectiva apólice". ("As obras de engenharia e a cláusula de retomada". Disponível em: https://www.novaleilicitacao.com.br/2022/07/19/as-obras-de-engenharia-e-a-clausula-de-retomada/#:~:text=Na%20operacionaliza%C3%A7%C3%A3o%20da%20cl%C3%A1usula%20de,integralidade%20da%20import%C3%A2ncia%20segurada%2C%20constante. Acesso em: 17 abr. 2024.)

[135] Nesse sentido, Carlos Edison do Rêgo Monteiro Filho e Rodrigo de Almeida Távora apontam como um dos fatores críticos para a eficácia da cláusula de retomada o percentual de cobertura do seguro-garantia, relativamente baixo, especialmente se comparado às contratações privadas, nas quais não há limites, podendo alcançar o valor integral da obrigação a ser cumprida (Disponível em: https://www.migalhas.com.br/coluna/migalhas-de-responsabilidade-civil/396506/seguro-garantia-criterios-para-sua-eficaz-utilizacao. Acesso em: 17 abr. .2024.)

acompanhado pelo gestor do contrato ou, quando houver, pelo fiscal administrativo.

- ✓ Na hipótese de suspensão do contrato por ordem ou inadimplemento da Administração, o contratado não terá obrigação de renovar a garantia ou de endossar a apólice de seguro até a ordem de reinício da execução ou o adimplemento pela Administração, conforme estabelece o §2º do art. 96 da Lei nº 14.133/2021.
- ✓ No caso de compra de bens com cláusula de garantia convencional, não será possível reter a garantia de execução após o recebimento definitivo pela Administração, realizado no prazo fixado.

VIGÊNCIA DO CONTRATO ADMINISTRATIVO

5.1 Definição de vigência contratual

Vigência é o período de duração de um contrato administrativo.[136] A palavra remete à capacidade de produção de efeitos. Trata-se, portanto, de período durante o qual os efeitos típicos do contrato serão regularmente produzidos.

Embora se possa, em tese, dissociar a vigência da validade, não há razões para, concretamente, admitir-se como vigente um contrato inválido, ou seja, que não cumpre requisitos legais. Portanto, conceitualmente, a vigência contratual depende de ser o contrato válido e eficaz. Em outras palavras, um contrato vigente é um contrato que atende aos requisitos de validade e que já se encontra em condições de produzir seus efeitos típicos.

Não significa, contudo, que devem ser ignorados eventuais efeitos produzidos por um contrato inválido. A Lei nº 14.133/2021 tem um capítulo inteiro sobre nulidade dos contratos, trazendo como regra a análise prévia do interesse público envolvido para fins de declaração, ou não, de nulidade.[137]

Como se viu, a eficácia do contrato está condicionada à sua divulgação no sítio eletrônico oficial. A rigor, essa data condiciona o início da execução, o que tornaria lógico atrelar a ela, também, o início do prazo de vigência. Contudo, o prazo de vigência pode abranger providências

[136] A duração dos contratos administrativos é disciplinada pelos arts. 105 a 114 da Lei nº 14.133/2021.

[137] Capítulo XI, arts. 147 a 150 da Lei nº 14.133/2021.

anteriores ao início da execução, como as mencionadas no §2º do art. 92.[138] Sendo assim, é correto que o prazo de vigência se inicie após a assinatura do contrato por ambas as partes, o que, inclusive, respeita a diferença existente entre o prazo de vigência do contrato e o prazo para a execução do seu objeto.[139]

O prazo para a execução do objeto está diretamente atrelado ao tipo de obrigação a ser cumprida pelo contratado[140] e está abarcado no prazo de vigência do contrato.[141] Um contrato pode ter mais de um prazo de execução, se executado em etapas ou em parcelas. O início do prazo de execução pode se dar a partir de ato ordinatório específico expedido pela Administração, tal como a ordem de execução de serviços, pode se dar imediatamente após a assinatura do contrato ou, ainda, imediatamente após divulgação no sítio eletrônico oficial, conforme o caso.

Vale destacar que o prazo de vigência do contrato não deve ser fixado para abarcar a vigência da garantia técnica de bens ou materiais utilizados, direito que, por definição, subsiste para além do término do contrato.[142]

---

[138] Art. 92, "§ 2º De acordo com as peculiaridades de seu objeto e de seu regime de execução, o contrato conterá cláusula que preveja período antecedente à expedição da ordem de serviço para verificação de pendências, liberação de áreas ou adoção de outras providências cabíveis para a regularidade do início de sua execução".

[139] Além do prazo de vigência, os contratos administrativos possuem prazos de execução. Para o contratado, está delimitado pela data máxima estabelecida para entrega de seu objeto e, para a Administração, pela data definida para pagamento, após o recebimento definitivo. Assim, por exemplo, um contrato de compra com entrega imediata e integral tem prazos de execução e de vigência. Um contrato de fornecimento mensal tem tantos prazos de execução quantos forem os seus meses de duração. Um contrato de execução de obra ou serviço de engenharia tem como prazo de execução aquele compreendido entre o início e o término da obra ou serviço.

[140] O Tribunal de Contas da União já determinou, na vigência da Lei nº 8.666/1993, que a Administração Pública se abstenha de estabelecer prazos de vigência e execução distintos quando da celebração de contratos, uma vez que, desde que os serviços tenham sido prestados dentro do prazo de vigência do contrato, a administração poderá atestar e realizar o pagamento da última parcela após o término da vigência (Acórdão 4.614/2008 TCU – Segunda Câmara).

[141] O Tribunal de Contas da União já determinou, na vigência da Lei nº 8.666/1993, que a Administração observe a necessidade de que o período de vigência definido no instrumento contratual abranja o efetivo período de execução dos serviços contratados, uma vez que, transposta a data final da vigência, o contrato é considerado extinto, não sendo juridicamente cabível a prorrogação ou a continuidade de sua execução (Acórdão 523/2010 TCU-Primeira Câmara).

[142] O Tribunal de Contas da União já determinou, na vigência da Lei 8.666/1993, que a Administração Pública se abstenha-se de firmar contratos de fornecimento com vigência determinada em função do prazo de garantia técnica dos bens e/ou materiais, de modo a evitar instrumentos com datas muito além da prevista para recebimento definitivo do objeto, adequando os prazos de vigência para conciliá-los com as datas de execução, entrega,

5.2 Panorama geral sobre a vigência dos contratos

O art. 105 da Lei nº 14.133/2021[143] traz a regra geral para a duração dos contratos por ela regidos, estabelecendo que "será a prevista em edital". Além de impor, para todos os contratos, a obrigatória disciplina no edital quanto a sua duração, o dispositivo claramente confere discricionariedade à administração pública para fixar o prazo de vigência, observando as disposições legais específicas referentes a:

a) contratos de fornecimentos e serviços contínuos, que poderão ser celebrados diretamente por até 5 anos, prorrogáveis por até 10;
b) contratos celebrados por meio de algumas hipóteses específicas de dispensa de licitação, que poderá ter duração de até 10 anos;
c) contratos em que a administração figure como usuária de serviços públicos prestados em regime de monopólio, que poderão ter prazo indeterminado;
d) contratos que gerem receita e contratos de eficiência, que poderão chegar a 35 anos de vigência;
e) contratos de escopo, cuja vigência acompanhará a execução do contrato, com prorrogação automática, se necessário;
f) contratos firmados sob o regime de fornecimento com serviço associado, cujo prazo de vigência será a soma do prazo de execução e do prazo de operação e manutenção, podendo chegar a 10 anos; e
g) contratos que previrem a operação continuada de sistemas estruturantes de tecnologia da informação, que poderão ter vigência de até 15 anos.

Há, conforme se observa, uma diferença abissal entre o regime de vigência contratual da Lei nº 8.666/1993 e o instituído pela Lei nº 14.133/2021. Objetivamente, os contratos da Lei nº 14.133/2021, a depender do caso:

observação e recebimento definitivo do objeto contratual (Decisão 997/2002 TCU – Plenário) e que não inclua, no período de vigência, o prazo de garantia, uma vez que esse direito perdura após a execução do objeto do contrato (Decisão 202/2002 TCU-Primeira Câmara).

[143] "Art. 105. A duração dos contratos regidos por esta Lei será a prevista em edital, e deverão ser observadas, no momento da contratação e a cada exercício financeiro, a disponibilidade de créditos orçamentários, bem como a previsão no plano plurianual, quando ultrapassar 1 (um) exercício financeiro."

a) podem ser celebrados por períodos maiores do que o exercício financeiro;
b) podem ter duração bastante longa, mesmo aqueles contratos considerados ordinários, pertinentes ao dia a dia da administração;
c) podem ter prazo indeterminado;
d) podem ter a vigência prorrogada automaticamente.

Nenhuma dessas situações era contemplada pela legislação anterior. Havia um especial rigor normativo quanto à duração dos contratos de prazo[144] que como regra, deveriam ser curtos, anuais, coincidentes com o exercício financeiro em que eram celebrados. Estava implícita a percepção de que prazos maiores eram prejudiciais à integridade do contrato, pois criavam um ambiente de oportunidade para desvios e imoralidades. Ainda, supostamente, prazos menores estariam alinhados ao princípio da isonomia, favorecendo a alternância nas contratações, diferentemente de prazos maiores, ou indeterminados, que permitiam que um mesmo contratado permanecesse desfrutando das vantagens desta posição, em detrimento de outros interessados. Tudo decorrente do momento histórico em que a Lei nº 8.666/1993 foi promulgada, em meio a escândalos de corrupção na Administração Pública. Também não havia diferença expressa de tratamento quanto à vigência entre contratos de prazo e de escopo,[145] trazendo dificuldades para contratos que, muitas vezes, refletiam objetos extremamente relevantes para o interesse público imediato, como os de obras públicas.

Passados quase 30 anos, a Lei nº 14.133/2021 traçou outro rumo. O contrato é tomado não apenas como um instituto do Direito Administrativo, mas, tal e qual é, como ferramenta para a realização do interesse público. Sob esse olhar, seu prazo de vigência passou a ser compreendido como um elemento intrínseco à sua modelagem, com forte influência sobre os resultados. Nesse sentido, além de possibilitar a vigência por prazo indeterminado ou por prazos longos, a Lei previu prazos de vigência máxima distintos para os vários tipos de contratos, considerando as peculiaridades de cada um. Também

---

[144] Os quais, como já visto, têm seu objeto caracterizado pela execução repetitiva das obrigações contratuais ao longo da vigência, como ocorre, por exemplo, com os contratos de prestação de serviços continuados.

[145] Assim considerados, conforme sabido, aqueles que visam um resultado específico a ser obtido com a execução de seu objeto, figurando, a vigência, como fator secundário.

disciplinou, especificamente, os contratos de escopo, preservando sua natureza e finalidade.

5.2.1 A fixação do prazo de vigência

Notadamente em relação aos contratos de prazo, as novas regras aproximam tais ajustes das práticas dos ajustes privados. O prazo de vigência deve ser fixado à luz do interesse público, mas considerando práticas de mercado e buscando maior vantagem econômica. Com efeito, o temo de duração do contrato é elemento fundamental e impacta diretamente no interesse do particular em contratar e nos aspectos econômicos de sua proposta. Portanto, a discricionariedade na fixação do tempo de duração do contrato, se bem exercitada, pode permitir a obtenção de melhores resultados econômicos.

Já em relação aos contratos de escopo, o prazo de vigência deve ser fixado de acordo com as necessidades de execução do objeto, identificadas na fase preparatória da contratação. Como regra, a vigência será tanto maior, quanto maior for a complexidade da execução do objeto, com todas as obrigações inerentes. Assim, pode-se dizer que o fator preponderante para a fixação do prazo de vigência em tais ajustes é o prazo previsto como necessário à execução total do objeto.

Caberá, portanto, à Administração identificar o prazo de vigência adequado a cada contrato, na fase preparatória da contratação, de acordo com as necessidades envolvidas, o objeto e o tipo de contrato a ser celebrado.

5.2.2 Possibilidade de prazo de vigência determinável

Apesar da ausência de autorização expressa na Lei nº 14.133/2021, a Administração pode celebrar contratos cujo prazo de vigência venha a ser determinado pela superveniência de situação futura e certa. A cláusula de vigência de contratos desta natureza não indicará uma data certa, mas um evento ou uma condição à qual o seu término estará vinculado.

Assim se passa, por exemplo, com contratos firmados com sociedades de advogados, visando a interposição e o acompanhamento de ações judiciais, cujo momento do término não pode ser vislumbrado no momento da contratação. Neste caso, o termo final do ajuste estará atrelado à ocorrência de uma condição futura e certa, qual seja, a prolação da sentença terminativa de mérito.

5.2.3 Vigência do contrato, duração do crédito orçamentário e disponibilidade de recursos financeiros

O art. 105 estabelece que "deverão ser observadas, no momento da contratação e a cada exercício financeiro, a disponibilidade de créditos orçamentários, bem como a previsão no plano plurianual, quando ultrapassar 1 (um) exercício financeiro". Há uma mudança radical em relação ao disposto no art. 57 da Lei nº 8.666/1993, que vinculava a duração do contrato à duração do respectivo crédito orçamentário anual, excepcionando as hipóteses de previsão do objeto no plano plurianual. Porém, o dispositivo não tem uma boa redação, oferecendo dificuldades ao intérprete.

É preciso compreender, antes de mais nada, que o seu objetivo foi disciplinar a *duração* do contrato e, não, trazer regras referentes a orçamento público, já constantes de legislação própria. Independentemente do disposto na Lei nº 14.133/2021, a celebração de contratos administrativos está, absolutamente, vinculada à *existência* de créditos orçamentários suficientes para fazer face às despesas - aliás, tem natureza constitucional a norma que determina a obrigatoriedade de orçamentos anual e plurianual a orientar a atividade administrativa.[146] Portanto, a regra do art. 105 alinha-se, *obrigatoriamente*, às disposições constitucionais e da Lei nº 4.320/1964,[147] razão pela qual a interpretação que se der deve ocorrer a partir de suas disposições. Neste contexto, considere-se que, à luz do princípio da Universalidade,[148] o orçamento anual deve conter todas as despesas e receitas no período de um exercício financeiro, cuja duração coincide com o ano civil e, por sua vez, o orçamento plurianual deve conter a programação para um período mínimo de três exercícios, executada por meio dos orçamentos anuais.[149]

Num segundo momento, o art. 105 deve ser interpretado conjuntamente ao art. 150 da Lei nº 14.133/2021, que estabelece que nenhuma contratação será feita sem a *indicação dos créditos* orçamentários para pagamento das *parcelas contratuais vincendas no exercício* em que for

---

[146] Conforme arts. 165 e 167 da Constituição da República.

[147] Lei ordinária recepcionada pelo ordenamento jurídico como lei complementar, estatui normas gerais de Direito Financeiro para elaboração e controle dos orçamentos e balanços da União, dos Estados, dos Municípios e do Distrito Federal.

[148] Previsto no art. 2º da Lei nº 4.320/1964.

[149] De acordo com o art. 23 da Lei nº 4.320/1964.

realizada a contratação.[150] Assim, verifica-se ser condição para a celebração de um contrato que possua, desde logo, vigência superior ao exercício financeiro, bem como para a sua manutenção, que a cada novo exercício exista o correspondente crédito orçamentário, devidamente previsto na lei orçamentária anual. Como decorrência, apenas será empenhada a despesa correspondente ao orçamento em que o contrato for celebrado, procedendo-se, sucessivamente, aos respectivos empenhos nos exercícios seguintes.

Não há mudanças, portanto, neste particular, em relação às práticas até então adotadas pela Administração Pública. Destaca-se, aqui, a importância de uma adequada programação orçamentária, com um plano de contratações anual para subsidiá-la, nos termos do art. 12, inc. VII, especialmente em relação aos contratos de prazo, que podem ter duração inicial de até cinco anos e, total, via prorrogação do prazo de vigência, de até dez anos.

Da mesma forma, nada muda com a determinação, no mesmo art. 105 da Lei nº 14.133/2021, de que de deverá ser observada a previsão no plano plurianual quando o contrato ultrapassar um exercício financeiro. Ou seja, contratos cujos objetos tenham afinidade com as previsões plurianuais, deverão estar contemplados no plano plurianual, tal como já estabelece a Lei nº 4.320/1964.

5.2.4 Contagem do prazo de vigência

A questão da contagem do prazo de vigência contratual se põe, especialmente, para os contratos de prazo e tem importância reduzida para os contratos de escopo ou resultado.

A Lei nº 14.133/2021 estabelece que os prazos nela previstos serão contados com exclusão do dia do começo e inclusão do dia do vencimento e observarão, no caso de prazos expressos em meses ou anos, o cômputo data a data.[151] Neste caso, ainda, se no mês do vencimento não houver o dia equivalente àquele do início do prazo, considera-se como termo o último dia do mês.[152] Por fim, determina que, salvo disposição

---

[150] "Art. 150. Nenhuma contratação será feita sem a caracterização adequada de seu objeto e sem a indicação dos créditos orçamentários para pagamento das parcelas contratuais vincendas no exercício em que for realizada a contratação, sob pena de nulidade do ato e de responsabilização de quem lhe tiver dado causa."

[151] Conforme art. 183, II, da Lei nº 14.133/2021.

[152] Conforme art. 183, §3º, da Lei nº 14.133/2021.

em contrário, o dia do começo será o primeiro dia útil seguinte ao da disponibilização da informação na internet, prorrogando-se o prazo até o primeiro dia útil seguinte se o vencimento cair em dia sem expediente.[153] Tais regras reproduzem as regras aplicáveis à contagem dos prazos do contrato privado, conforme previsto no Código Civil Brasileiro, no Livro III – Dos Fatos Jurídicos, Título I – Do Negócio Jurídico, Capítulo III – Da Condição, do Termo e do Encargo, art. 132 e seus parágrafos.

Assim, o dia de início é a data da divulgação do contrato no sítio eletrônico oficial e será excluído da contagem. Por exemplo, o prazo de vigência de um ano ou 12 meses de um contrato divulgado em 13 de março inicia-se em 14 de março, terminando na mesma data, no ano seguinte. Mas, no caso de nova prorrogação, o prazo se inicia em 13, 14 ou 15 de março?

A regra da exclusão do dia de início não se aplica, em nosso entender, em caso de prorrogação, que é mera validação das condições iniciais para vigerem por novo período. O liame negocial entre as partes permanece o mesmo e, desse modo, a contagem do prazo não pode se iniciar no dia 13, data da divulgação, a qual já foi excluída da contagem do prazo inicial. Iniciando-se no dia 14, o resultado seria a coexistência de dois prazos em vigor no dia correspondente ao término do primeiro prazo e ao início do segundo, o que não se afigura apropriado. Assim, resta iniciar a contagem no dia 15 e finalizá-la no dia 15 do próximo exercício. Isso não afronta os prazos máximos de vigência previstos na lei, ainda que haja o acréscimo anual de um dia a cada prorrogação, uma vez que, tendo sido, a vigência, fixada em meses ou ano, a contagem observará a mesma regra.

5.3 Vigência de contratos de fornecimento ou prestação de serviços contínuos

O art. 106 refere-se aos contratos que tenham por objeto serviços ou fornecimentos contínuos, permitindo sua celebração diretamente com prazo de vigência de até cinco anos. É legalmente possível, portanto, que tais contratos possuam prazo inferior ou superior a um ano, limitados a cinco anos. O art. 107 prevê, ainda, que tais contratos podem ser prorrogados sucessivamente, limitados a dez anos de vigência. Em

[153] Conforme art. 183, §1º, I e §2º, da Lei nº 14.133/2021.

qualquer dos casos, a opção administrativa deverá ser justificada na fase preparatória da contratação.

A nova disciplina sobre a duração dos contratos de fornecimento foi bem recebida, afinal, é sabido que também esses objetos podem ter a característica da continuidade, de forma idêntica à presente em alguns serviços. A Lei nº 14.133/2021 avançou bastante nesse sentido e, ainda mais, ao autorizar sua celebração diretamente por períodos maiores do que o exercício financeiro, hipótese que era aceita apenas excepcionalmente.

As condições para a celebração de um contrato com prazo mais alongado devem ser demonstradas caso a caso, na fase preparatória da contratação, podendo existir situações em que não estarão presentes, ainda que o objeto seja continuado.

5.3.1 A definição de serviço e fornecimento contínuos

A Lei define fornecimentos contínuos como "serviços contratados e compras realizadas pela Administração Pública para a manutenção da atividade administrativa, decorrentes de necessidades permanentes ou prolongadas".[154] Em princípio, há que se compreender que uma gama imensa de contratos encontra-se sob tal definição, não cabendo realizar restrições em tese, mas avaliar, na prática, que situações de fato possuem tais características.

Parece ter sido a intenção da Lei ampliar a possibilidade de contratos com prazos maiores, desde que haja demonstração concreta da vantagem para a Administração, notadamente econômica. Com efeito, a celebração de contratos com prazos mais longos para necessidades que são permanentes ou prolongadas é compatível com os princípios da eficiência, pois reduz a quantidade anual de licitações e a burocracia relacionada à formalização de aditivos para prorrogação, e da economicidade, pois possibilita a celebração de contratos economicamente mais vantajosos.

Contudo, para a correta aplicação da Lei, é fundamental compreender o conteúdo e a abrangência da expressão "manutenção da atividade administrativa, decorrentes de necessidades permanentes ou prolongadas". Na vigência da Lei nº 8.666/1993, era corrente o entendimento de que a caracterização da continuidade dependia de ser, o

---

[154] Art. 6º, XV da Lei nº 14.133/2021.

serviço, *essencial* para assegurar a integridade do patrimônio público de forma rotineira e permanente ou para manter o funcionamento das *atividades finalísticas* do ente administrativo, de modo que sua interrupção pudesse comprometer a prestação de um serviço público ou o cumprimento da missão institucional.[155] Em tal concepção, ainda, um serviço poderia ser continuado para um determinado órgão e, para outro, não.[156]

Em nosso entender, para permitir o alcance dos objetivos pretendidos pela Lei nº 14.133/2021, que permite a utilização de diferentes modelos econômicos de contrato para alcançar os objetivos pretendidos, a expressão "atividade administrativa" *não deve* ser entendida como sinônimo de missão institucional, ou seja, o serviço ou fornecimento continuado não tem, obrigatoriamente, relação direta com a atividade finalística, a ponto de sua ausência ou interrupção causar prejuízo ao seu cumprimento. Trata-se, pois, de uma mudança em relação às percepções vigentes no cenário da legislação anterior.

"Atividade administrativa" deve ser entendida como "funcionamento da Administração", sendo que qualquer compra ou serviço cuja *necessidade ou utilidade* para o dia a dia da organização pode ser considerada continuada, se permanente ou prolongada. Desta forma, não cabe tomar a essencialidade em sentido restrito, atrelada diretamente ao exercício da atividade *finalística*.[157] Assim, por exemplo, o serviço de manutenção de elevadores é essencial às atividades administrativas, ainda que sua ausência, em sentido estrito, não cause prejuízo *direto* ao cumprimento da missão institucional, mas porque poderá dificultar ou impedir o acesso de servidores públicos e cidadãos a seus locais de trabalho ou de interesse. Ainda, a necessidade que é permanente ou prolongada em decorrência de opções realizadas ao nível de gestão administrativa também pode caracterizar serviço ou fornecimento continuado. Nesse sentido, a essencialidade do serviço de copeiragem não

---

155 Vide Acórdão n.132/2008-TCU/2ª Câmara.

156 Nesse sentido, foi o raciocínio do Min. Benjamin Zymler, na Decisão n.2/2002-2ª Câmara: "No que tange aos outros serviços de apoio mencionados pelo recorrente, entendo que somente uma análise acurada dos contratos firmados e da rotina de trabalho permitir-me-iam afirmar se são contínuos ou não. [...] Ainda, ter-se-ia que verificar se, em sendo obrigação de fazer, são os serviços uma necessidade permanente do órgão ou esporádica. [...] Serviços advocatícios, por exemplo, [...] podem, a depender das peculiaridades do órgão e do contrato, ser contínuos ou não."

157 Nesse sentido foi, também, a conclusão de Rafael Sérgio de Oliveira e Christianne de Carvalho Stroppa, no episódio 27 do podcast *Reverbere*. Disponível em: https://www.youtube.com/watch?v=qMj08uCVhKI&t=441. Acesso em: 17 abr. 2024.

é a mesma do serviço de limpeza, mas, sem dúvida, sua classificação como serviço continuado pode decorrer da sua necessidade permanente ou prolongada, diante das peculiaridades da estrutura funcional e as características da gestão de cada organização.[158]

O núcleo do conceito está, em verdade, nas expressões *permanente* e *prolongada*. Permanente é a necessidade que permanecerá presente durante toda a existência da organização. Prolongada é a necessidade que perdura por certo tempo, suficiente para ensejar a contratação por um período maior do que o anual.

Essa distinção é relevante especialmente para o *fornecimento* contínuo, sendo fundamental indagar sobre as compras que podem ser assim consideradas. A Lei nº 14.133/2021 define a "compra" como a "aquisição remunerada de bens para fornecimento de uma só vez ou parceladamente" (art. 6º, inc. X). Para que possa ser enquadrada no conceito de *fornecimento* contínuo, a compra deve atender a uma necessidade permanente ou prolongada, ou seja, definitiva ou de longa duração. Do contrário, será apenas uma compra que, uma vez realizada, exaurirá a necessidade administrativa, caracterizando um contrato de escopo, não de prazo. Assim, é um exemplo de fornecimento contínuo o fornecimento de alimentação preparada ("quentinhas") para estabelecimentos prisionais.[159]

---

158 Para Marçal Justen Fiho, "A continuidade do serviço ou do fornecimento consiste num reflexo das peculiaridades das necessidades administrativas. Existe uma demanda permanente e reiterada da Administração por um serviço ou por um bem. A prestação do serviço ou o fornecimento do bem satisfaz, mas não extingue, tal necessidade." O autor ainda apresente o requisito das "prestações homogêneas", afirmando que, no caso de serviços e fornecimentos contínuos, "a necessidade da Administração é satisfeita mediante prestações qualitativamente homogêneas. O bem ou o serviço a serem executados não apresentam variações em virtude das circunstâncias ou do tempo. Não é cabível a variação no conteúdo da prestação" (JUSTEN FILHO, Marçal. *Comentários à Lei de Licitações e Contratações Administrativas: Lei 14.133/2021.* São Paulo: Thomson Reuters Brasil, 2021, p. 1291).

159 A propósito do assunto, Marçal Justen filho escreve: "A configuração de fornecimentos contínuos implica o reconhecimento de que não é exigido que o objeto seja executado de modo ininterrupto. Embora existam fornecimentos permanentes e ininterruptos, essa é uma hipótese muito rara. Como o fornecimento envolve uma prestação de dar, é usual um momento de início e de término da sua execução. A transferência da posse ocorre num período de tempo exato e determinado. Completada a transferência da posse, encerra-se a execução daquela prestação, mas não se extingue o contrato de fornecimento. Haverá a renovação da execução da prestação em um momento futuro, em condições similares e equivalentes" (JUSTEN FILHO, Marçal. Ob. Cit., p. 1292).

5.3.2 Contratos prorrogáveis e prazo de prorrogação

Naquelas situações em que a escolha administrativa for pela celebração de contratos com possibilidade de prorrogação, o contrato deverá trazer a disciplina correspondente.

A rigor, prorrogações ordinárias devem se dar por prazo idêntico ao inicial, para preservar as condições econômico-financeiras da contratação. Porém, estando de acordo as partes e sendo inquestionavelmente demonstrada a vantagem para a Administração diante de dada situação concreta, a prorrogação poderá ocorrer por período distinto. Essa possibilidade já era defendida por alguns doutrinadores durante a vigência da Lei nº 8.666/1993,[160] tendo, o Tribunal de Contas da União, em algumas oportunidades, se manifestado no mesmo sentido.[161] A opção deverá ser fortemente motivada, evidenciando tratar-se da melhor solução para a Administração.

Em qualquer caso, a prorrogação sempre dependerá da concordância do contratado, não podendo ser imposta pela Administração. Não há direito do contratado à prorrogação, nem dever da Administração de realizá-la, ainda que prevista, cabendo, sempre, análise concreta da vantagem.

5.3.3 Condições para a celebração e manutenção dos contratos de fornecimento e serviços contínuos com prazos de vigência superiores ao exercício financeiro

O art. 106 autoriza a celebração de contratos de fornecimento e serviços continuados por até cinco anos e estabelece diretrizes a serem observadas, quais sejam:

a) que seja atestada a maior *vantagem econômica* em decorrência contratação plurianual (inciso I);
b) que sejam atestadas, a cada exercício, a existência de créditos orçamentários vinculados à contratação e a *vantagem em sua manutenção* (inciso II); e
c) a possibilidade de extinção do contrato, sem ônus, quando não houver créditos orçamentários para sua continuidade

---

[160] Nesse sentido, PEREIRA JUNIOR, Jessé Torres. Ob. cit., p. 587.

[161] Vide Acórdão 551/2002, da Segunda Câmara. Na mesma linha, o Parecer nº 182/2019/CONJUR-CGU/CGU/AGU.

ou quando a Administração entender que o contrato *não mais lhe oferecer vantagem*.

Nitidamente, as duas primeiras são condições, enquanto somente a terceira é diretriz.

O dispositivo trata, conjuntamente, de duas situações distintas: a celebração do contrato e a sua manutenção pelo período inicialmente previsto. Vejamos a seguir.

5.3.3.1 Para *celebrar* contrato com vigência plurianual, a autoridade competente deverá atestar sua maior vantagem econômica

Segundo o inc. I do art. 106, para a celebração de contratos com prazo de vigência plurianual, a autoridade competente deverá *atestar* a maior *vantagem econômica*.

Nota-se, desde logo, ser fundamental a existência de norma interna ou regulamento atribuindo, explicitamente, a *alguém* a referida competência. Destaca-se que a atribuição deve recair sobre uma *autoridade*, ou seja, agente público que ocupe cargo de maior hierarquia, com poder de representatividade em relação ao órgão ou entidade que está contratando. Isto posto, é preciso compreender o significado do uso do vocábulo *atestar*.

Uma primeira leitura permite concluir que a Lei estaria criando mais uma etapa do processo de contratação ao impor a prática de um novo ato, específico para atestar a vantagem econômica da contratação plurianual. Contudo, não nos parece que seja a melhor interpretação. Em nosso entender, a expressão "atestar" foi utilizada com o objetivo de enfatizar a responsabilidade da autoridade que autoriza a contratação ou assina o contrato e delimitar o último nível de controle do risco de irregularidades, na fase preparatória, quanto a esse aspecto. Para afastar o risco de responsabilização, a autoridade deverá certificar-se de que existem no processo, e são suficientes, justificativas econômicas para o contrato plurianual, além de considerar eventuais ponderações realizadas pelo órgão de assessoramento jurídico. Assim, ao estabelecer que a autoridade competente deverá *atestar* a maior vantagem econômica, o foco da Lei foi atribuir-lhe, de forma clara, responsabilidade quanto à escolha do prazo maior, evidenciando a relevância de decisão tomada. A própria formalização do contrato *atestará* a vantagem econômica, independentemente da prática de um novo ato anterior, e pressuporá o regular exercício do dever de cuidado quanto à verificação da economicidade da contratação.

No tocante ao conteúdo material da determinação legal, ou seja, ao que se pode chamar de *vantagem econômica* apta a autorizar a contratação plurianual, ela se relaciona, intrinsecamente, à escolha da solução, na fase preparatória da contratação. Por esta razão, a análise dos impactos do prazo de vigência contratual no valor da contratação deverá ser realizada durante os levantamentos iniciais, para justificar a indicação do prazo como uma das características da solução escolhida.

Com efeito, o prazo, maior ou menor, é um dos elementos que compõem a escolha da solução, uma vez que um mesmo tipo de objeto pode apresentar preços distintos conforme o prazo de vigência fixado. Assim, por exemplo, a Administração deverá avaliar a "contratação de serviços de limpeza e conservação junto a empresa especializada, pelo prazo de cinco anos, prorrogável por mais cinco anos" e a "contratação de serviços de limpeza e conservação junto a empresa especializada, pelo prazo de um ano, com possibilidade de prorrogação nos termos da Lei", optando pela melhor alternativa do ponto de vista econômico. Portanto, a *vantagem econômica da contratação plurianual* determina a escolha da solução que foi entendida como a melhor do ponto de vista técnico.

5.3.3.2 Para *manter* o contrato com vigência plurianual, a Administração deverá atestar existência de créditos orçamentários e a vantagem na sua manutenção

A existência de créditos orçamentários e de vantagem em sua manutenção são condições legais para que o contrato plurianual siga em vigor, conforme estabelece o inc. II do art. 106 da Lei nº 14.133/2021.

Tal como dito no item anterior, as competências envolvidas devem ser definidas em regulamento ou norma interna. Aqui, a Lei não faz referência a uma *autoridade* competente, mas apenas à competência *da Administração*, deixando, assim, ao encargo da organização disciplinar o assunto de forma apropriada.

Em cada exercício financeiro, o setor financeiro deverá emitir, formalmente, a informação sobre a existência de créditos orçamentários vinculados à contratação, parecendo-nos apropriado que o gestor do contrato fique responsável pela solicitação. Assim, atestar a existência de créditos orçamentários é *garantir* que haja, no processo, a informação quanto à previsão orçamentária para o contrato no novo exercício.

Já quanto a atestar a *vantagem na manutenção do contrato*, é preciso, antes de mais nada, entender os aspectos da vantagem buscada pela Lei neste caso. Note-se que a palavra "econômica", expressamente utilizada no inciso I como condição para a celebração do contrato, não está presente para caracterizar a vantagem na sua manutenção. Há uma explicação plausível: trata-se de contratos celebrados por prazos maiores, cuja proposta vencedora da licitação foi elaborada considerando o impacto da maior duração do ajuste sobre seu aspecto econômico, conforme explicitado no tópico anterior. Em tais contratos, já foi demonstrado, na fase preparatória da contratação, e devidamente atestado pela autoridade competente, que a contratação plurianual era a alternativa economicamente mais vantajosa, diante das circunstâncias de contratação. Esta avaliação terá norteado a escolha da proposta com o resultado de contratação mais vantajoso para a Administração, gerando o contrato em questão. Diante disso, durante sua vigência, não se trata de aferir vantagem econômica, apenas, mas, sim, de constatar a vantagem *da contratação*, considerando a própria solução e todos os seus impactos na satisfação do interesse público.

Assim, para a manutenção do contrato celebrado durante a vigência ajustada, é necessário que ele se demonstre vantajoso ao longo do tempo, atendendo as expectativas que nortearam a escolha administrativa. Conforme destacado no tópico anterior, o contrato plurianual decorre da análise de um conjunto de fatores na fase preparatória da contratação, inclusive os impactos econômicos do prazo de vigência. Desta forma, a vantagem em manter o contrato pelo período inicialmente contratado, maior do que um ano, deve estar relacionada com a sua eficácia para o alcance dos resultados pretendidos pela Administração. Dito de outro modo, se a solução contratada estiver sendo eficiente e eficaz aos fins pretendidos, a contratação poderá ser mantida. Neste contexto, a economicidade em sentido estrito encontra-se presumida, não havendo que se falar em realização de pesquisas de preços comparativas, muito menos se tais pesquisas tomarem como parâmetros contratações com prazos menores.[162]

---

[162] Destaca-se que, ao tempo da vigência da Lei nº 8.666/1993, já era entendimento do Tribunal de Contas da União que a pesquisa de preços pode ser dispensada para o fim da prorrogação do contrato de prestação de serviços continuados envolvendo cessão de mão de obra em regime de exclusividade quando houvesse previsão de repactuação, conforme o Acórdão

Isso posto, a gestão contratual será responsável pelo monitoramento dos resultados do contrato e pelas eventuais providências para a sua extinção, em caso de não atendimento das expectativas originais da Administração ou de eventual alteração de circunstâncias que não permitam sua continuidade, aplicando-se à hipótese o disposto no inciso III do art. 106 da Lei nº 14.133/2021, que será objeto dos comentários a seguir.

5.3.3.3 O contrato poderá ser extinto, sem ônus para a Administração, quando não houver créditos orçamentários e quando cessarem suas vantagens

O inciso III do art. 106 da Lei nº 14.133/2021 confere à Administração Pública uma prerrogativa extremamente severa, que deve ser exercida com máximo cuidado. A Administração está, rigorosamente, autorizada a romper com o contrato sem indenizar a contratada mesmo diante de uma situação de regular adimplemento. As hipóteses versadas no inciso III do art. 106 foram claramente retiradas do espectro de abrangência do art. 137, que prevê a extinção do contrato por *razões de interesse público*, para evitar o ônus financeiro para a Administração. Assim, a despeito do dever de planejamento positivado Lei nº 14.133/2021, a ausência de crédito orçamentário que suporte o contrato autoriza a sua extinção sem ônus para a Administração. Da mesma forma, o contrato poderá ser extinto sem ônus quando a Administração entender que o contrato não mais lhe oferece vantagem.

No primeiro caso, é evidente a impossibilidade de sua manutenção diante de regras orçamentárias basilares. No segundo, a intenção é evitar que a Administração permaneça vinculada a um contrato longo que não lhe seja vantajoso. O problema, em ambos, é ausência do dever de indenizar.

Para Marçal Justen Filho, o inciso III do art. 106 exige interpretação conforme à Constituição, somente podendo ocorrer na medida em que não venha a prejudicar o particular. O autor afirma que, mesmo que se reconheça uma competência genérica da Administração para extinguir contratações administrativas fundada na ausência de conveniência,

---

1.214/2013-Plenário. A Advocacia Geral da União ia além, entendendo, conforme a Orientação Normativa nº 60/2020, que a pesquisa de preços era facultativa inclusive nos contratos sem dedicação exclusiva de mão de obra.

decisão nesse sentido exige a indenização do particular pelas perdas e pelos danos comprovados.[163]

A regra é, sem dúvida, a mais polêmica dentre as disposições da Lei nº 14.133/2021 sobre os contratos administrativos. Além do aspecto apontado, ao mesmo tempo em que busca proteger o interesse público, prejudica o princípio da boa-fé objetiva, gera insegurança jurídica e afeta, negativamente, a economicidade de tais contratações. Conforme mencionado anteriormente, as condições econômicas do contrato podem ser influenciadas pelo prazo de vigência, com a redução do preço final em decorrência da maior duração do ajuste. A possibilidade de extinção antecipada afetará a avaliação de riscos por parte dos fornecedores, que incorporarão no preço as perdas decorrentes, tendo como consequência sua elevação ou não redução e, por certo, a ineficácia econômica da contratação por prazos mais longos. Assim, é preciso muito cuidado na interpretação deste dispositivo legal, que deve conduzir a uma aplicação restrita.

Em nosso entender, a aplicação do inciso III do art. 103 deverá ser excepcional, apenas em situações nas quais se mostre, inequivocamente, a única solução ou a melhor entre todas as alternativas consideradas. No caso de ausência de crédito orçamentário, se decorrente de falha na elaboração do plano de contratações anual, haverá que se apurar as responsabilidades dos agentes envolvidos. No caso da ausência de vantagem para a Administração, é imperioso delimitar o exercício da discricionariedade administrativa presente na expressão "entender".

Entender que o contrato não mais oferece vantagem envolve, antes de mais nada, considerar junto à contratada as possibilidades quanto à realização de ajustes que permitam a continuidade do contrato, inclusive valendo-se do mecanismo de alterações consensuais envolvendo especificações, quantidades, prazos, valores, entre outros, observados os limites impostos pelo ordenamento jurídico. Com efeito, é possível que, ao longo do tempo, os resultados pretendidos pela Administração não se concretizem, que a escolha não se mostre, de fato, eficiente e eficaz e que o interesse público passe por transformações, decorrentes de demandas diretas ou diretrizes de governança. Quando, em tais circunstâncias, a necessidade administrativa não puder ser suprida por meio de alterações consensuais, a extinção sem ônus estará autorizada. Em

163 JUSTEN FILHO, Marçal. *Comentários à Lei de Licitações e Contratações Administrativas:* Lei 14.133/2021. São Paulo: Thomson Reuters Brasil, 2021. p. 1300.

outras hipóteses, inclusive de falha no planejamento, eventual necessidade insuperável de extinção antecipada trará como consequência para a Administração o dever de indenizar a contratada, independentemente da letra expressa da Lei.

5.3.3.3.1 O respeito ao prazo mínimo de vigência contratual

Entendida como solução a extinção antecipada do contrato, deverá ser observado o disposto no §1º do art. 106, que condiciona sua realização a um prazo mínimo de vigência do contrato, estabelecendo que poderá ocorrer "apenas na próxima data de aniversário". A regra garante ao contratado ao menos um ano de vigência contratual, minimizando os impactos da decisão administrativa. Contudo, a norma parece-nos inaplicável no caso da ausência de créditos orçamentários.

O dispositivo ainda estabelece que a extinção antecipada não poderá ocorrer em prazo inferior a 2 (dois) meses, "contado da referida data", o que traz alguma dificuldade de entendimento. Duas interpretações são possíveis: a primeira, que defendemos, no sentido de que há um requisito formal a ser cumprido para a extinção sem ônus, qual seja, a notificação prévia, em até dois meses anteriores à data de aniversário, formalizando a decisão administrativa e caracterizando uma espécie de aviso prévio, com os pertinentes efeitos para a contratada; a segunda, no sentido de que o prazo de dois meses é computado após a data de aniversário, como uma espécie de sobrevida ao contrato.[164] Caberá à Administração Pública, mediante orientação de seu órgão de assessoramento jurídico, adotar um ou outro entendimento, sem descuidar de eventual orientação emitida pelo respectivo tribunal de contas.

---

[164] Nesse sentido parece ser o entendimento de Ronny Charles Lopes de Torres, que dá o seguinte exemplo: "Assim, se já no primeiro ciclo de 12 meses, um contrato de fornecimento inicialmente firmado com prazo de 05 anos se mostrar desvantajoso, no primeiro aniversário (12 meses após o seu início), a Administração poderá informar à contratada da opção de extinção do contrato que, a partir desse momento, não poderá ocorrer com prazo inferior a 02 meses. Como o prazo de 02 meses pode ser insuficiente para que a Administração realize uma licitação substitutiva, é possível que o prazo definido para a extinção seja superior" (TORRES, Ronny Charles Lopes de. *Leis de Licitações Públicas Comentadas...*, p. 582).

5.3.4 Condições para *prorrogar* um contrato de prestação de serviços ou fornecimento continuado, por até 10 anos

A prorrogação por até dez anos poderá ocorrer tanto no contrato com duração anual, sucessivamente prorrogável, quanto no contrato celebrado diretamente por prazo maior. A Lei traz como condições as seguintes:

a) que haja previsão em edital;
b) que as prorrogações sejam sucessivas; e
c) que seja atestado, pela autoridade competente, que as condições e os preços permanecem vantajosos para a Administração.

5.3.4.1 Prorrogação sucessiva

A condição de prorrogação sucessiva decorre da própria natureza do contrato de prazo, que se extingue com o decurso de seu prazo de vigência. Uma vez extinto o prazo anteriormente estabelecido, extinto também estará o contrato, não havendo como retomá-lo, sob pena de afronta ao dever de licitar. Desse modo, o início do novo prazo deve ocorrer imediatamente após o término do anterior, de modo que não haja solução de continuidade.

Como regra, a ausência de termo aditivo devidamente formalizado permitirá ao particular recusar-se a executar a prestação que antes lhe cabia, sem sofrer qualquer sanção administrativa. Expirado o prazo, qualquer prestação que venha a ocorrer se fundará em convenção verbal, expressamente vedada pelo §2º do art. 95 da Lei, persistindo, contudo, para a Administração, sob pena de enriquecimento ilícito, o dever de efetuar o pagamento pelo que houver sido realizado, se o contratado estava de boa-fé.

Conforme se constata, a eficiência do procedimento para prorrogação da vigência do contrato demanda redobrada atenção, uma vez que os trâmites internos devem ser iniciados em prazo suficiente. A falha no controle dos prazos de vigência tem gerado transtornos para a Administração Pública, pois não raro são gerados reconhecimentos de dívida para pagamento de serviços executados sem cobertura contratual ou realizadas contratações emergenciais para suprir as necessidades do serviço até que a nova licitação seja finalizada. Nesse contexto, é grande o risco de responsabilização de agentes públicos pelo ressarcimento de prejuízos que houverem decorrido de atos considerados antieconômicos.[165]

5.3.4.2 Previsão em edital

A possibilidade de prorrogação contratual ordinária, ou seja, não excepcional, é condição de suma relevância para a licitação, pois aumenta o interesse dos possíveis participantes e influencia diretamente nas condições de competição. Por isso, deve estar explicitamente prevista no edital. Inexistindo a previsão, não se falará em prorrogação, ainda que o objeto caracterize serviço ou fornecimento continuado.

No edital, a possibilidade de prorrogação deve constar da própria descrição do objeto da licitação, mas também deverá constar da minuta do termo de contrato, a ele anexa, regulando apropriadamente uma situação futura que poderá, ou não, ocorrer durante sua execução.

5.3.4.3 A autoridade competente deve atestar que as condições e os preços permanecem vantajosos

Novamente, "atestar" a vantagem não significa a prática de mais um ato no processo, mas a sinalização legal para a responsabilidade, da mesma autoridade que é competente para prorrogar o contrato, de reavaliar a vantagem das condições estabelecidas e dos preços vigentes. Reiteram-se, portanto, as considerações realizadas a propósito do tópico 5.3.3.1, nesse particular aspecto.

---

[165] Na vigência da Lei nº 8.666/1993, eram recorrentes os apontamentos do Tribunal de Contas da União nesse sentido, tal como se verifica nos seguintes acórdãos:
"3. adote medidas necessárias, a fim de manter controle permanente do encerramento dos contratos de serviço contínuo, que possibilite o início e a conclusão de procedimentos licitatórios antes do término de vigência do anterior, para que não se repita a realização de despesas sem cobertura contratual" (Acórdão 1.928/2006 – TCU – 1ª Câmara.)
"1.5.1. [...] adote providências com vistas ao rigoroso acompanhamento dos contratos em execução, por intermédio do representante designado para tal, nos termos do art. 67 da Lei 8.666/1993, adotando tempestivamente as providências cabíveis, de forma a evitar a realização de pagamentos sem cobertura contratual, por contrariar o art. 60, parágrafo único, da Lei 8.666/1993;" (Acórdão 1.930/2009-TCU-2ª Câmara.)
"1.5.1.4. observe que a contratação com base no art. 24, IV, da Lei 8.666/1993, aplica-se aos casos em que a situação adversa, dada como de emergência ou de calamidade pública, não se tenha originado, total ou parcialmente, da falta de planejamento, da desídia administrativa ou da má gestão dos recursos disponíveis, ou seja, que ela não possa, em alguma medida, ser atribuída à culpa ou dolo do agente público que tinha o dever de agir para prevenir a ocorrência de tal situação;" (Acórdão 3754/2009 – TCU – 1ª Câmara.)

Para a prorrogação de contratos plurianuais, são válidas as mesmas considerações já tecidas no tópico 5.3.3.2. Não há, em nosso ver, que se estabelecer comparação de vantagem econômica entre contratos com prazos distintos, cabendo avaliar a vantagem em sentido amplo, sob a perspectiva dos objetivos iniciais e dos resultados até então alcançados, estando implícita, neste caso, a economicidade.

Contudo, entendendo-se diversamente, ou seja, pela necessidade de *demonstrar* a vantagem econômica do contrato face aos preços vigentes no mercado no momento da prorrogação do prazo, a análise deverá considerar o mesmo período de vigência contratual. Ante a complexidade desta atividade, será necessário um novo estudo técnico preliminar, que servirá de fundamento para a nova contratação caso a prorrogação não venha a se confirmar.

A eventual existência de preços mais baixos no mercado não impedirá, de forma absoluta, a prorrogação, cabendo à autoridade competente decidir, motivadamente, sob critérios de conveniência e oportunidade, considerando o contrato como um todo e os resultados por ele produzidos. Vale destacar que a referência à negociação com o contratado, contida no art. 107 da Lei nº 14.133/2021, é uma *autorização* legal, ou seja, a Administração *poderá* – e, em alguns casos, *deverá* – instaurar diálogo com a contratada acerca das condições contratuais e sua manutenção ou alteração para o próximo período. A ocorrência da negociação não é, portanto, condição *sine qua non* para a prorrogação. Assim, caberá à autoridade competente decidir, motivadamente, se prorroga, ou não, o contrato, em vista das circunstâncias concretas.

Discussão importante versa sobre o conteúdo da negociação, se está restrito a preços ou se pode envolver outras condições. O ponto é relevante na medida em que os contratos com prazos mais longos podem requerer ajustes em diferentes aspectos, não apenas econômicos, relacionados ao próprio interesse público a ser satisfeito. Em nosso entender, a possibilidade de negociação não se restringe a preço, cabendo analisar as circunstâncias peculiares que o caso concreto apresentar, não podendo ser descartadas negociações que envolvam providências decorrentes das mudanças no mercado, da necessidade de manter o equilíbrio econômico-financeiro do contrato e de modificações no interesse público presente no contrato.

Rigorosamente, a prorrogação da vigência de contratos com prazos mais alongados assume contornos de *renovação* contratual, dada a amplitude dos aspectos que necessitam ser avaliados e que podem ser renegociados, respeitados os limites impostos pelo dever constitucional de licitar e pelas características do contrato celebrado.

Por fim, destaca-se que, para a avaliação da vantagem da prorrogação do prazo de vigência dos contratos, de um modo geral, os registros de fiscalização são fundamentais, sendo, portanto, absolutamente indispensável a fiel anotação das ocorrências que poderão impactar, em menor ou maior grau, na avaliação da autoridade competente.

5.3.5 Manutenção das Condições de Habilitação durante toda a execução contratual

O art. 94, inc. XVI, da Lei nº 14.133/2021 traz como cláusula necessária ao contrato administrativo aquela que prevê "a manutenção, durante toda a execução do contrato, em compatibilidade com as obrigações por ele assumidas, todas as condições exigidas para a habilitação na licitação, ou para a qualificação, na contratação direta".

Nesse contexto inserem-se:

a) condições gerais de habilitação, representadas pela ausência de aplicação de sanção de impedimento ou declaração de inidoneidade para licitar ou contratar, com efeitos perante a Administração Pública contratante;
b) ausência de aplicação da desconsideração da personalidade jurídica, estendendo à contratada os efeitos de sanção de impedimento ou declaração de inidoneidade para licitar ou contratar, aplicada a outra pessoa jurídica;[166] e
c) condições específicas de habilitação e qualificação, exigidas na licitação ou contratação direta anterior.

A Administração deverá realizar as consultas necessárias à verificação da ausência de sanções impeditivas aplicadas, nos termos das letras "a" e "b" acima. Porém, para o atendimento da letra "c", não caberá *solicitar*, novamente, todos os documentos de habilitação. Como prova do atendimento das condições técnicas e econômicas, é suficiente a constatação, via documentos de fiscalização, de que a contratada está executando o objeto conforme ajustado. Já a regularidade fiscal e trabalhista deverá ser verificada por meio das respectivas certidões, emitidas pela própria Administração. É o que se extrai do §4º do art. 91 da Lei nº 14.133/2021, que determina que, "antes de formalizar ou prorrogar o

[166] Ver art. 14, III e §1º e art. 160, ambos da Lei nº 14.133/2021.

prazo de vigência do contrato, *a Administração deverá verificar* a regularidade fiscal do contratado, consultar o Cadastro Nacional de Empresas Inidôneas e Suspensas (Ceis) e o Cadastro Nacional de Empresas Punidas (Cnep), *emitir* as certidões negativas de inidoneidade, de impedimento e de débitos trabalhistas e juntá-las ao respectivo processo".

5.3.6 Cumprimento de exigências relacionadas a políticas públicas

O art. 92, inc. XVII da Lei nº 14.133/2021 prevê como cláusula contratual obrigatória a "obrigação de o contratado cumprir as exigências de reserva de cargos prevista em lei, bem como em outras normas específicas, para pessoa com deficiência, para reabilitado da Previdência Social e para aprendiz". Assim, implicitamente, tem-se que, para prorrogar o prazo de vigência ou manter um contrato plurianual, a Administração deverá verificar o cumprimento, pelo contratado, de tais obrigações. Contudo, a questão que se põe é quanto à *forma* com que esse controle deverá ser realizado.

Em nosso entender, tais normas guardam complexidade incompatível com a atividade de gestão contratual, razão pela qual não há que impor aos responsáveis pelo acompanhamento e fiscalização mais do que a mera exigência de apresentação periódica de declarações pela contratada, sob as penas da Lei, de que permanece atendendo às referidas exigências legais, ou de documentos emitidos por órgãos competentes, quando cabíveis.

5.4 Vigência de contratos de aluguel de equipamentos e utilização de programas de informática

As mesmas disposições legais aplicáveis à duração dos contratos de serviços e fornecimentos contínuos se aplicam para contratos de aluguel de equipamentos e de utilização de programas de informática, conforme prevê o §2º do art. 106 da Lei nº 14.133/2021.

Estão incluídos na regra equipamentos de *qualquer natureza*, que podem, com o passar do tempo, ficar rapidamente obsoletos, desaconselhando sua aquisição. Um contrato de locação pode seguir sendo prorrogado, substituindo-se os equipamentos na medida em que modelos novos forem surgindo, tornando a contratação mais vantajosa economicamente. No tocante à utilização de programas de informática, as chamadas licenças de uso permitem o upgrade de softwares "de prateleira", tal como ocorre no setor privado.

5.5 Vigência de contratos decorrentes de hipóteses específicas de dispensa de licitação

A Administração poderá celebrar contratos com prazo de até dez anos nas hipóteses previstas nas alíneas "f" e "g" do inciso IV e nos incisos V, VI, XII e XVI do *caput* do art. 75 da Lei nº 14.133/2021.[167] São eles:

- bens ou serviços produzidos ou prestados no país que envolvam, cumulativamente, alta complexidade tecnológica e defesa nacional;
- materiais de uso das Forças Armadas, com exceção de materiais de uso pessoal e administrativo, quando houver necessidade de manter a padronização requerida pela estrutura de apoio logístico dos meios navais, aéreos e terrestres, mediante autorização por ato do comandante da força militar;
- para contratação com vistas ao cumprimento do disposto nos arts. 3º, 3º-A, 4º, 5º e 20 da Lei nº 10.973, de 2 de dezembro de 2004, observados os princípios gerais de contratação constantes da referida Lei;
- para contratação que possa acarretar comprometimento da segurança nacional, nos casos estabelecidos pelo Ministro de Estado da Defesa, mediante demanda dos comandos das Forças Armadas ou dos demais ministérios;
- para contratação em que houver transferência de tecnologia de produtos estratégicos para o Sistema Único de Saúde (SUS), conforme elencados em ato da direção nacional do SUS, inclusive por ocasião da aquisição desses produtos durante as etapas de absorção tecnológica, e em valores compatíveis com aqueles definidos no instrumento firmado para a transferência de tecnologia;
- para aquisição, por pessoa jurídica de direito público interno, de insumos estratégicos para a saúde produzidos por fundação que, regimental ou estatutariamente, tenha por finalidade apoiar órgão da Administração Pública direta, sua autarquia

[167] Ver art. 108 da Lei nº 14.133/2021.

ou fundação em projetos de ensino, pesquisa, extensão, desenvolvimento institucional, científico e tecnológico e de estímulo à inovação, inclusive na gestão administrativa e financeira necessária à execução desses projetos, ou em parcerias que envolvam transferência de tecnologia de produtos estratégicos para o SUS, nos termos do inciso XII do *caput* do art. 75, e que tenha sido criada para esse fim específico em data anterior à entrada em vigor desta Lei, desde que o preço contratado seja compatível com o praticado no mercado.

Valem, para tais contratos, as mesmas considerações já realizadas sobre a possibilidade de celebração diretamente por prazos maiores ou por prazos menores, sucessivamente prorrogáveis.

5.6 Vigência de contrato de prestação de serviços públicos oferecidos em regime de monopólio

O art. 109 autoriza a Administração a estabelecer vigência por prazo indeterminado de contratos em que seja usuária de serviço público oferecido em regime de monopólio. Novidade da Lei nº 14.133/2021, a regra é salutar e evita burocracias inúteis.

A condição para a manutenção de tais contratos ao longo do tempo é a existência de créditos orçamentários destinados a suportar as despesas correspondentes. Observe-se que, embora a Lei não determine expressamente, a referida comprovação deverá ocorrer *até o início* de cada novo exercício, de modo a evitar que sejam geradas despesas que, eventualmente, não possam ser saldadas. Dada a natureza dos serviços em questão, não deverá haver, a rigor, dificuldade no cumprimento da condição legal. Tais contratos deverão integrar o plano de contratações anual, que subsidiará a elaboração da lei orçamentária anual, possibilitando a observância rigorosa desta regra.

5.7 Vigência de contrato de receita e contrato de eficiência

De acordo com o art. 110 da Lei nº 14.133/2021, na contratação que gerar receita e no contrato de eficiência que gerar economia para a Administração, os prazos serão de até dez anos, nos contratos sem investimento, e de até trinta e cinco anos, nos contratos com investimento.

Ainda segundo a Lei, são considerados contratos com investimento aqueles que impliquem a elaboração de benfeitorias permanentes, realizadas exclusivamente a expensas do contratado, que serão revertidas ao patrimônio da Administração Pública ao término do contrato.

Ao se referir a contrato "que gere receita", a Lei tratou dos contratos por meio dos quais a Administração contratante receba valores do seu contratado, mas não excluiu aqueles que não lhe acarretam despesa alguma. Assim, contratos de permissão de uso de espaço público, por exemplo, remunerado ou não, podem ter seus prazos fixados nos termos do referido dispositivo. A interpretação extensiva se faz necessária, diante da ausência de tratamento normativo para os contratos que não gerem despesa e da evidente aplicabilidade da regra legal. Não há motivos para obstar a permanência de um contrato que, ainda que não gere receita, propriamente, esteja atendendo ao interesse público que o motivou, sem gerar qualquer despesa.

Já o contrato de eficiência, inserido no universo das contratações públicas desde a Lei federal nº 12.462/2011, que criou o regime diferenciado de contratações públicas (RDC), tem uma modelagem específica.[168] A Lei nº 14.133/2021 o define como "o contrato cujo objeto é a prestação de serviços, que pode incluir a realização de obras e o fornecimento de bens, com o objetivo de proporcionar economia ao contratante, na forma de redução de despesas correntes,[169] remunerado o contratado com base em percentual da economia gerada".[170] Assim, por exemplo, se um determinado órgão pretender reduzir o seu gasto mensal com

---

[168] Joyce Mackay Meneghello Marques destaca que "O grande diferencial desse tipo de contrato está no fato de toda a remuneração do contratado se dar pelo percentual de economia gerada ao ente público. Para a administração pública, a principal vantagem é que a maior parte do risco corre por conta do contratado, que deverá empregar os meios necessários para atingir as metas de eficiência e assim ser remunerado pelo serviço prestado, podendo, para tanto, realizar as obras ou o fornecimento de bens que julgar pertinentes. Outros subprodutos interessantes dessa modalidade de contratação são o fomento à inovação, já que são necessárias ideias inovadoras e criativas para o atingimento das metas, e a possibilidade de mensuração mais clara dos resultados obtidos." A autora ainda anota que "[E]sse tipo de contrato foi usado massivamente até agora para eficiência energética e, no Brasil, em alguns contratos para redução de perda de água. Entretanto, existem outros inúmeros usos possíveis ainda muito pouco explorados. É o caso, por exemplo, da redução de emissão de gases de efeito estufa ou da destinação correta de resíduos sólidos." (MARQUES, Joyce Mackay Meneghello. "O contrato de eficiência na nova Lei de Licitações: economia para o ente público". Disponível em: https://www.conjur.com.br/2023-mar-12/publico-pragmatico-contrato-eficiencia-lei-licitacoes#_ftn1).

[169] Consideram-se despesas correntes as despesas para manutenção e funcionamento dos serviços públicos em geral.

[170] Art. 6º, inc. LIII, da Lei nº 14.133/2021.

consumo de energia, poderá avaliar a viabilidade de realizar uma licitação para celebrar um contrato de eficiência, a qual, segundo a Lei, será julgada pelo critério do maior retorno econômico, nos termos do art. 39.[171]

Porém, o contrato de eficiência pode não resultar no retorno econômico esperado ou em algum retorno econômico satisfatório. Assim, quando a Lei se refere a contratos de eficiência "que gerem economia" para a Administração contratante, a interpretação óbvia é no sentido de que, tendo, originalmente, um prazo mais dilatado, que é necessário em razão dos objetivos do contrato, sua manutenção apenas poderá ocorrer quando gerar a economia inicialmente prevista ou alguma economia. Diversos aspectos deverão ser considerados para a decisão, que deverá se fundar em mecanismos objetivos e eficazes de controle da eficiência, inerentes a esta espécie contratual. Manter, ou não, o contrato dependerá dos detalhes do ajuste e das circunstâncias verificadas concretamente.

5.8 Vigência de contrato com regime de fornecimento e prestação de serviço associado

O art. 113 da Lei nº 14.133/2021 estabelece que o contrato firmado sob o regime de fornecimento e prestação de serviço associado terá

---

[171] "Art. 39. O julgamento por maior retorno econômico, utilizado exclusivamente para a celebração de contrato de eficiência, considerará a maior economia para a Administração, e a remuneração deverá ser fixada em percentual que incidirá de forma proporcional à economia efetivamente obtida na execução do contrato.
§ 1º Nas licitações que adotarem o critério de julgamento de que trata o *caput* deste artigo, os licitantes apresentarão:
I - proposta de trabalho, que deverá contemplar:
a) as obras, os serviços ou os bens, com os respectivos prazos de realização ou fornecimento;
b) a economia que se estima gerar, expressa em unidade de medida associada à obra, ao bem ou ao serviço e em unidade monetária;
II - proposta de preço, que corresponderá a percentual sobre a economia que se estima gerar durante determinado período, expressa em unidade monetária.
§ 2º O edital de licitação deverá prever parâmetros objetivos de mensuração da economia gerada com a execução do contrato, que servirá de base de cálculo para a remuneração devida ao contratado.
§ 3º Para efeito de julgamento da proposta, o retorno econômico será o resultado da economia que se estima gerar com a execução da proposta de trabalho, deduzida a proposta de preço.
§ 4º Nos casos em que não for gerada a economia prevista no contrato de eficiência:
I - a diferença entre a economia contratada e a efetivamente obtida será descontada da remuneração do contratado;
II - se a diferença entre a economia contratada e a efetivamente obtida for superior ao limite máximo estabelecido no contrato, o contratado sujeitar-se-á, ainda, a outras sanções cabíveis."

sua vigência máxima definida pela soma do prazo do fornecimento ou entrega da obra com o prazo para a prestação do serviço de operação e manutenção, que deverá ser limitado a cinco anos contados da data de recebimento do objeto inicial. Ainda, autoriza a prorrogação do prazo de vigência da mesma forma prevista no art. 107, no tocante aos serviços.

Da redação prolixa depreende-se que o prazo total de vigência do contrato resultará da soma das duas espécies de prestações envolvidas, o fornecimento ou entrega e a subsequente prestação de serviços.

O regime de fornecimento e prestação de serviço associado é definido pelo art. 6º, XXXIV da Lei como sendo o regime de contratação em que, além do fornecimento do objeto, o contratado responsabiliza-se por sua operação, manutenção ou ambas, por tempo determinado. A rigor, é aplicável em situações tais como a compra de equipamentos com serviços de manutenção, podendo, contudo, segundo a própria lei, ser empregado no caso de obras.

5.9 Vigência de contrato de operação continuada de sistemas estruturantes de tecnologia da informação

De acordo com o art. 114 da Lei nº 14.133/2021, o contrato que previr a operação continuada de sistemas estruturantes de tecnologia da informação poderá ter vigência máxima de quinze anos.[172]

5.10 Vigência de contratos de escopo

Os contratos de escopo, também chamados de contratos de resultado, são aqueles que visam um resultado específico a ser obtido com a execução de seu objeto. Nesses ajustes, o prazo de vigência funciona como um limite de tempo desejado para a sua duração, porém, encontra-se atrelado à execução do objeto, cujas condições podem influenciar sobre a sua fixação e prorrogação.[173]

---

[172] A Portaria 352/2020, do Secretário Executivo da Controladoria-Geral da União, em seu art. 2º, inc. XXXI define sistema estruturante como o "sistema com suporte de tecnologia da informação fundamental e imprescindível para planejamento, coordenação, execução, descentralização, delegação de competência, controle ou auditoria das ações do Estado, além de outras atividades auxiliares, desde que comum a dois ou mais órgãos da Administração e que necessitem de coordenação central".

[173] O tema foi abordado de forma detalhada no Capítulo I.

A Lei nº 14.133/2021 define, em seu art. 6º, inc. XVII, serviços não contínuos ou contratados por escopo como aqueles que impõem ao contratado o dever de realizar a prestação de um serviço específico em período predeterminado, ao mesmo tempo que autoriza a prorrogação justificada do prazo de vigência do contrato pelo prazo necessário à conclusão do objeto.[174] Trata-se de uma importante mudança, pois apesar da diferença fundamental em relação aos contratos de prazo, não havia tratamento legal específico, levando a que fossem, em princípio, considerados igualmente extintos pelo mero decurso do prazo de vigência.[175]

O art. 111 da Lei nº 14.133/2021 estabelece que o prazo de vigência será automaticamente prorrogado quando o objeto do contrato de escopo não for concluído no período firmado.[176] Na realidade da Administração Pública brasileira, em que a gestão contratual ainda pode ser considerada insubsistente na maioria dos órgãos e entidades, a regra praticamente acaba com o problema gerado pelo escoamento do prazo de vigência sem a conclusão do objeto do contrato. O risco de prejuízo ao interesse público, que era especialmente notado no caso de obras, foi claramente minimizado. Assim, nos contratos de escopo, não é necessária especial preocupação com o prazo de vigência, uma vez que, enquanto o objeto não estiver concluído, ele não se extinguirá.

Porém, não está afastado, por óbvio, o dever de acompanhar e fiscalizar a execução, anotando as ocorrências que puderem impactar nas expectativas de entrega do objeto no prazo avençado. Nessa linha, o parágrafo único do art. 111 estabelece que, havendo culpa do contratado, ele *será* constituído em mora, sendo-lhe aplicáveis as respectivas sanções administrativas. Ainda, determina que, caracterizado o mencionado descumprimento de obrigações que levem ao atraso na

---

174 "Art. 6º Para os fins desta Lei, consideram-se:
XVII - serviços não contínuos ou contratados por escopo: aqueles que impõem ao contratado o dever de realizar a prestação de um serviço específico em período predeterminado, podendo ser prorrogado, desde que justificadamente, pelo prazo necessário à conclusão do objeto;".

175 Ver Parecer 13/2013 – CPLC/DEPCONSU/PGF/AGU e Acórdão 127/16-TCU/Plenário.

176 "Art. 111. Na contratação que previr a conclusão de escopo predefinido, o prazo de vigência será automaticamente prorrogado quando seu objeto não for concluído no período firmado no contrato.
Parágrafo único. Quando a não conclusão decorrer de culpa do contratado:
I - o contratado será constituído em mora, aplicáveis a ele as respectivas sanções administrativas;
II - a Administração poderá optar pela extinção do contrato e, nesse caso, adotará as medidas admitidas em lei para a continuidade da execução contratual."

execução, a Administração deverá avaliar o cabimento da extinção do contrato, o que será feito, por certo, considerando os registros de fiscalização. Portanto, os agentes que atuam na gestão contratual devem acompanhar e fiscalizar cuidadosamente o cumprimento dos prazos de execução, anotando as ocorrências que poderão conduzir à prorrogação automática do prazo de vigência.

A Lei coloca como condição única para a prorrogação automática do prazo de vigência a ausência de conclusão do objeto no prazo previsto. Não há, portanto, que se condicionar ou limitar a prorrogação automática a nenhuma razão específica, mas apenas tomar as providências indicadas pela Lei em caso de culpa do contratado. Assim, a prorrogação automática ocorrerá *sempre que*, chegado o dia final do prazo de vigência, o objeto não estiver concluído. Caberá à Administração, em caso de culpa do contratado, avaliar o cabimento da manutenção do contrato em vista da gravidade da conduta e dos prejuízos causados.

5.10.1 Registro e formalização das ocorrências que subsidiam a prorrogação automática

Ao instituir a prorrogação automática do prazo de vigência, a Lei nº 14.133/2021 presume a ocorrência de situações que impossibilitam o cumprimento do prazo original. É evidente, portanto, a necessidade de formalizar, adequadamente, o registro de tais interferências e seu impacto no curso normal de execução.

Fala-se, aqui, de situações que afetam o cronograma de execução e que podem gerar a prorrogação de prazos de execução. O §5º do art. 115[177] prevê que o cronograma de execução será prorrogado automaticamente, pelo tempo correspondente, em caso de impedimento, ordem de paralisação ou suspensão do contrato, deixando implícita a necessidade de que tais situações estejam claras no respectivo processo administrativo. Assim, é imperioso controlar o prazo de execução e registrar as ocorrências que impactarem sobre ele, as quais poderão resultar em prorrogação automática do prazo de vigência.

---

177 "Art. 115. *Omissis*

...

§ 5º Em caso de impedimento, ordem de paralisação ou suspensão do contrato, o cronograma de execução será prorrogado automaticamente pelo tempo correspondente, anotadas tais circunstâncias mediante simples apostila."

A Lei nº 14.133/2021 não indica as situações que podem tornar necessária a prorrogação do prazo de execução, servindo como parâmetro as hipóteses referidas na revogada Lei nº 8.666/1993, quais sejam:

a) alteração, pela Administração, do projeto ou das especificações;
b) superveniência de fato excepcional ou imprevisível, estranho à vontade das partes, que altere fundamentalmente as condições de execução do contrato;
c) interrupção da execução do contrato ou diminuição do ritmo de trabalho por ordem e no interesse da Administração;
d) aumento das quantidades inicialmente previstas no contrato, nos limites permitidos pela Lei;
e) impedimento de execução do contrato por fato ou ato de terceiro reconhecido pela Administração em documento contemporâneo à sua ocorrência e
f) omissão ou atraso de providências a cargo da Administração, inclusive quanto aos pagamentos previstos, de que resulte, diretamente, impedimento ou retardamento na execução do contrato.

Tais situações, entre outras, devem ser anotadas mediante simples apostila, conforme o próprio §5º do art. 115 estabelece, tomando-se o cuidado de registrar o tempo de paralisação da execução, com termo inicial e final, para possibilitar os ajustes no cronograma de execução.

5.10.1.1 Alteração unilateral do projeto ou das especificações e aumento das quantidades iniciais

A alteração do projeto ou das especificações pela Administração e o aumento das quantidades inicialmente previstas no contrato, nos limites permitidos pela Lei, configuram imposição de modificações qualitativas ou quantitativas no objeto do contrato, previstas no art. 104, inc. I, no art. 124, inc. I, "a" e "b" e no art. 125 da Lei nº 14.133/2021.

Nessas situações, poderá ser necessário alterar prazos de início, conclusão e entrega, uma vez que se estará exigindo do contratado além do que foi avençado. Não há, nesses casos, para o contratado, a possibilidade de recusar a modificação, conforme a própria Lei deixa claro, mas há garantia de prazo maior de execução, se necessário para o adequado cumprimento das obrigações modificadas.

Nas situações em que a necessidade de aumento de prazo puder ser identificada e, até mesmo, dimensionada de antemão pela Administração, isso deverá ser feito *no mesmo termo aditivo* referente à alteração contratual. A Lei estabelece esta regra no art. 130, para fins de manutenção do equilíbrio econômico-financeiro, sendo aplicável também à hipótese ora tratada.[178] Nos demais casos, o contratado deverá solicitar o aumento do prazo, demonstrando sua necessidade para o regular cumprimento contratual.[179]

5.10.1.2 Fato excepcional e imprevisível

Na superveniência de fato excepcional ou imprevisível, estranho à vontade das partes, que altere fundamentalmente as condições de execução do contrato, os prazos de início, conclusão e entrega poderão ser prorrogados em razão de eventos que caracterizam caso fortuito, força maior, fato da administração e fato do príncipe. Nesses casos, a ocorrência independe da vontade das partes contratantes, que também não possuem meios para evitar seus efeitos.

Apesar da distinção clássica entre caso fortuito e força maior, caracterizando aquele como sendo decorrente de ato humano e este, de evento da natureza, o art. 393 do Código Civil Brasileiro unifica ambos os conceitos, estabelecendo que "o caso fortuito ou de força maior verifica-se no fato necessário, cujos efeitos não era possível evitar ou impedir". Desse modo, é desnecessário enquadrar o fato em uma ou outra classificação, bastando que reste caracterizada a impossibilidade de evitar o fato e seus efeitos.

Em relação ao fato do príncipe e ao fato da administração, segundo Hely Lopes Meireles, são, respectivamente, "determinação estatal, positiva ou negativa, geral, imprevista e imprevisível, que onera substancialmente a execução do contrato administrativo" e "toda ação ou omissão do Poder Público que, incidindo direta e especificamente sobre o contrato, retarda ou impede sua execução".[180]

---

[178] "Art. 130. Caso haja alteração unilateral do contrato que aumente ou diminua os encargos do contratado, a Administração deverá restabelecer, no mesmo termo aditivo, o equilíbrio econômico-financeiro inicial."

[179] Destaca-se, a propósito, que o art. 123 da Lei nº 14.133/2021 garante ao contratado uma resposta adequada a qualquer solicitação efetuada, o que, certamente, abarca a hipótese em questão.

[180] MEIRELLES, Hely Lopes. *Direito Administrativo Brasileiro*. 27. ed. São Paulo: 2002. p. 233. O autor equipara o fato da administração à força maior, ressaltando que produz os mesmos efeitos excludentes da responsabilidade sobre a inexecução do ajuste.

É necessária a comprovação de tais circunstâncias e também da alteração fundamental produzida nas condições de execução, ou seja, o nexo causal existente entre os fatos e a impossibilidade de cumprimento das obrigações no prazo inicialmente ajustado. A dilação temporal estará atrelada às dificuldades de execução decorrentes da incidência dos efeitos dos fatos sobre o contrato.

5.10.1.3 Determinação, pela Administração, de interrupção da execução ou diminuição do ritmo de trabalho

A Administração poderá, em decorrência de circunstâncias internas, determinar formalmente a interrupção da execução do contrato ou a diminuição do ritmo de trabalho.[181] Não se exige a ocorrência de caso fortuito ou força maior, portanto, qualquer motivo apresentado, desde que seja pertinente para justificar a conduta administrativa e que esteja fundado em fato superveniente, pode ser admitido.

Quando esta hipótese se configurar, merecerá atenção o disposto no inc. II, do §2º do art. 137 da Lei nº 14.133/2021, que assegura ao contratado o direito à extinção do contrato em caso de suspensão de execução por prazo superior a três meses, ou de repetidas suspensões que totalizarem noventa dias úteis, independentemente do pagamento obrigatório de indenização pelas sucessivas e contratualmente imprevistas desmobilizações e mobilizações e outras previstas. Portanto, a gestão do contrato deverá monitorar o tempo de suspensão, ciente das consequências previstas na Lei e no contrato, tomando providências preventivas para assegurar o melhor atendimento do interesse público.

5.10.1.4 Fato ou Ato de Terceiro

A execução do contrato pode ser impedida por fato ou ato de terceiro, estranho à vontade das partes. É relevante que esse fato seja verificado e reconhecido quando da sua ocorrência, para dificultar simulações e fraudes e evitar questionamentos.

---

[181] Na Súmula 191, elaborada a partir da interpretação das regras da Lei nº 8.666/1993, o TCU já admitia não haver *"obstáculo jurídico à devolução de prazo, quando a Administração mesma concorre, em virtude da própria natureza do avençado, para interrupção da sua execução pelo contratante"*.

Fala-se, aqui, da força maior, cuja ocorrência e nexo causal com a execução do contrato devem ser documentados e comprovados nos autos do processo administrativo. Não sendo do conhecimento da Administração o ato ou fato ocorrido, o contratado deverá comunicá-lo formalmente, demonstrando seu impacto no cronograma de execução.

5.10.1.5 Omissão ou Atraso de Providências a Cargo da Administração

Omissões ou atrasos por parte da Administração podem ensejar impedimento ou retardamento na execução do contrato e apuração de responsabilidades. Assim, se o objeto demandar providências a cargo da Administração, devem ser tomadas no momento oportuno, para evitar tais consequências.

A propósito do tema, destaca-se a previsão contida no §2º do art. 92 da Lei nº 14.133/2021, no sentido de que, à luz das peculiaridades de seu objeto e de seu regime de execução, o contrato deverá conter cláusula que preveja período antecedente à expedição da ordem de serviço para verificação de pendências, liberação de áreas ou adoção de outras providências cabíveis para a regularidade do início de sua execução.

A falta ou o atraso de providências administrativas necessárias à execução do objeto pode ser escusada na impossibilidade absoluta, decorrente de fato superveniente e imprevisível. A gestão do contrato deverá, a partir da respectiva previsão contratual, monitorar a execução das providências no prazo previsto, tomando, no limite das suas competências, as medidas necessárias e suficientes para evitar o descumprimento da cláusula pela Administração.

Também podem ser consideradas no conjunto de providências a cargo da Administração o pagamento, no prazo, de valores devidos à contratada. Havendo atraso superior a dois meses, contado da emissão da nota fiscal, dos pagamentos ou de parcelas de pagamentos devidos pela Administração por despesas de obras, serviços ou fornecimentos, além do direito à alteração do cronograma de execução, que poderá ensejar a prorrogação automática do prazo de vigência, o contratado terá direito à extinção do contrato, segundo estabelece o art. 137, §2º, IV da Lei nº 14.133/2021.

5.10.2 Deferimento obrigatório dos pedidos da contratada para prorrogação do prazo de início, conclusão ou entrega quando houver motivo justo

A prorrogação dos prazos de início, conclusão ou entrega do objeto, se configurado motivo justo e não houver culpa do contratado, é direito do contratado. Trata-se de uma condição de exigibilidade do cumprimento das obrigações contratuais, diretamente relacionada ao equilíbrio da equação econômico-financeira original, assegurada pelo art. 37, inc. XXI da Constituição da República.

Assim, diante de ocorrências que impeçam a execução no prazo previsto, sempre que ficar, desde logo, caracterizada a necessidade de dilação de prazos para possibilitar ao contratado o adequado cumprimento das suas obrigações, a Administração deverá, de ofício, concedê-la. Em outros casos, o contratado deverá solicitá-la formalmente, indicando as razões de forma clara e suficiente, cumprindo à Administração decidir de forma compatível com esse dever.

5.10.3 Prorrogação Automática do Cronograma de Execução e Reequilíbrio Econômico-Financeiro do Contrato

O direito à manutenção das condições econômico-financeiras do contrato é assegurado ao contratado pelo art. 37, inc. XXI da Constituição da República. Assim, havendo alterações no cronograma de execução que acarretem desajuste econômico-financeiro decorrente da dilação temporal, deverá ser concedido à contratada o reequilíbrio.

Destaca-se, a propósito do assunto, que especificamente para o caso de alterações unilaterais, determinadas pela Administração, o art. 125 da Lei nº 14.133/2021 já garante a manutenção das condições avençadas originalmente quando obriga o contratado a aceitar as modificações apenas se realizadas "nas mesmas condições contratuais".

5.11 A relevância do programa de integridade à luz do prazo de vigência dos contratos

A vigência inicial de longo prazo, no caso de contratos de prazo, e a prorrogação automática do prazo de vigência, nos contratos de escopo ou resultado, exigem um ambiente de integridade, sob pena de se converter em ferramenta para desvios e imoralidades.

O parágrafo único do art. 11 da Lei nº 14.133/2021 delega à alta administração do órgão ou entidade a competência para implementar processos e estruturas, inclusive de gestão de riscos, que permitam avaliar, direcionar e monitorar os contratos, além de promover um ambiente íntegro e confiável. Trata-se de norma fundamental, que integra o rol de medidas essenciais ao alcance dos objetivos do processo licitatório, descritos em seus incisos.

A Lei ainda prevê a obrigatoriedade de exigir, nos termos de regulamento, para contratos de grande vulto, a implantação de programa de integridade pelo contratado nos seis meses que sucederem a celebração do contrato.[182] A despeito de críticas e dificuldades que possam ser identificadas para a estrita observância da norma legal, o movimento deve ser no sentido de compreender sua finalidade e buscar sua aplicação, buscando um modelo que seja adequado à realidade de cada organização.

O tema pode e deve ser disciplinado em regulamento também com enfoque em contratos que não se enquadrem no conceito de grande vulto da Lei nº 14.133/2021,[183] mas que possuam relevância econômica significativa no âmbito do ente federativo, pois não há óbice legal para tanto.

5.12 Instrução processual e formalização da prorrogação do prazo de vigência

5.12.1 Contratos de prazo

A prorrogação da vigência do contrato de prazo deve ser instruída com os documentos necessários e suficientes, que visem atender às condições previstas na Lei, já indicadas nos tópicos anteriores. Deverá, ainda, ser observada regulamentação aplicável ao órgão ou entidade,

---

[182] "Art. 25. Omissis

...

§ 4º Nas contratações de obras, serviços e fornecimentos de grande vulto, o edital deverá prever a obrigatoriedade de implantação de programa de integridade pelo licitante vencedor, no prazo de 6 (seis) meses, contado da celebração do contrato, conforme regulamento que disporá sobre as medidas a serem adotadas, a forma de comprovação e as penalidades pelo seu descumprimento."

[183] Segundo o inciso XXII do art. 6º, aqueles cujo valor estimado supere duzentos milhões de reais.

disciplinando a instrução do procedimento de prorrogação contratual, aderente às normas da Lei nº 14.133/2021.

A ausência de uma ou mais condições legais impedirá a formalização da prorrogação ou, se já realizada, configurará vício de ilegalidade, podendo acarretar sua invalidade.

Deverão ser observadas, também, eventuais situações impeditivas da prorrogação, que não poderá ocorrer quando:

a) o prazo de vigência já houver terminado;
b) não houver previsão no edital/minuta de termo de contrato;
c) não houver demonstração da vantagem na sua manutenção;
d) não forem mantidas as condições de habilitação e
e) não for declarado o cumprimento de exigências relacionadas a políticas públicas.

A formalização da prorrogação deve se dar mediante elaboração de termo aditivo, documento que tem o efeito de renovar o ajuste, evitando a sua extinção. A eficácia do termo aditivo, assim como ocorre com o termo de contrato, depende de sua divulgação no divulgado no Portal Nacional de Contratações Públicas (PNCP), conforme expressamente estabelece o art. 94 da Lei nº 14.133/2021.[184]

5.12.2 Contratos de escopo

No caso dos contratos de escopo, a prorrogação da vigência será automática, figurando como condição apenas a verificação da incompletude do objeto na data do término da vigência inicial. Sua formalização poderá ocorrer por simples apostila ou por termo aditivo, apenas para fins registro e controle e, inclusive após à data final da vigência, já que não é condição para a prorrogação.

Cabe destacar que as justificativas para a prorrogação automática do prazo de vigência, prevista no art. 111, confundem-se com as que justificam a prorrogação automática do cronograma de execução, prevista no §5º do art. 115. Segundo o dispositivo, as circunstâncias que levarem à prorrogação automática do cronograma de execução deverão ser anotadas por simples apostila. A prorrogação do prazo de vigência será uma consequência e se valerá das mesmas justificativas, que já constarão do processo administrativo.

---

184 Ver, ainda, art. 174, §2º, V da Lei nº 14.133/2021.

Em relação ao cronograma de execução, elementar ao contrato de escopo, é possível, por essa razão, arguir a necessidade de prorrogação via termo aditivo. A previsão legal de anotação por simples apostila poderia ser compreendida como referente, apenas, às circunstâncias autorizadoras. De fato, a redação do §5º não é suficientemente clara. Contudo, também é possível a compreensão de que, uma vez anotadas as circunstâncias e acompanhadas dos respectivos documentos comprobatórios, o cronograma de execução já será considerado prorrogado pelo tempo necessário, cabendo, apenas, delimitar formalmente, também por simples apostila, o novo marco final para o cumprimento das obrigações. A interpretação prestigiaria a economia processual, eliminando trâmites burocráticos que, ao fim e ao cabo, sucumbiriam, em relevância, à demonstração material da necessidade de prorrogação, via anotação das circunstâncias motivadoras.[185]

5.12.3 Prorrogação do prazo de vigência e sanção impeditiva aplicada à empresa contratada

A aplicação, por outra Administração, de sanção de impedimento de licitar e contratar ou de declaração de inidoneidade para licitar ou contratar pode ser entendida como perda de condição habilitatória e, portando, de condição necessária para a prorrogação do prazo de vigência dos contratos de prazo, observados os respectivos limites de abrangência e eficácia.

O assunto é polêmico desde a vigência da Lei nº 8.666/1993, especialmente porque, no âmbito do Tribunal de Contas da União e do Superior Tribunal de Justiça, era reconhecida a eficácia *ex nunc* das sanções impeditivas, não alcançando contratos celebrados antes de sua aplicação.[186] Assim, poderia ser reputado equivocado ampliar tais efeitos por meio de interpretação mais abrangente, violando o preceito da interpretação restritiva de normas restritivas de direito, tal como ocorre com as normas do Direito Penal.

[185] Na vigência da Lei nº 8.666/1993, a Segunda Câmara entendeu, no Acórdão 4.465/2011, pela necessidade de "celebrar termo aditivo aos contratos de obras e serviços de engenharia sempre que ocorrer alteração do cronograma físico-financeiro respectivo, mencionando explicitamente no novo termo a modificação ocorrida;".

[186] Ver Acórdão 2183/2019-TCU/Plenário e AgRg no REsp nº 1.148.351/MG, Rel. Min. Herman Benjamin, Segunda Turma do STJ, j. 18.3.2010, DJe 30.3.2010.

O Tribunal de Contas da União já entendeu que, no caso de aplicação da declaração de inidoneidade, o atendimento do interesse público nesses casos comporta indagações, pois a prorrogação do contrato, mesmo que o preço praticado seja considerado razoável, atenua os efeitos da sanção e retira parcialmente os efeitos preventivos esperados da condenação. Na oportunidade, determinou ao órgão que se abstivesse de prorrogar o contrato.[187]

Em nosso entender, sendo uma condição habilitatória apenas em sentido amplo, não significando, pois, de fato, a perda de condições de executar o contrato, a aplicação das sanções de impedimento ou declaração de inidoneidade por outra Administração não configura obstáculo legal à continuidade do contrato, via prorrogação. Contudo, caberá à autoridade competente, diante da sanção aplicada, decidir a luz do caso concreto, considerando a gravidade da infração cometida pela empresa perante a Administração que aplicou a sanção e, especialmente, a realidade do seu próprio contrato. Se o contrato estiver sendo cumprido a contento e possibilitando o alcance dos objetivos de interesse público nele envolvidos, a prorrogação poderá se mostrar como o melhor caminho, mantendo, a Administração, suas rotinas de fiscalização e intensificando cuidados que possam evitar danos futuros.

5.13 Atribuições de gestão e fiscalização aplicadas ao procedimento de prorrogação da vigência

5.13.1 Contratos de prazo

A rigor, cabe ao *gestor do contrato* garantir a adequada instrução do procedimento que conduzirá à decisão de prorrogar, ou não, a vigência do contrato, bem como sua respectiva formalização.

Em atenção à determinação do §3º do art. 8º da Lei nº 14.133/2021, regulamento deverá dispor sobre o assunto e detalhar a quem compete, dentre os ocupantes das diferentes funções que compreendem a gestão contratual, a execução de atribuições como acompanhamento e controle do prazo de vigência por meio de instrumentos adequados, comunicação acerca do término iminente do prazo de vigência, análises relacionadas à demonstração da vantagem econômica, consulta ao

[187] Acórdão 1246/2020-Plenário.

contratado quanto à existência de interesse na prorrogação e confecção do termo aditivo.[188]

Nesse plexo de responsabilidades, vale destacar a necessidade de iniciar, em tempo hábil, o procedimento visando à prorrogação contratual, possibilitando que a decisão da autoridade competente seja exarada antes do término do prazo de vigência, mediante celebração do termo aditivo. É fundamental, portanto, o controle efetivo do prazo de vigência pelo gestor, evitando a realização de contratações emergenciais em decorrência extinção do contrato.[189]

Com base no histórico gerado pelos documentos de fiscalização, o gestor do contrato deverá realizar uma análise preliminar acerca da conveniência e oportunidade da manutenção do contrato, avaliando sua vantagem em sentido lato, ou seja, sua eficiência e eficácia enquanto ferramenta para a satisfação da demanda existente.[190] Se o contrato estiver sendo satisfatoriamente cumprido, a tempo e modo, deverá dar encaminhamento aos procedimentos destinados à prorrogação, visando demonstrar o atendimento das condições impostas pela Lei. Ao final, deverá elaborar manifestação conclusiva, que servirá de subsídio à decisão da autoridade competente, referida no inciso II do art. 105.

5.13.2 Contratos de escopo

A prorrogação automática do prazo de vigência do contrato de escopo agrava a responsabilidade da gestão contratual quanto à eficiência e à eficácia da execução. Um contrato que se prolonga no tempo, automaticamente, quando a execução não é concluída no prazo original onera especialmente a fiscalização, pois pode ser fonte de prejuízos

---

188 No âmbito da Administração Pública federal, o Decreto n. 11.246/2023 regulamenta a atuação dos gestores e fiscais de contrato.

189 Ao tempo da vigência da Lei 8.666/1993, eram recorrentes as recomendações do Tribunal de Contas da União, no sentido de que órgãos e entidades avaliassem a conveniência e a oportunidade de "implantar controles para mitigar riscos que possam resultar na realização de contratações emergenciais indevidas, que afrontem o inciso IV do art. 24 da Lei nº 8.666/1993, a exemplo de mecanismo para controlar o nível mínimo de estoque para materiais essenciais, bem como para alertar a necessidade de tomada de decisão quanto à prorrogação de um contrato de serviços de duração continuada em vigor ou à realização de uma nova licitação" (Acórdão 1.796/2018 – TCU/Plenário).

190 Nesse sentido, por meio do Acórdão 655/2011, a Primeira Câmara do TCU entendeu que a Administração deveria verificar as observações feitas pelos fiscais, com o intuito de avaliar aspectos qualitativos e quantitativos da execução do contrato, antes de decidir quanto à prorrogação de seu prazo de vigência. É evidente que tal orientação, emitida na vigência da Lei nº 8.666/1993, continua válida para os fins da Lei nº 14.133/2021.

maiores e até irreparáveis. Assim, a carga de responsabilidade que incide sobre a atividade de fiscalização em tais contratos é, claramente, maior.

O fiscal do contrato tem o dever acompanhar a execução, considerando o cronograma de execução, e anotar devidamente as ocorrências, tomando providências para a regularização de falhas e encaminhando ao gestor do contrato no caso de situações que escaparem de suas atribuições. Diante de ocorrência de qualquer natureza, com potencial para impactar no prazo de execução, deverão ser trazidos ao processo documentos e informações suficientes para a sua compreensão e dimensionamento dos seus impactos, à luz do disposto no art. 111, *caput* e parágrafo único. Nas situações previstas no §5º do art. 115, deverá atentar para a necessidade de evidenciar, oportunamente, o prazo a ser devolvido ao contratado para a conclusão do objeto.

Ao gestor do contrato compete acompanhar a atuação do fiscal e garantir que a manutenção do contrato, mediante prorrogação automática da sua vigência, observará as normas legais.

Dicas

✓ Nos contratos de prazo, o gestor ou o fiscal administrativo, conforme o caso, deve se manter ao momento em que o procedimento de prorrogação deve ser iniciado, bem como ao seu impulsionamento, de modo que o termo aditivo esteja devidamente assinado pelas partes antes do *término* do prazo de vigência, evitando, assim, a extinção do contrato.

✓ A avaliação da vantagem em manter o contrato, inclusive pela via da prorrogação, envolve não apenas o aspecto econômico, abrangendo, fundamentalmente, uma análise da eficiência e da eficácia do ajuste para o alcance dos objetivos da Administração.

✓ A atuação adequada do gestor e do fiscal de contrato, seja em relação à anotação de ocorrências, seja em relação à produção de relatórios que subsidiem as avaliações necessárias à manutenção ou prorrogação do contrato, *é fundamental para a tomada de decisão pela autoridade competente.*

✓ Nos contratos de escopo ou resultado, o fiscal deve se manter atento ao cronograma de execução e aos eventos que impeçam o seu cumprimento nos termos originais, registrando-os de forma contemporânea a sua ocorrência e de modo que possam justificar a prorrogação automática do prazo de vigência, se for o caso.

ALTERAÇÕES NO CONTRATO ADMINISTRATIVO

6.1 Possibilidades e limites às alterações no contrato administrativo

Assim como os contratos privados, os contratos administrativos podem ser alterados em decorrência da necessidade de melhor atender aos interesses das partes. No contrato administrativo, a supremacia do interesse público sobre o privado respalda a atuação exorbitante da Administração contratante, que poderá, desde que de forma justificada, realizar, unilateralmente, alterações. Porém, em qualquer caso, limites devem ser observados, sob pena de ilegalidade. O tema foi bastante explorado no Capítulo I, a cuja leitura se remete.

De um modo geral, a alteração contratual, seja qual for, deve estar vinculada ao melhor atendimento do interesse público e qualquer ônus dela decorrente deve ser justificável a partir de seus resultados diretos e demais consequências. É imprescindível uma justificativa formal, demonstrando o cabimento, a conformidade legal e a adequação da alteração para a satisfação do interesse público. Não há liberdade irrestrita para a realização de alterações, sendo vedado desnaturar o objeto contratado em detrimento do processo de licitação, dispensa ou inexigibilidade que fundamentou a sua contratação.

A Lei nº 14.133/2021 regula, de forma bastante criteriosa, as alterações contratuais, estabelecendo suas hipóteses de cabimento e as condições a serem atendidas. Contudo, algumas lacunas necessitam de atenção e certas disposições merecem ser cuidadosamente estudadas, para viabilizar sua correta aplicação.

6.1.1 As hipóteses de alteração contratual previstas na Lei nº 14.133/2021

As alterações no contrato administrativo podem ser promovidas unilateralmente pela Administração ou resultar de consenso entre as partes, conforme as disposições do art. 124, incs. I e II da Lei nº 14.133/2021. As hipóteses descritas podem ser assim sintetizadas:

a) Alterações unilaterais pela Administração:
   a.1) Alteração do projeto ou das especificações;
   a.2) Alteração do valor contratual em decorrência de acréscimo ou diminuição quantitativa de objeto;

b) Alterações decorrentes de acordo das partes:
   b.1) Alteração para substituir a garantia de execução;
   b.2) Alteração do regime de execução da obra ou serviço ou do modo de fornecimento;
   b.3) Alteração da forma de pagamento;
   b.4) Alteração para restabelecer o equilíbrio econômico-financeiro do contrato.

Todas as hipóteses possuem limites expressos indicados nos respectivos dispositivos autorizadores, além dos limites implícitos impostos pelo ordenamento jurídico, os quais, quando ignorados, maculam o ato de ilegalidade e podem levar a sua invalidação.

Há uma importante ausência na Lei, relacionada à possibilidade de realizar alterações qualitativas e quantitativas no objeto de forma consensual, o que não significa a absoluta impossibilidade de sua ocorrência.

6.2 Alterações contratuais unilaterais

Conforme já estudado no Capítulo I, o contrato administrativo se distingue do contrato privado essencialmente pela presença das cláusulas exorbitantes, prerrogativas especiais concedidas à Administração e que encontram justificativa na supremacia do interesse público sobre o privado. Nessa linha, a possibilidade de promover unilateralmente alterações no contrato é uma prerrogativa pública expressamente conferida pelo art. 124 da Lei nº 14.133/2021, diante da clara necessidade de possibilitar que, em caso de imprevisibilidades, o contrato possa ser alterado para continuar servindo aos seus propósitos, sem a necessidade de um novo processo de contratação.

Assim, a Administração poderá usar de seu poder especial para adequar o contrato sempre que uma nova realidade assim impuser e desde que atendidas algumas condições. O contratado estará obrigado a aceitar as modificações unilateralmente impostas, não lhe cabendo a recusa. Porém, essa submissão não subjuga, em nenhuma medida, seus direitos, diante da garantia da manutenção das mesmas condições econômico-financeiras existentes ao tempo da contratação. Trata-se, portanto, de uma submissão subjetiva, que não prejudica os interesses econômicos do contratado.

6.2.1 A necessidade de fato superveniente que altere o interesse público

Quando a Administração licita um determinado objeto, isso é feito, presumivelmente, com base em planejamento e programação adequada e compatível com as necessidades a serem atendidas. Na Lei nº 14.133/2021, a fase preparatória do processo de contratação foi bem detalhada, abrangendo as avaliações destinadas à obtenção de um contrato eficiente e eficaz.[191]

Assim, se o objetivo, por exemplo, é adquirir determinado bem, devem, dentre outras providências, ser identificadas as características e especificações necessárias e realizar a estimativa das quantidades suficientes para atender a demanda. Se o objetivo é a obtenção de um serviço, da mesma forma, devem ser avaliados os aspectos da prestação aptos a atenderem o interesse público em questão, a forma com que o serviço é disponibilizado pelo mercado, os requisitos necessários para garantir um resultado satisfatório. Exige-se eficiência nessa avaliação, a qual deve considerar todos os elementos relevantes e todos os fatos previsíveis. Portanto, deflagrada a licitação ou a contratação direta, a premissa é de que a Administração agiu bem, cumprindo com o dever de diligência, sem cometer erros.[192]

[191] Na vigência da Lei nº 8.666/1993, o Tribunal de Contas da União já apontava a necessidade de um planejamento adequado, a exemplo dos acórdãos nº 103/2004 TCU-Plenário, nº 1.131/2005-TCU– Plenário, nº 2.617/2008-Plenário e nº 2.544/2011-Plenário.

[192] Conforme entendemos, um dos grandes desafios para a boa aplicação da Lei nº 14.133/2021 é a fase preparatória da contratação, que deverá ser cuidadosamente elaborada, demandando tempo e atenção suficientes para um trabalho coerente. Toda a estrutura do contrato administrativo, seus detalhes, os resultados buscados deverão ser pensados e definidos nesta fase, que não deverá ser executada de forma açodada, sob pena de prejuízos não só ao interesse público, mas também aos agentes que nela atuaram, diante da necessária apuração de responsabilidades por erros cometidos.

Daí a presunção de que alterações posteriores no objeto do contrato devem, como regra, decorrer de fatos que não podiam ser conhecidos ou que, sendo imprevisíveis, ocorreram depois da instauração do processo de contratação ou da celebração do contrato. Tais fatos devem ser suficientes para modificar o interesse público inicial, sem alterar, substancialmente, a demanda original.

Assim, tome-se como exemplo um contrato visando à aquisição de veículos de representação firmado por uma Administração sediada em uma região de clima extremamente quente, em cuja descrição não tenha constado a especificação ar-condicionado, item indispensável em razão das altas temperaturas locais. A hipótese é de *falha administrativa*, não havendo *fato superveniente* que autorize uma modificação no objeto. Também não haveria fato superveniente, por exemplo, nas hipóteses de alteração de um contrato de reforma para substituir, no projeto original, o piso cerâmico pelo piso de madeira, em decorrência, exclusivamente, de determinação discricionária da autoridade superior, e de alteração de um contrato de obra, por não terem sido consideradas, no projeto original, exigências legais de acessibilidade.

Portanto, a prerrogativa pública de alterar o contrato unilateralmente não nasce da falha administrativa, evitável com um adequado planejamento, ou da mera discricionariedade, exercitável na fase preparatória da contratação. Nas lições de Marçal Justen Filho, por um dever de congruência, há que se entender que, quando a Administração pactua o contrato, já exercitou a competência discricionária correspondente, não podendo impor alterações dessa natureza. Por tal razão, alude o autor, "a modificação unilateral do contrato pressupõe eventos ocorridos ou apenas conhecidos após a contratação", evidenciando-se a modificação das circunstâncias de fato ou de direito que motivem a necessidade ou a conveniência de alterar o contrato.[193]

Em suma: a possibilidade de alterar unilateralmente o contrato visa atribuir ao ajuste uma margem de flexibilidade para seu aproveitamento em caso de necessidade evidenciada posteriormente à licitação ou à sua celebração, evitando a realização de um novo processo de contratação, não se destinando ao saneamento de falhas cometidas na fase preparatória do processo de contratação. Assim, por exemplo, seria possível suprimir quantidades em um contrato de aquisição de

---

[193] JUSTEN FILHO, Marçal. *Comentários à Lei de Licitações e Contratações Administrativas:* Lei 14.133/2021. São Paulo: Thomson Reuters Brasil, 2021. p. 1282.

veículos se, supervenientemente à contratação, a Administração recebesse uma quantidade de veículos, cedidos ou doados. No exemplo dado, referente ao contrato de obra, o piso poderia ser alterado caso se verificasse, após a contratação, que o piso cerâmico constante do projeto básico passou a não ser mais fabricado no Brasil, tornando-se demasiadamente dispendiosa sua utilização. Em ambos os casos, as circunstâncias motivadoras das modificações fugiriam a qualquer previsão administrativa.

6.2.1.1 A possibilidade de realizar a alteração unilateral diante de falha de planejamento

Não obstante ao que foi dito no tópico anterior, em determinadas situações, a ausência de um fato desconhecido ou superveniente não poderá impedir a alteração unilateral.

Com efeito, há que se distinguir e separar a necessidade administrativa a ser suprida pelo contrato do erro cometido pelo agente responsável ou de falhas decorrentes de reais dificuldades de planejamento, no caso concreto. Se a ausência do termo aditivo importar sacrifício ao interesse público ou resultar em maior dispêndio financeiro, a autoridade competente poderá decidir por celebrá-lo. 194 Contudo, deverá, ato contínuo, instaurar o competente processo para apuração administrativa da responsabilidade dos agentes envolvidos.[195]

Nessa linha, para contratos de obras e serviços de engenharia, a Lei nº 14.133/2021 traz, no §1º do seu art. 124, a previsão de que as alterações que forem decorrentes de falhas de projeto ensejarão apuração de responsabilidade do responsável técnico e adoção das providências necessárias para o ressarcimento dos danos causados à Administração.

---

[194] Decisão nesse sentido, desde que suficientemente motivada, não oferecerá risco ao gestor, diante do que estabelece a Lei de Introdução às Normas do Direito Brasileiro, em seu art. 22, §1º: "Em decisão sobre regularidade de conduta ou validade de ato, contrato, ajuste, processo ou norma administrativa, serão consideradas as circunstâncias práticas que houverem imposto, limitado ou condicionado a ação do agente."

[195] Paulo Sérgio de Monteiro Reis é categórico nesse sentido: "Inquestionavelmente, se a alteração for realisticamente indispensável para o melhor atendimento do interesse público, que seja feita. O fato de haver sido originada de uma falha de planejamento não pode constituir impedimento à sua realização, sob pena de estarmos colocando o interesse público em plano secundário. O que se torna necessário, nesse caso, é a apuração de responsabilidade pela falha cometida, especialmente no caso de ela vir a constituir prejuízo ao erário." (REIS, Paulo Sérgio de Monteiro. *Contratos da Administração Pública*: administração direta e estatais – Formalização, conteúdo e fiscalização – De acordo com as leis nº 8.666/1993, nº 14.133/2021 e nº 13.303/2016. Belo Horizonte: Fórum, 2021. p. 193.

É fundamental lembrar que, com a priorização dos cuidados na fase preparatória da contratação, a tendência é que erros de planejamento, que repercutam na definição do objeto e dos detalhes do contrato, sejam cada vez menores, reduzindo, portanto, o problema dos aditivos sem o devido respaldo legal. De toda forma, a decisão de alterar o contrato em tais condições não compete ao gestor, ou ao fiscal do contrato, que deverão subsidiá-la com as informações necessárias, nos limites de suas atribuições, encaminhando à autoridade competente para decidir.

6.2.2 Modificações no Projeto ou nas Especificações – Alterações Qualitativas

A hipótese do art. 124, inc. I, alínea "a" da Lei nº 14.133/2021 traz a possibilidade de alteração unilateral do projeto e das especificações para melhor adequação técnica aos objetivos do contrato.

A modificação em questão é chamada *qualitativa,* por estar relacionada às características do objeto. Não se entenda, com o uso dessa expressão, que modificações dessa natureza estarão sempre atreladas ao rendimento, eficiência ou eficácia do objeto, ou outro elemento pertinente à sua qualidade em sentido estrito. Fala-se em alteração qualitativa para diferenciar da *quantitativa,* prevista na alínea "b" do mesmo inc. I, que se refere à modificação de quantidades do objeto.

O objetivo das modificações qualitativas é modificar especificações, ou seja, detalhes da definição e descrição do objeto contratado. Esse dado é relevante para que possamos distinguir as modificações qualitativas das quantitativas. Das modificações qualitativas podem decorrer o aumento ou a diminuição de quantidades de produtos ou insumos, mas apenas como consequência da modificação do projeto ou das especificações, pois o objetivo principal não recai sobre o aumento ou diminuição de quantidades.

De acordo com a Lei, a modificação qualitativa apenas pode ser realizada *para melhor adequação técnica aos objetivos do contrato.* Depende, pois, de avaliação técnica que indique os motivos pelos quais são necessárias; o *quantum* correspondente, sob o enfoque técnico e econômico; e as consequências de sua eventual não realização, inclusive indicando a estimativa de prejuízos financeiros que possam decorrer de uma inação administrativa.[196]

Constituem fatos supervenientes autorizadores de alteração qualitativa a ocorrência de evento que venha a alterar o interesse público e a constatação, durante a execução, da inaplicabilidade da solução técnica inicial. Assim se passaria, por exemplo, com a descoberta de uma rocha impenetrável, que não permitisse a escavação necessária à execução de uma obra, exemplo encontrado na clássica doutrina de Hely Lopes Meirelles. Presumindo-se a impossibilidade técnica de prever o fato, não haverá alternativa senão a alteração do projeto para adequação. A superveniência de legislação fixando ou alterando regras sobre acessibilidade em edifícios públicos, por exemplo, também respaldaria a modificação do projeto para adequação.

A realização de alterações qualitativas pode resultar na utilização de materiais ou serviços cujos preços unitários não foram originalmente previstos e, para tais casos, a Lei estabelece, em seu art. 127, a sua fixação

[196] Vale destacar os termos do Acórdão 2.714/15-TCU/Plenário sobre o assunto, ainda na vigência da Lei nº 8.666/1993:
"14. ...tais elementos não são realmente hábeis para embasar as principais modificações observadas, que se encontram descritas no relatório que acompanha esta deliberação.
15. Cito como exemplo a substituição das estacas-raiz por estacas pranchas metálicas. A justificativa para essa modificação [...] foi que 'as estacas em perfil metálico não são afetadas pela elevação do nível de águas, já as estacas do tipo raiz em concreto, previstas inicialmente no projeto, podem sofrer cisalhamento quando da sua execução em caso de chuvas intensas'.
16. Tal justificativa, além de ser genérica e imprecisa, em uma primeira análise, não é suficiente para motivar uma alteração contratual de um serviço orçado em R$ 1.172.505,60, por outro de R$ 16.170.386,21, pois, em princípio, ambas as soluções deveriam ter sido projetadas para resistir a todos os esforços atuantes e não se demonstrou que o dimensionamento das estacas do tipo raiz estivesse equivocado. Ao contrário, existem indícios de que a alternativa de cravação de estacas metálicas tem se mostrado problemática em alguns trechos, em vista da presença de matacões que impedem a cravação dos elementos até a profundidade requerida [...].
17. Em função do princípio da indisponibilidade do interesse público, não há amparo para permitir a alteração do serviço com perda de qualidade para o contratante ou com aumento de preço, quando a solução especificada atende satisfatoriamente os requisitos da obra.
18. Outra alteração relevante foi a substituição das placas de concreto moldado in loco por placas pré-moldadas de concreto. A mudança da metodologia construtiva, também com ônus adicional para o contratante, foi embasada na realização da obra no menor prazo possível e em supostas dificuldades para executar a cortina atirantada de concreto moldado in loco [...].
19. Tal justificativa passa ao largo do fato de que o prazo de execução da obra, tal qual foi projetada, é uma obrigação contratual do consórcio. Poderia ser admitida a alteração da técnica construtiva, desde que tal ajuste não importasse custo adicional ao contratante e que houvesse de fato uma redução no prazo de construção ou outro benefício objetivamente mensurável. [...]
20. Em suma, essas duas modificações foram as principais causas para o aumento do custo da canalização do Rio Bengalas em mais de R$ 13 milhões, o que me faz perquirir sobre a real vantajosidade das alterações nos projetos licitados".

"por meio da aplicação da relação geral entre os valores da proposta e o do orçamento-base da Administração sobre os preços referenciais ou de mercado vigentes na data do aditamento".[197]

6.2.3 Modificações nas Quantidades do Objeto Contratado – Alterações Quantitativas

A alínea "b", do inc. I, do art. 124, da Lei nº 14.133/2021 autoriza a alteração do contrato "quando necessária a modificação do valor contratual *em decorrência* de acréscimo ou diminuição quantitativa de seu objeto, nos limites permitidos por esta Lei". A redação do dispositivo é truncada, mas não há dúvida de que a necessidade de alteração do valor contratual é uma consequência da necessidade de alterar as quantidades do objeto.

Nesta hipótese, o objetivo é tão somente a alteração das quantidades inicialmente contratadas, para mais ou para menos. Suas especificações permanecerão tal e qual inicialmente contratadas, não havendo que se falar, inclusive, em modificações qualitativas decorrentes.

Da mesma forma, as alterações quantitativas dependem de justificativa que indique os motivos pelos quais são necessárias, o *quantum* correspondente, sob o enfoque técnico e econômico, e as consequências de sua não realização.[198]

6.2.4 Limites legais às alterações unilaterais

O exercício da prerrogativa de modificar unilateralmente o contrato é limitado expressamente por normas extraídas do texto da Lei nº 8.666/1993, conforme se verá nos tópicos seguintes.

---

[197] "Art. 127. Se o contrato não contemplar preços unitários para obras ou serviços cujo aditamento se fizer necessário, esses serão fixados por meio da aplicação da relação geral entre os valores da proposta e o do orçamento-base da Administração sobre os preços referenciais ou de mercado vigentes na data do aditamento, respeitados os limites estabelecidos no art. 125 desta Lei."

[198] Destaca-se, sobre o assunto, o Acórdão 1.007/2011-TCU/Plenário, que determinou que, ao pactuar termos aditivos a contratos, em especial quando contemplarem grandes percentuais de alteração no valor contratual, busque discriminar de forma objetiva e clara os fundamentos do acréscimo/supressão do valor do contrato, dos acréscimos/supressões de quantitativos, bem como do prolongamento de sua vigência, além de explicitar as vantagens do termo aditivo em relação a novo procedimento licitatório.

6.2.4.1 As cláusulas econômico-financeiras e monetárias dos contratos administrativos não podem ser alteradas sem prévia concordância do contratado

De acordo com o art. 104, § 1º da Lei nº 14.133/2021, apenas as cláusulas de serviço, também chamadas de regulamentares, podem ser objeto de alterações unilaterais.

Segundo a doutrina de Hely Lopes Meirelles, são cláusulas de serviço "aquelas que dispõem sobre o objeto do contrato e o modo de sua execução". Imobilizá-las, ou seja, impedir sua alteração, "importaria impedir a Administração de acompanhar as inovações tecnológicas, que também atingem as atividades do Poder Público e reclamam sua adequação às necessidades dos administrados".[199] Por isso, encontram-se no núcleo de cláusulas contratuais sobre as quais é possível admitir a incidência unilateral da Administração Pública.

Já as cláusulas econômico-financeiras apenas podem ser alteradas mediante consenso do contratado, em respeito às condições inicialmente propostas, a teor do art. 37, inc. XXI da Constituição da República. A própria Lei prevê duas hipóteses de alterações consensuais envolvendo cláusulas econômicas, quais sejam, a alteração da forma de pagamento inicialmente ajustada e para restabelecer o equilíbrio econômico-financeiro do contrato.[200]

6.2.4.2 As cláusulas econômico-financeiras devem ser revistas para que se mantenha o equilíbrio contratual

Conforme se extrai do art. 104, § 2º da Lei nº 14.133/2021, a revisão das cláusulas econômico-financeiras é uma consequência obrigatória da modificação unilateral das cláusulas de serviço. Trata-se de uma garantia da equivalência e reciprocidade das prestações contratuais – comutatividade e sinalagma do contrato – conferindo a necessária segurança jurídica ao ajuste. Assim, rigorosamente, sempre que uma alteração unilateral acarretar para o contratado desequilíbrio econômico-financeiro, será devida a recomposição econômica.

---

[199] MEIRELLES, Hely Lopes. *Licitação e Contrato Administrativo*. 14. ed. São Paulo: Malheiros, 2006. p. 204.

[200] Respectivamente, art. 124, inc. II, alíneas "c" e "d".

A Lei estabelece, ainda, em seu art. 130, que, havendo alteração unilateral do contrato que aumente ou diminua os encargos do contratado, a Administração deverá restabelecer, no mesmo termo aditivo, o equilíbrio econômico-financeiro inicial. Por encargos deve-se entender o ônus de execução que recai sobre o contratado, tratando, a Lei, de situações de aumento ou diminuição desse ônus em decorrência de alterações unilaterais qualitativas ou quantitativas. O dispositivo é um detalhamento das regras contidas no §2º do art. 104, que impõe a revisão econômico-financeira em caso de alterações unilaterais, e no art. 125, que impõe a obrigação do contratado de aceitar as alterações unilaterais apenas se observadas as "mesmas condições contratuais". Assim, alterações que aumentem o ônus de execução devem ser remuneradas nos mesmos moldes do contrato original e alterações que diminuam os ônus de execução e, consequentemente, a expectativa original de ganhos, devem ser avaliadas sob a perspectiva das perdas sofridas, que não podem caracterizar prejuízo econômico à contratada para além da perda da remuneração correspondente à supressão unilateral.

Cabe alertar que o reequilíbrio deve ocorrer *no mesmo termo aditivo* da alteração unilateral, ou seja, concomitantemente à sua formalização. Significa dizer que a concessão do reequilíbrio, quando devido, será condição para a realização da própria alteração. O objetivo da Lei, sem dúvida, foi aumentar a segurança jurídica para o fornecedor, eliminando a possibilidade de, na prática, ver-se forçado a cumprir a determinação unilateral da Administração em condições econômicas distintas das contratadas. Na maioria das vezes, senão em todas, para dar cumprimento ao comando legal, a Administração precisará dialogar previamente com a contratada para que possa entender a situação e decidir pelo cabimento, ou não, do restabelecimento do equilíbrio econômico-financeiro.

6.2.4.3 O contratado somente está obrigado a aceitar alterações unilaterais se forem respeitadas as mesmas condições contratuais

O art. 125 da Lei nº 14.133/2021 exige que sejam respeitadas todas as demais condições do contrato para que sejam realizadas alterações unilaterais. Não é possível, pois, que a Administração imponha ao contratado a execução em condições diversas das previstas inicialmente, especialmente no que tange às condições econômicas. Assim, por exemplo, a alteração do projeto inicial pode levar à necessidade de maior prazo de execução para viabilizar a entrega, impondo a alteração do cronograma de execução. Ainda, a supressão das quantidades do objeto poderá demandar recomposição, pela Administração, de perdas econômicas sofridas pelo contratado, decorrentes da perda da economia de escala inicialmente considerada na formação do seu preço, devidamente comprovada.

Ainda, o art. 129 da Lei nº 14.133/2021 prevê que, no caso de supressão em contratos de obras e serviços, quando o contratado já houver adquirido e colocado os materiais no local dos trabalhos, os custos de aquisição regularmente comprovados deverão ser ressarcidos pela Administração, reajustados monetariamente, sem excluir a eventual indenização por outros danos decorrentes da supressão. O dispositivo não exclui contratos de compra ou fornecimento, ou seja, se o contratado comprovar a prévia aquisição do quantitativo suprimido pela Administração, destinado ao cumprimento do contrato nos termos originais, a regra do referido art. 129 também se aplicará, por analogia.

6.2.4.4 As alterações unilaterais devem se ater a limites percentuais indicados na Lei

O art. 125 Lei nº 14.133/2021 estabelece limites percentuais para a realização de alterações contratuais unilaterais, qualitativas e quantitativas,[201] que aumentem ou diminuam o valor do contrato, quais sejam, 25% e 50% sobre o valor inicial atualizado do contrato. O primeiro, para obras, serviços ou compras e o segundo, para reforma de edifício ou de equipamento. Dito de outro modo: em um dado contrato, a Administração apenas poderá modificar o objeto unilateralmente, qualquer que seja a natureza da modificação, na proporção de 25% ou 50% sobre o valor inicial atualizado do contrato.

Tais percentuais representam a margem entendida pela Lei como razoável para a ocorrência de imprevistos ou imprevisibilidades e para justificar uma atuação contratual unilateral e impositiva por parte da Administração. A existência de limites também produz efeitos no tocante à preservação da economicidade da contratação, já que, especialmente para as alterações quantitativas, maiores quantidades podem levar a

[201] A redação do art. 125 não deixa dúvida de que os limites incidem sobre alterações unilaterais de qualquer natureza, superando a discussão suscitada pela doutrina à época da vigência da Lei nº 8.666/1993, no sentido de que as alterações qualitativas não estariam a eles submetidas.

menores preços quando licitados. Contudo, diante de uma situação autorizadora da alteração unilateral, especialmente caracterizada pela superveniência de imprevisibilidades, decidir entre alterar o contrato vigente e realizar licitação é uma avaliação de gestão que somente pode ocorrer à luz do caso concreto.

A fixação de limites percentuais não se funda, em nosso sentir, na necessidade de preservar o dever de licitar, já que a situação que dá ensejo à alteração unilateral era impossível de ser antevista e, portanto, considerada no planejamento da contratação. Desse modo, o dever de licitar terá sido regularmente observado pela Administração ao realizar a licitação conforme os elementos da fase preparatória. Pela mesma razão, parece-nos equivocado afirmar que a alteração unilateral somente poderá ocorrer quando não representar prejuízo à competição. A competitividade do certame já foi preservada quando da sua realização e, na oportunidade da alteração, importa, a rigor, verificar a sua necessidade em face da mudança do estado de coisas, vinculada à ocorrência da imprevisibilidade. Em verdade, o limite legal atrelado ao dever de licitar e à preservação da competitividade é a vedação à desnaturação do objeto,[202] prevista no art. 126 da Lei nº 14.133/2021, que deve nortear, também, a avaliação do caso concreto.

É importante frisar, conforme se extrai do próprio art. 125, que os 50% relativos à reforma de edifício ou de equipamento aplicam-se apenas a modificações unilaterais que *aumentam* o valor do contrato, devendo, as supressões unilaterais, permanecerem no limite de 25%.

Ao tomar como base o valor *inicial* do contrato, a Lei ancora as alterações aos valores da contratação original, evitando que sucessivas modificações venham a repercutir na base de cálculo. Por outro lado, ao considerar o valor inicial *atualizado*, a Lei garantiu que a base de cálculo sofrerá os ajustes econômicos necessários, preservando, assim, o limite original.

Para compreender o conceito de valor inicial atualizado, é importante distinguir:

---

[202] Situação verificada já no Acórdão 863/2006, do Plenário: "a exigência inicial do emprego da técnica complexa afastou licitantes que muito bem poderiam ter participado da licitação e não fizeram. Não é, pois, legítimo prever exigências complexas, as quais poucos podem atender, e posteriormente promover alterações contratuais para realizar obra mais simplificada, que estaria ao alcance de muitos outros licitantes que, por seus termos complexos, não participaram da licitação."

a) Valor *inicial* do contrato: valor nominal, que corresponde ao valor da proposta do vencedor;
b) Valor *atual* do contrato: valor do contrato em um determinado momento ou, ainda, valor que já foi despendido até o momento em razão do contrato ou o valor que ainda resta desembolsar, conforme preferir-se convencionar;
c) Valor *atualizado* do contrato: valor do contrato para fins de pagamento, após a realização de reajustes, revisões e repactuações devidas.

Logo, valor inicial atualizado do contrato é o valor nominal, com a incidência das atualizações, ou seja, de reajustes, revisões ou repactuações que já houverem sido oportunamente realizadas.

Exemplificando: um contrato com valor inicial de R$ 100.000,00 que tenha sofrido reajuste pelo INPC, passando a R$ 112.500,00, poderá ser unilateralmente modificado dentro dos limites de R$ 28.125,00 (25%, em caso se trate de obra, serviço ou fornecimento) e R$ 56.250,00 (50%, em caso se reforma de edifício ou equipamento), resultados obtidos após a incidência dos respectivos percentuais sobre o valor inicial atualizado de R$ 112.500,00.

O valor *inicial* atualizado tem como parâmetro o objeto licitado e seu valor, sendo sempre esse o ponto de partida para a identificação do limite estabelecido. Assim, as diversas modificações realizadas sucessivamente até o limite legal não devem ser computadas, não interferindo no valor que servirá de base de cálculo para uma nova modificação, seja para aumentá-lo ou diminui-lo. No exemplo dado, considerando a hipóteses de um primeiro acréscimo de 12%, correspondente a R$ 13.500,00, o valor do contrato para fins de pagamento passaria a R$ 126.000,00, mas os 13% restantes seriam calculados sobre os mesmos R$ 112.500,00.

6.2.4.5 As alterações unilaterais não poderão transfigurar o objeto da contratação

Cabe alertar, especialmente quanto às alterações qualitativas, que o respeito ao limite percentual ou, até mesmo, a ausência de impacto econômico das alterações realizadas não significará, automaticamente, ausência de ilegalidade. Na prática, ainda poderá haver a transfiguração do objeto, vedada pelo art. 126 da Lei nº 14.133/2021.

Na vigência da Lei nº 8.666/1993, esse limite era entendido como um limite não expresso, que se presumia a partir do dever de licitar exercitado anteriormente pela Administração contratante. O Tribunal de Contas da União analisou diferentes situações, tal como a retratada no Acórdão 1.428/2003 do Plenário, em que se alterou o método construtivo de uma barragem, com alteração do projeto básico por meio do projeto executivo, constituindo objeto totalmente distinto. Na oportunidade, a Corte de Contas frisou, ainda, que alterações significativas antes de iniciada a obra exigem a realização de nova licitação, não assinatura de termo aditivo.

Por desnaturação do objeto deve-se considerar toda alteração que modificar a essência do objeto contratado, incidindo sobre aspectos ou parcelas consideradas relevantes para a sua caracterização e, especialmente, para a formulação e apresentação de propostas por interessados, sob os enfoques técnicos e econômicos. A avaliação sobre o risco de desnaturação do objeto deve ser prévia, ou seja, ocorrer durante o procedimento que conduzirá ao eventual termo aditivo, em cada caso concreto.

Há que se ter cautela, especialmente, diante de alterações em percentuais expressivos, que geram, consequentemente, aumento significativo do valor do contrato, ainda que dentro dos limites percentuais, diante do risco de desnaturação qualitativa.

Tal limite não parece ser aplicável às alterações quantitativas, ressalvada uma compreensão ampliada do objeto para além de suas características intrínsecas, que leve em conta seus aspectos econômicos. Com efeito, em certos casos concretos, a alteração das quantidades do objeto pode, de fato, repercutir tão significativamente nas condições de competição e no preço que não seria estranho falar em desnaturação do objeto licitado. Contudo, não nos parece ser esse o caso, havendo, na Lei, outros mecanismos destinados à proteção dos aspectos econômicos e financeiros do contrato em caso de alterações unilaterais.

6.2.5 O cálculo dos limites percentuais e caracterização da compensação indevida

Conforme já referido, o limite percentual deve ser considerado separadamente para as alterações que acarretem aumento ou diminuição do valor contratado. É possível, pois, que o contrato sofra tanto aumento, como diminuição na ordem de 25% do seu valor, decorrente de alterações qualitativas ou quantitativas.

Para uma melhor compreensão prática, utilizemos um exemplo, considerando o valor de 100 como sendo o valor inicial atualizado de um contrato. Realizadas supressões, qualitativas ou quantitativas, na ordem de 25%, o valor do contrato passará a ser 75. Posteriormente, sendo necessários acréscimos, qualitativos ou quantitativos, a base de cálculo continuará sendo 100, que é o valor *inicial* atualizado do contrato, resultando na possibilidade de aumento de 25. Isso feito, o valor do contrato voltará a ser 100, conforme originalmente licitado e contratado.

Aqui, surge a questão quanto à possibilidade, ou não, *em tese*, de novo acréscimo de 25% e a resposta é positiva. Com efeito, não haveria *acréscimo* propriamente dito, embora houvesse alteração contratual, qualitativa ou quantitativa, mas apenas o retorno ao valor inicial do contrato. Por essa razão seriam possíveis, ainda, acréscimos na ordem de 25% sobre o valor de 100, totalizando 125. Nesse cenário, o contrato permaneceria dentro da margem de oscilação de valor permitida, entre 25% a menos e 25% a mais do que foi inicialmente contratado.

Na prática, contudo, diante de diferentes situações concretas, pode haver interpretações mais restritivas, especialmente visando evitar desvirtuamento do objeto inicial. Nesse sentido, ao analisar um contrato de obra, o Tribunal de Contas da União firmou o entendimento no sentido de que "os acréscimos ou supressões nos montantes dos ajustes firmados pelos órgãos e pelas entidades da Administração Pública devem ser considerados de forma isolada, sendo calculados sobre o valor original do contrato, vedada a compensação entre seus valores".[203] Em decorrência, uma vez atingido o limite de acréscimo

[203] Destaque extraído do Acórdão 1536/2016-Plenário. Ver, ainda, Acórdão 1.733/2009, Acórdão 1.981/2009, Acórdão 749/2010, Acórdão 2.819/2011 e Acórdão 2.554/2017, todos do Plenário. Para melhor compreensão, transcreve-se trecho do citado Acórdão 1.981/2009 – Plenário, que analisou a questão de forma detalhada:
"19. Quanto às modificações no âmbito dos Contratos Seduop 57/2006 e 60/2006 (Concorrências 1/2006 e 3/2006, respectivamente), as peças processuais demonstraram que o Contrato 57/2006 sofreu acréscimos da ordem de 68,4% (1º e 4º Termos Aditivos) e supressões da ordem de 84,2% (1º, 4º e 6º Termos Aditivos). Houve, sem dúvida, desvirtuamento total da concepção inicial da obra, deixando patentes as falhas, tais como, a divergência entre o número de tubulões descritos no orçamento da ponte e as quantidades definidas nas plantas, além da relação altura/vão, para as vigas longitudinais, incompatível com a solução estrutural adotada em concreto armado.
20. Os responsáveis alegaram que os percentuais de acréscimos e de supressões realizados por meio de aditamentos nos contratos em questão deviam ser avaliados em termos globais, e não de forma separada, como pretende a unidade técnica. Acrescentaram que, se

do contrato com a alteração de um determinado item, as alterações estariam restritas às supressões, até o limite legal. Posteriormente, por meio do Acórdão 66/2021-Plenário, em resposta à Consulta realizada pelo Ministro de Estado das Comunicações, o Tribunal esclareceu que o entendimento não se aplica para acréscimos e supressões do mesmo item, sendo possível, nesse caso, além do restabelecimento, novos acréscimos dentro do limite legal.[204]

Situação interessante encontrada em manifestações do Tribunal de Contas da União refere-se à hipótese de supressão consensual acima do limite de 25% e seu impacto na base de cálculo para posteriores acréscimos. Em ao menos duas oportunidades, o Tribunal deu tratamento diverso a situações concretas em que tal situação ocorreu, entendendo que a concordância do contratado com a supressão além dos limites altera a base de cálculo para a incidência de novas alterações unilaterais, eis que faz "ascender ao mundo jurídico um novo contrato". Assim, tendo ocorrido, por exemplo, supressão de 30%, a base de cálculo para

---

avaliados em termos globais, os percentuais adotados não teriam ultrapassado os limites autorizados por lei, visto que inferiores, no total, a 25%.

21. No entanto, conforme reiterados casos tratados neste tribunal, o percentual previsto no art. 65, § 1º, da Lei nº 8.666/1993 deverá ser verificado separadamente, considerando os acréscimos e as supressões, isto é, deve ser aplicado o limite individual de 25% tanto para acréscimos como para supressões. Nessa linha de raciocínio, deve prevalecer o mesmo entendimento ainda que a alteração contratual tenha sido efetivada em um único aditivo.

22. Ademais, o fato de o legislador ordinário facultar à Administração exigir do contratado que suporte acréscimos e supressões em até 25% do valor inicial atualizado do contrato não lhe autoriza agir contrariamente aos princípios que regem a licitação pública, essencialmente o que busca preservar a execução contratual de acordo com as características da proposta vencedora do certame, sob pena de se ferir o princípio constitucional da isonomia. Tal previsão normativa teve como finalidade viabilizar correções quantitativas do objeto licitado, conferindo certa flexibilidade ao contrato, mormente em função de eventuais erros advindos dos levantamentos de quantitativos do projeto básico.

23. A apuração feita pela unidade técnica, conforme quadros inseridos às fls. 109/110 do vol. principal e repetidos na instrução de mérito dos autos (fl. 249, vol. 1), possibilitam perfeita compreensão do assunto. Assim não resta dúvida de que a ocorrência é grave e deverá resultar na aplicação de multa a cada um dos responsáveis envolvidos, além de determinações à prefeitura municipal de Rio Branco/AC.

[204] Acórdão 66/2021-Plenário: "o restabelecimento total ou parcial de quantitativo de item anteriormente suprimido por aditivo contratual, com fundamento nos §§ 1º e 2º do art. 65 da Lei 8.666/1993, por causa de restrições orçamentárias, desde que observadas as mesmas condições e preços iniciais pactuados, não configura a compensação vedada pela jurisprudência do Tribunal de Contas da União, consubstanciada nos Acórdão 1536/2016-TCU-Plenário, rel. Bruno Dantas, e 2.554/2017-TCU-Plenário, rel. André de Carvalho, visto que o objeto licitado ficou inalterado, sendo possível, portanto, além do restabelecimento, novos acréscimos sobre o valor original do contrato, observado o limite estabelecido no § 1º do art. 65 da Lei 8.666/1993".

posteriores acréscimos seria o valor de 70, não os 100 iniciais.[205] Cabe o alerta, embora não se possa afirmar ser esse um entendimento pacificado no âmbito do TCU.

---

[205] Nesse sentido, a Decisão 1.575/2002-Plenário e o Acórdão 2.331/2011-Plenário, que teve a seguinte redação:
"18. Por sua vez, as justificativas apresentadas pelo Sr. José Jailson Rocha foram refutadas pela Secex-AL às fls. 665/666, restando demonstrado que as alterações do contrato mediante a modificação da concepção inicial do sistema de Ponte-Canal para Sifão-Invertido desnaturou completamente a avença original e, em razão dessa alteração, incluída pelo 2º Termo Aditivo, introduziu novos serviços que redundaram no aumento percentual de 211,86% do valor de base, conforme análise adiante reproduzida, com a qual me alinho:
'186. Por outro lado, o posicionamento desta Corte de Contas, delineado pelo insigne Voto do Exmo. Sr. Ministro-Relator Ubiratan Aguiar, no Processo 013.971/2001-7, de forma a encaminhar a Decisão 1.575/2002-Plenário, mencionado pela Equipe da SECEX/AL, firmou o entendimento de que as alterações contratuais supressivas, acordadas entre as partes, têm o condão de gerar uma nova base de cálculo para fins de incidência do percentual máximo de 25%., pois se estaria infringindo o art. 65, § 1º, da Lei 8.666/1993, combinado com o art. 3º da Lei 8.666/1993 e o art. 37, caput e inc. XXI, da Constituição Federal.
187. Por esta Decisão, salvo melhor juízo, com as alterações supressivas promovidas pelo "Novo Projeto Básico", com a retirada da Ponte-Canal, em comum acordo entre as partes, por meio do 2º Termo Aditivo, gerou-se uma nova base de cálculo para a incidência do percentual máximo aplicável. Em tese, não há limites para a redução contratual consensual, mas, a partir do momento da redução da avença, por força de supressões de serviços licitados e contratados, ascendeu ao mundo jurídico um novo contrato (aditivado por supressão), que será a nova base para fins de incidência do percentual máximo de 25%. Por esta metodologia, introduzida pela Decisão 1.575/2002-Plenário, com a retirada do item de orçamento "Ponte-Canal" do orçamento licitado e contratado, no valor de R$ 25.690.573,68 a preços de agosto/2002, por meio do 2º Termo Aditivo (fls. 17 do Anexo 06), o valor total do contrato passou de R$ 41.778.628,39 a preços de agosto/2002 (fls. 17 do Anexo 06) para R$ 16.088.054,71 na mesma data de referência (diferença entre o total do contrato e o que foi suprimido). Portanto, esta seria a nova base de incidência (R$ 16.088.054,71) do limite legal máximo de 25%.
188. Diante disso, só poderia ser acrescido, em termos de serviços, o valor de R$ 4.022.013,68 (25% de R$ 16.088.054,71), os quais, acrescidos ao valor do contrato com a supressão (R$ 16.088.054,71), chegaríamos ao montante de R$ 20.110.068,39. Passando este a ser o valor máximo permitido pela Lei 8.666/1993.
189. Desse modo, o percentual de extrapolação do limite legal aumenta consideravelmente, em relação ao que foi inicialmente apontado pela Equipe de Auditoria da SECEX/AL, pois o contrato foi aditivado (2º Termo Aditivo), por supressão da "Ponte-Canal", de comum acordo entre as partes, na mesma data de referência (agosto de 2002), chegando ao patamar de R$ 50.172.205,03, mediante acréscimos de novos serviços, totalizando o percentual de 211,86% em relação à base de incidência (R$ 16.088.054,71)". (Grifei)
19. Há que se ter em conta, ainda, que a alteração do sistema "ponte-canal, tubulação aérea" pelo sistema "sifão invertido, tubulação enterrada", revelou-se em opção que não se mostrou vantajosa para a administração pública, seja em termos financeiros, seja em termos técnicos, consubstanciando ato antieconômico, com expressivo reflexo danoso aos cofres públicos, conforme análise constante às fls. 590/616 da instrução da Secex-AL.
20. Cabível, portanto, a aplicação de multa aos responsáveis....' "

6.2.6 Identificação do limite em contratos com objeto complexo ou formado por mais de um item ou lote

Questão importante refere-se à aplicação do percentual legal de acréscimos e supressões em contratos que possuam objetos complexos, compostos por diferentes tipos de execução, e contratos formados por diversos itens ou lotes. São exemplos os contratos de obras, de fornecimento com prestação de serviços associados, de prestação de diversos serviços distinto ou de fornecimento de diversos produtos, agrupados ou não em lotes.

A hipótese que embasou a fixação da norma legal contida no art. 125 da Lei nº 14.133/2021, assim como a norma encontrada no §1º do art. 65 da Lei nº 8.666/1993, idêntica, não foi pensada considerando as diferentes situações concretas possíveis. Assim, é genuína a dúvida acerca da base de cálculo para o percentual legal, se seria o valor total do contrato ou o valor individual de cada item, etapa ou lote distinto.

O princípio da proporcionalidade e a necessidade de preservar a essência do objeto licitado, obstando modificações que produzam sua transfiguração, orientam que a regra seja a aplicação do percentual legal sobre o valor correspondente a cada item, etapa ou lote abarcado pela contratação.[206] No contrato que abarque mais de um item ou lote, celebrado em decorrência de licitação por itens ou lotes, tal entendimento pode ser claramente vislumbrado como o melhor. Com efeito, cada item ou lote poderia originar um contrato distinto e, se a Administração optar pela celebração de um contrato único, nada mais correto do que manter a individualidade de cada objeto contratual (item ou lote) para o fim de realizar alterações. Assim também pode ser no caso de contratos que envolvam diferentes tipos de execução, como ocorre, por exemplo, com um contrato de tecnologia da informação envolvendo o fornecimento, a instalação, o suporte e a manutenção de equipamentos.[207] Contudo,

---

[206] Nesse sentido, o Tribunal de Contas da União decidiu, no Acórdão 2342/2009-Plenário: "Ademais, nas alterações contratuais, calcule o limite de 25%, previsto no art. 65, § 1º, da Lei nº 8.666/1993, com base no custo unitário do serviço a ser adicionado ou suprimido, não no valor total do contrato." Ainda, em seu "Manual de Licitações e Contratos – Orientações Básicas" fixou que, "diante da necessidade de se acrescer ou suprimir quantidade de algum item do contrato, a Administração deve considerar o valor inicial atualizado do item para calcular o acréscimo ou a supressão pretendida."

[207] A 5ª edição do manual "Licitações e Contratos – Orientações e Jurisprudência – TCU", atualizada de acordo com a Lei 14.133/2021, contém a seguinte orientação: "A base de cálculo dos limites para a alteração depende do critério de julgamento da licitação e de adjudicação do objeto. Em contratos decorrentes de licitação com critério menor preço com adjudicação

situações envolvendo objetos que sejam complexos, como a execução de obras, podem gerar dificuldades e exigir compreensão diferenciada para possibilitar a adequada execução, cabendo à Administração justificar adequadamente sua decisão.

6.2.7 Alterações quantitativas unilaterais em contratos de fornecimento ou serviço contínuo

A realização de alterações qualitativas e quantitativas unilaterais em contratos de com objetos de natureza continuada merece detida análise, sob dois aspectos: o valor que serve de base para o cálculo do percentual e o limite temporal para realização das alterações. No desenvolver do raciocínio, deve-se considerar que o contrato: a) tem execução diferida no tempo, envolvendo prestação que se repete em determinada periodicidade e b) pode, ou não, ter seu prazo de vigência prorrogado.

A primeira ponderação diz respeito aos contratos com prazos de vigência plurianuais, de até cinco anos. Nos termos do art. 125, o valor que servirá de base para as alterações contratuais qualitativas e quantitativas é o valor inicial atualizado do contrato. Portanto, o valor correspondente ao seu prazo de vigência. Assim, por exemplo, em um contrato com prazo de vigência de 5 anos, com valor inicial R$ 10.000.000,00, a Administração contratante poderá realizar alterações qualitativas e quantitativas unilaterais na ordem de R$ 2.500.000,00, correspondente a 25%. Este valor corresponde ao limite aplicável ao contrato todo, durante os 5 anos de duração.[208] A cada alteração, deverá ser deduzido o valor utilizado. A cada atualização contratual, por reajuste, revisão ou repactuação, o saldo deverá ser, igualmente, atualizado.

A segunda ponderação diz respeito às prorrogações contratuais, sejam de contratos anuais ou contratos plurianuais. Na oportunidade da

---

por item, o limite deve ser calculado sobre o valor inicial atualizado do item que sofrerá a alteração, pois, nesse caso, cada item se constitui em objeto autônomo, cuja reunião em um mesmo edital de licitação decorre de mera conveniência administrativa. Se a licitação tiver sido por menor preço e a adjudicação por lote ou grupo a um único vencedor, os limites serão calculados com base no valor atualizado do lote ou grupo. Se a licitação tiver sido por menor preço e a adjudicação global a um único vencedor, os limites serão calculados com base no valor total atualizado do contrato."

[208] Marçal Justen Filho também ensina nesse sentido, afirmando que "se houver um contrato no valor de 100 para prestação de serviços durante o prazo de cinco anos, o limite de 25% para acréscimos deverá ser calculado em face desse montante." (JUSTEN FILHO, Marçal. *Comentários à Lei de Licitações e Contratações Administrativas*: Lei 14.133/2021. São Paulo: Thomson Reuters Brasil, 2021. p. 1411).

prorrogação, reiteram-se as bases ajustadas, seguindo-se com o contrato por mais um período além do previsto para sua duração inicial.[209] O valor do contrato, no momento da assinatura do termo aditivo, poderá ser diferente, em decorrência de alterações anteriores e atualizações, mas a base de cálculo para alterações posteriores ainda será o valor *inicial* do contrato, atualizado. Isto posto, surgem alguns impasses relevantes: um, sobre o eventual esgotamento do exercício da prerrogativa, uma vez utilizado, em um único período, integralmente, os 25% previstos na Lei, outro, sobre como calcular a realização de sucessivas alterações unilaterais ao longo de toda a vigência do contrato.

Em nosso entender, uma vez alcançado o limite de 25%, não cabe falar em alterações contratuais unilaterais até o término do ajuste, independentemente do tempo faltante e da possibilidade de novas prorrogações. O novo prazo de vigência, decorrente da prorrogação, não tem o condão de "zerar" o limite e renová-lo, inexistindo a possibilidade de, a cada vigência, efetuar alterações na ordem de 25%, levando os quantitativos executados a patamares muito diferentes dos contratados. Se, a cada novo prazo de vigência, fosse "liberado" mais 25%, em um contrato anual com possibilidade de prorrogação por até cinco anos, por exemplo, a Administração poderia realizar acréscimos quantitativos que resultariam, ao final, em um aumento de 125% em relação ao originalmente contratado, significando características e dimensões muito distintas.

Excetuam essa regra as alterações no objeto não ultrapassarem, ao longo de toda a vigência do contrato, o limite percentual. Ou seja, não é lícito, a cada nova vigência, realizar novos acréscimos e novas supressões que representem 25% sobre o valor inicial atualizado do contrato, mantendo-se supressões e acréscimos anteriormente realizados, mas é lícito realizar novas supressões e novos acréscimos se o total de supressões e o total de acréscimos não superarem o limite legal.

Contudo, a questão não é pacífica e pode comportar outros entendimentos. Qualquer que seja a linha adotada pela Administração, adverte-se quanto ao dever de motivar a alteração unilateral fundada na real necessidade decorrente de fatos imprevisíveis ou justificadamente imprevistos.

---

[209] Em algumas situações, as negociações eventualmente empreendidas podem significar uma *renovação* do contrato, não meramente uma prorrogação de prazo.

6.2.8 Aditivos e risco de vantagens indevidas ao contratado em contratos de obras e serviços

Uma preocupação quando se fala em aditivos contratuais é a possibilidade de que, em contratos de obras e serviços, as alterações gerem vantagem econômica indevida ao contratado e, portanto, ilícita, em prejuízo da Administração. Não é incomum, por exemplo, que com a supressão ou redução de quantitativos de itens com preços unitários vantajosos, sobressaiam, com maior peso relativo, na planilha orçamentária, serviços com preços unitários mais onerosos. Ainda, que sejam acrescentados à execução itens com preços unitários não constantes da planilha, definidos a partir de valores incompatíveis com o mercado, reduzindo vantagem da proposta original.

A Lei nº 14.133/2021 trouxe regras que deverão ser seguidas, para evitar tais situações. Seu art. 127 estabelece que, se o contrato não contemplar preços unitários para obras ou serviços cujo aditamento se fizer necessário, eles deverão ser fixados por meio da *aplicação da relação geral* entre os valores da proposta e o do orçamento-base da Administração sobre os preços referenciais ou de mercado *vigentes na data do aditamento*. Na mesma linha, o art. 128 determina que, nas contratações de obras e serviços de engenharia, a diferença percentual entre o valor global do contrato e o preço global de referência não poderá ser reduzida em favor do contratado em razão de aditamentos que modifiquem a planilha orçamentária.

Com isso, a Lei acolhe entendimentos já adotados pelo Tribunal de Contas da União durante a vigência da Lei nº 8.666/1993, de que, no caso dos aditivos, a empresa contratada deve manter o desconto ou a vantagem original.[210] Deve-se observar, ainda, que o valor sobre o qual o desconto deve ser aplicado é o *vigente na data do aditamento*, não do orçamento-base elaborado pela Administração.[211]

Caberá ao gestor do contrato atentar para o cumprimento de tais disposições legais, ao coordenar os procedimentos para a realização das alterações contratuais que subsidiarão a decisão da autoridade competente.

---

[210] Ver Acórdãos 855/2016, 2622/2013, 2619/2019, todos do Plenário.

[211] Atente-se para o fato de que o Decreto federal 7983/2013, vigente na data desta edição, em seu art. 17, § 2º, refere-se à "data-base de elaboração do orçamento de referência da Administração".

6.2.9 Motivo e motivação do ato administrativo que altera unilateralmente o contrato

As alterações contratuais unilaterais, notadamente por representarem o exercício de prerrogativa pública, requerem justificativa ampla, suficiente e formal. Dever ser claramente apontados os motivos que a ensejam, comprovando-se a ocorrência do fato superveniente e seu impacto no contrato.

Alterações de natureza técnica devem estar respaldadas em avaliações também técnicas, que demonstrem sua necessidade e as consequências negativas da não realização. A justificativa deve ser prévia, elaborada por agente que, segundo normas editadas no âmbito da organização, detiver tal competência, e deverá ser acompanhada de pareceres técnico, se for o caso, e jurídico, bem como da análise do impacto econômico da alteração pretendida. Requerimentos e subsídios trazidos pelo contratado nesse sentido também devem ser considerados. O expediente deverá ser submetido à análise da assessoria jurídica e, após, à autoridade superior para decisão e assinatura do termo aditivo, sendo, subsequentemente, encaminhado para divulgação no Portal Nacional de Contratações Públicas (PNCP).

As modificações decorrentes de necessidades da execução do contrato, verificadas pelo contratante privado, terão, a rigor, seu procedimento iniciado no plano da fiscalização e será o fiscal o agente responsável pelo encaminhamento da demanda ao gestor, que dará prosseguimento às análises devidas. Já as modificações decorrentes de alteração no interesse público terão início no plano da gestão, originárias de manifestação do setor requisitante. Neste caso, serão solicitadas ao gestor, que providenciará o encaminhamento do expediente, devidamente instruído, à competente autorização.

O Tribunal de Contas da União, na vigência da Lei nº 8.666/1993, apontou a necessidade de, por ocasião de cada termo aditivo, "haver descrição do objeto, justificativas para a alteração, responsáveis pela análise técnica de alteração de projeto ou de orçamento envolvidas, responsável pela aprovação do termo aditivo, alteração de valor, alteração de período de vigência, data do parecer jurídico, pronunciamento da área jurídica, data da celebração do termo aditivo".[212] Ainda, em especial quando os termos aditivos resultassem em grandes percentuais

[212] Ver Acórdão 1.106/2010-TCU/Plenário.

de alteração do valor do contrato, que fossem discriminados os fundamentos da alteração, bem como do prolongamento de sua vigência, e explicitadas as vantagens em relação a novo procedimento licitatório.[213] Tais orientações, sem dúvida alguma, devem orientar também os procedimentos para aditivos com base na Lei nº 14.133/2021.

O procedimento de alteração contratual ainda deve trazer a análise e conclusão, pela Administração, do seu impacto no equilíbrio econômico-financeiro do contrato, para viabilizar a realização do reequilíbrio no mesmo termo aditivo. É o que se extrai da regra do art. 130 da Lei nº 14.133/2021, já analisada em tópico anterior. Para tanto, sempre que necessário, a Administração deverá buscar informações junto ao contratado, que deverá apresentar embasamento suficiente para demonstrar a necessidade da recomposição visando manter as condições da proposta.

A rigor, portanto, as alterações contratuais devem ser instruídas com os seguintes atos e informações:

a) Justificativa da necessidade de alteração contratual;
b) Fato superveniente motivador da alteração;[214]
c) Discriminação das alterações pretendidas;
d) Estudos técnicos e pareceres para as alterações qualitativas;
e) Demonstração da economicidade, com memória de cálculo dos quantitativos previstos e composição unitária dos preços;[215]
f) Demonstrativo de atendimento do limite percentual legal;

---

[213] Ver Acórdão 1.007/2011-TCU/Plenário.

[214] Por meio do Acórdão 6.841/2011, a Primeira Câmara do TCU deu ciência a uma prefeitura municipal no sentido de que, nos casos em que for necessário promover alterações nos projetos ou especificações referentes aos contratos celebrados pelo município, há obrigatoriedade de fazer constar, no processo administrativo relativo à contratação, de forma detalhada, a superveniência de motivo justificador da alteração contratual, de modo a demonstrar que os fatos posteriores alteraram a situação de fato ou de direito e exigem um tratamento distinto daquele inicialmente adotado.

[215] Neste mesmo sentido é o entendimento do TCU: "19. [...] é pacífica a jurisprudência do TCU no sentido de que as alterações do objeto licitado deveriam ser precedidas de procedimento administrativo no qual ficasse adequadamente registrada a justificativa das alterações tidas por necessárias, que deveriam ser embasadas em pareceres e estudos técnicos pertinentes, bem como deveria restar caracterizada a natureza superveniente, em relação ao momento da licitação, dos fatos ensejadores das alterações. Por óbvio, a justificativa técnica para o aditamento contratual deve invariavelmente realizar crivo dos quantitativos e dos valores dos serviços aditados, inclusive realizando pesquisas de mercado para justificar a economicidade do termo de aditamento contratual, o que não foi realizado pelo órgão contratante" (Acórdão 3053/2016-TCU/Plenário.)

g) Demonstração da vantagem técnica e/ou econômica em face de nova licitação;
h) Análise e conclusão sobre a necessidade de conceder reequilíbrio econômico-financeiro para manter as condições da proposta.

6.3 Alterações por acordo entre as partes

A Lei nº 14.133/2021 prevê, no seu art. 124, inc. II, hipóteses de alteração contratual que dependem do consenso entre as partes, são elas:

a) "quando conveniente a substituição da garantia de execução";
b) "quando necessária a modificação do regime de execução da obra ou do serviço, bem como do modo de fornecimento, em face de verificação técnica da inaplicabilidade dos termos contratuais originários";
c) "quando necessária a modificação da forma de pagamento por imposição de circunstâncias supervenientes, mantido o valor inicial atualizado e vedada a antecipação do pagamento em relação ao cronograma financeiro fixado sem a correspondente contraprestação de fornecimento de bens ou execução de obra ou serviço"; e
d) "para restabelecer o equilíbrio econômico-financeiro inicial do contrato em caso de força maior, caso fortuito ou fato do príncipe ou em decorrência de fatos imprevisíveis ou previsíveis de consequências incalculáveis, que inviabilizem a execução do contrato tal como pactuado, respeitada, em qualquer caso, a repartição objetiva de risco estabelecida no contrato".

As hipóteses, em si, não trazem maiores dificuldades de compreensão e serão analisadas nos tópicos seguintes. Porém, outras discussões importantes sobre o tema devem ser enfrentadas preliminarmente.

6.3.1 A possibilidade de alterações consensuais não previstas na Lei

A expressão "nos seguintes casos", utilizada no *caput* do art. 124, pode levar à compreensão equivocada de que se trata de uma lista taxativa. Tal interpretação, em nosso entender, não subsiste no contexto das normas da Lei nº 14.133/2021, orientada pela evidente busca de um contrato administrativo que seja eficiente e eficaz enquanto instrumento para o alcance dos objetivos visados pelas partes.

Rigorosamente, alterações unilaterais e alterações consensuais devem ter regramento distinto, diante da absoluta distinção entre suas naturezas jurídicas: enquanto as alterações unilaterais são prerrogativas públicas, cujo exercício precisa ser autorizado e limitado pela Lei, as alterações consensuais são expressão da vontade das partes, limitada pelo ordenamento jurídico. Assim, a melhor interpretação, conforme nos parece, é no sentido de que o inciso I do art. 124 autoriza e limita as modificações unilaterais e o inciso II, do mesmo artigo, condiciona as hipóteses de alteração previstas em suas alíneas à existência de consenso, sem, contudo, restringir outras possibilidades.[216]

É importante registrar que a possibilidade de realizar alterações consensuais em hipóteses diferentes das legalmente enumeradas já era defendida pela doutrina no regime da Lei nº 8.666/1993. Para Marçal Justen Filho, o fato de o regime de direito público autorizar a Administração contratante a realizar imposições unilaterais não afasta a possibilidade de modificações bilaterais e consensuais que não tragam risco de lesão ao interesse público.[217] Na mesma linha, a lição de Jessé Torres Pereira Júnior, para quem "as partes estão sempre livres para introduzirem no contrato qualquer alteração que resulte de consenso, observados os limites legais".[218]

De todo modo, qualquer alteração contratual que se pretenda realizar no contrato administrativo[219] deverá ser objeto de análise jurídica e decidida pela autoridade competente, não se relacionando com as atribuições de gestão e fiscalização. Conforme alerta Ronny Charles Lopes de Torres, "mesmo por consenso, são inadmissíveis alterações que desvirtuem o objeto contratual de forma a descaracterizar aquilo

---

[216] Neste mesmo sentido, TORRES, Ronny Charles Lopes de. *Leis de licitações públicas comentadas*. Lei nº 14.133/2021 e Lei Complementar nº 123/2006. 12. ed. rev., ampl. e atual. São Paulo: Juspodivm, 2021. p. 631.

[217] JUSTEN FILHO, Marçal. Considerações acerca da modificação subjetiva dos contratos administrativos. *In:* BACELLAR FILHO, Romeu Felipe (Coord.). *Direito administrativo contemporâneo*. Belo Horizonte: Fórum, 2004. p. 198.

[218] PEREIRA JÚNIOR, Jessé Torres. *Comentários à lei de licitações e contratações da administração pública*. 6. ed. Rio de Janeiro: Renovar, 2003. p. 657.

[219] Para tais fins, não se configuram alterações contratuais propriamente ditas, modificações referentes a elementos não essenciais do contrato, como, por exemplo, alteração de endereço do contratado, do nome da empresa, do preposto da contratada etc.

que fora licitado", bem como que criem benefício do qual decorra tratamento desigual em favor da contratada.[220]

6.3.2 A possibilidade de alterações qualitativas e quantitativas consensuais e seus limites

A Lei nº 14.133/2021 não prevê, expressamente, a possibilidade de realização de alterações qualitativas e quantitativas consensuais no objeto do contrato. Isso não significa, de modo algum, a impossibilidade absoluta de sua ocorrência, pois também não há vedação expressa.

A questão é relevante para situações em que alterações comprovadamente necessárias superem os limites percentuais previstos no art. 125 para as alterações unilaterais, inviabilizando, pois, sua realização desta forma.

A Lei nº 8.666/1993 previa que nenhuma alteração contratual, exceto as supressões resultantes de acordo entre as partes,[221] poderia exceder os limites percentuais por ela indicados. Entretanto, o Tribunal de Contas da União, por meio da Decisão 215/1999 do Plenário, admitia as alterações consensuais qualitativas que envolvessem valores acima dos referidos limites, desde que atendidos certos requisitos.[222]

---

[220] TORRES, Ronny Charles Lopes de. *Leis de licitações públicas comentadas*. Lei nº 14.133/2021 e Lei Complementar nº 123/2006. 12. ed. rev., ampl. e atual. São Paulo: Juspodivm, 2021. p. 632.

[221] Art. 65, §2º da Lei nº 8.666/1993.

[222] "a) tanto as alterações contratuais quantitativas – que modificam a dimensão do objeto – quanto às unilaterais qualitativas – que mantêm intangível o objeto, em natureza e em dimensão, estão sujeitas aos limites preestabelecidos nos §§ 1º e 2º do art. 65 da Lei 8.666/1993, em face do respeito aos direitos do contratado, prescrito no art. 58, I, da mesma Lei, do princípio da proporcionalidade e da necessidade de esses limites serem obrigatoriamente fixados em lei;
b) nas hipóteses de alterações contratuais consensuais, qualitativas e excepcionalíssimas de contratos de obras e serviços, é facultado à Administração ultrapassar os limites aludidos no item anterior, observados os princípios da finalidade, da razoabilidade e da proporcionalidade, além dos direitos patrimoniais do contratante privado, desde que satisfeitos cumulativamente os seguintes pressupostos:
I – não acarretar para a Administração encargos contratuais superiores aos oriundos de uma eventual rescisão contratual por razões de interesse público, acrescidos aos custos da elaboração de um novo procedimento licitatório;
II – não possibilitar a inexecução contratual, à vista do nível de capacidade técnica e econômico-financeira do contratado;
III – decorrer de fatos supervenientes que impliquem em dificuldades não previstas ou imprevisíveis por ocasião da contratação inicial;
IV – não ocasionar a transfiguração do objeto originalmente contratado em outro de natureza e propósito diversos;

A Lei nº 14.133/2021 impõe, de forma expressa, limites às alterações *unilaterais*, pelas razões já indicadas nos tópicos anteriores. Quanto às alterações consensuais, ainda que, obviamente, limitadas pelo ordenamento jurídico, estão excluídas dos referidos limites.

Com efeito, conforme nos parece, a ausência de disciplina legal não pode ser compreendida como silêncio eloquente[223] e significar a intenção de obstar deliberações consensuais acerca das alterações qualitativas e quantitativas. Primeiro, pela clara relação da ausência de limites com situações em que o adequado atendimento do interesse público depende de tais alterações, justificáveis à luz da Lei de Introdução às Normas do Direito Brasileiro – LINDB. Segundo, pela particular situação dos contratos de longo prazo, que podem demandar ajustes ao longo do tempo e cujos limites ainda não se encontram claramente vislumbrados. A ausência de regra sobre o tema na Lei nº 14.133/2021 não impediria, desde logo, alterações necessárias.

A propósito do tema, Celso Antônio Bandeira de Mello já afirmava, diante da revogada Lei nº 8.666/1993, especificamente tratando das alterações qualitativas, ser "absurdo que a Administração devesse simplesmente rescindir o contrato em execução, pagar perdas e danos ao contratado, abrir nova licitação e incorrer em dispêndios muito maiores, para não superar os 25% estabelecidos na lei". Ainda em suas palavras, situações imprevistas que representassem "dificuldades naturais, materiais, isto é, de fato" e que dificultassem ou onerassem a execução de uma obra, mesmo preexistentes, mas desconhecidas ou, se conhecidas, não "foram dadas a conhecer ao contratado ou o foram erroneamente, quando do estabelecimento das condições determinantes

---

V – ser necessárias à completa execução do objeto original do contrato, à otimização do cronograma de execução e à antecipação dos benefícios sociais e econômicos decorrentes; VI – demonstrar-se – na motivação do ato que autorizar o aditamento contratual que extrapole os limites legais mencionados na alínea 'a', supra – que as consequências da outra alternativa (a rescisão contratual, seguida de nova licitação e contratação) importam sacrifício insuportável ao interesse público primário (interesse coletivo) a ser atendido pela obra ou serviço, ou seja gravíssimas a esse interesse; inclusive quanto à sua urgência e emergência." Observe-se, ainda, que no Acórdão 89/2013-Plenário foi firmado o entendimento de que, para fins de enquadramento na hipótese de excepcionalidade prevista na Decisão 215/1999-Plenário, as alterações qualitativas havidas não podem decorrer de culpa do contratante, nem do contratado.

[223] A expressão tem uso mais corrente em outros ramos do Direito, especialmente o Direito Penal, e significa a compreensão de que, quando a lei quer dizer algo, ela diz, quando não quer, fica em silêncio.

do contrato" justificariam o aditivo além dos limites legais.[224] Já Jessé Torres Pereira Junior defendia a impossibilidade absoluta de superação dos limites ante a necessidade de preservar a "principiologia dos contratos administrativos", uma vez que "acréscimos de maior porte sugerem a configuração de objeto diverso daquele que foi submetido à licitação"; se houvesse sido essa a dimensão do objeto licitado, teria sido outro o interesse na competição.[225] Contudo, conforme defendemos em tópico anterior, o argumento da ofensa à competição mostra-se insuficiente diante da superveniência e da imprevisibilidade do fato causador das alterações.

Isso posto, é possível concluir que alterações qualitativas e quantitativas *consensuais* não se sujeitam aos limites percentuais indicados nos art. 125 da Lei nº 14.133/2021.[226] Não há, sequer, no contexto da Lei nº 14.133/2021, o requisito da excepcionalidade, presente na Decisão 215/1999-Plenário do TCU, para a realização de tais alterações acima dos limites, devendo, para tanto, demonstrar-se a) a superveniência de um fato inalcançável pelo dever de planejar, imprevisível ou justificadamente imprevisto, b) que o aditamento é a melhor opção para o interesse público e c) que o aditamento não concede ao contratado vantagens indevidas.

A insubmissão aos limites previstos no art. 125 não significa, por certo, que as partes tenham *liberdade* para disporem sobre o objeto da forma como melhor entenderem. De acordo como o art. 5º da Lei nº 14.133/2021, na sua aplicação devem ser observados o princípio da motivação e as disposições da Lei de Introdução às Normas do Direito

---

[224] MELLO, Celso Antônio Bandeira de. Extensão das Alterações dos Contratos Administrativos: a questão dos 25%. *Revista Eletrônica de Direito Administrativo Econômico*. Salvador, Instituto de Direito Público da Bahia, n. 4, nov./dez. 2005, jan. 2006. Disponível em: http://www.direitodoestado.com.br. Acesso em: 6 out. 2008.)

[225] PEREIRA JUNIOR, Jessé Torres. *Comentários à Lei das Licitações e Contratações da Administração Pública*. 5. ed. Renovar: Rio de Janeiro. p. 656.

[226] Nesse mesmo sentido é o entendimento precursor de Marçal Justen Filho:
"9.2) A Lei nº 14.133/2021 e a ausência de vedação equivalente:
A ausência de vedação equivalente à prevista na Lei 8.666/1993, afasta o argumento utilizado para reputar proibidas alterações que superassem o referido limite.
9.3) As modificações consensuais:
Basicamente, trata-se de reconhecer que o art. 125 da Lei nº 14.133/2021 disciplina especificamente as alterações impostas de modo unilateral e compulsório, sem a concordância do contratado. Mas não contempla vedação genérica e ilimitada a toda e qualquer modificação. Logo, é cabível promover alteração que supere os limites previstos, desde que mediante concordância entre as partes." (JUSTEN FILHO, Marçal. *Comentários à lei de licitações e Contratos*, São Paulo: Editora Revista dos Tribunais, 2016. p. 1171.)

Brasileiro – LINDB, que em troca de ampliar a autonomia dos gestores com a redução da responsabilização aos limites do erro grosseiro, exige maior responsabilidade na tomada de decisão. Ainda, sem dúvida alguma, é aplicável ao caso a vedação à transfiguração do objeto, mesmo que o art. 126 faça referência, apenas, às alterações unilaterais, bem como as regras previstas nos arts. 127 e 128 da Lei nº 14.133/2021.[227]

Dito isso, havendo necessidade de alterações qualitativas ou quantitativas acima dos limites percentuais legais, a Administração poderá buscar o consenso do contratado para a sua realização, motivando adequadamente sua decisão, especialmente quanto aos aspectos técnicos e econômicos e à inexistência de alternativas mais eficientes e eficazes. Registre-se, contudo, não se tratar de decisão a ser tomada no âmbito da gestão contratual, que apenas subsidiará a autoridade competente das informações técnicas necessárias. Ainda, diante da polêmica que cerca o assunto, caberá, sempre, considerar os argumentos decorrentes da análise jurídica, bem como o entendimento do Tribunal de Contas a cujo controle a Administração estiver submetida.

6.3.3 As hipóteses de alterações consensuais previstas na Lei

6.3.3.1 Substituição da Garantia de Execução

A garantia de execução pode ser exigida no edital a critério da autoridade competente, a teor do art. 96 da Lei nº 14.133/2021. Sua substituição será possível *quando for conveniente*, conforme estabelece a alínea "a", do inc. II, do seu art. 124.

O dispositivo não é suficientemente claro. Ainda na vigência da Lei nº 8.666/1993, que trazia dispositivo com idêntica redação, Jessé Torres Pereira Junior falava em "conveniência *para a execução*", citando como exemplo a alteração do objetivo social ou da estrutura da empresa que trouxesse risco à execução, motivando eventual rescisão unilateral. Nessa hipótese, a revisão da cláusula de garantia, com consequente

[227] "Art. 127. Se o contrato não contemplar preços unitários para obras ou serviços cujo aditamento se fizer necessário, esses serão fixados por meio da aplicação da relação geral entre os valores da proposta e o do orçamento-base da Administração sobre os preços referenciais ou de mercado vigentes na data do aditamento, respeitados os limites estabelecidos no art. 125 desta Lei."
"Art. 128. Nas contratações de obras e serviços de engenharia, a diferença percentual entre o valor global do contrato e o preço global de referência não poderá ser reduzida em favor do contratado em decorrência de aditamentos que modifiquem a planilha orçamentária."

modificação da espécie prestada, seria prova da disposição de honrar os compromissos assumidos, mesmo diante das transformações internas.[228]

Conforme entendemos, o dispositivo deve ser interpretado de forma ampliativa, no sentido de que a mesma conveniência exercitada pelo contratado inicialmente, na escolha da modalidade de garantia a ser prestada, pode ser exercitada novamente, ao longo da execução contratual, não cabendo à Administração contratante qualquer oposição que não seja o desatendimento de requisitos legais e contratuais ou o risco ao interesse público. Assim, por exemplo, na hipótese de o contratado ter apresentado como garantia caução em dinheiro, nada obstará que, no momento da prorrogação do prazo de vigência, solicite sua substituição pela fiança bancária, devendo, a Administração, analisar se, nos termos do inciso III do art. 96, foi emitida por banco ou instituição financeira devidamente autorizada a operar no País pelo Banco Central do Brasil e se atende ao percentual fixado no edital e no contrato.

6.3.3.2 Alteração do regime de execução ou do modo de fornecimento

Os regimes de execução indireta dos contratos firmados entre Administração e particulares estão definidos no art. 6º da Lei nº 14.133/2021, incisos XXVIII a XXXIV. Embora nas definições utilize a expressão "contratação", em outros diversos dispositivos, ao tratar concretamente da aplicabilidade dos referidos regimes, repete a nomenclatura utilizada na Lei 8.666/1993, qual seja, "regime de execução".

Assim, são regimes de execução contratual previstos na Lei nº 14.133/2021: empreitada por preço unitário, empreitada por preço global, empreitada integral, contratação por tarefa, contratação integrada, contratação semi-integrada e fornecimento com prestação de serviço associado.

Os modos de fornecimento não foram objeto de disciplina legal específica e variam de acordo com a natureza e as características do interesse público que reside sobre o bem. No inciso X do mesmo art. 6º, a Lei faz referência geral à "compra", como "aquisição remunerada de bens para fornecimento de uma só vez ou parceladamente, considerada imediata aquela com prazo de entrega de até 30 (trinta) dias da ordem de fornecimento".

---

[228] PEREIRA JUNIOR, Jessé Torres. Ob. cit., p. 649.

Em qualquer caso, o motivo para a alteração será a necessidade da modificação "em face da verificação técnica da inaplicabilidade dos termos contratuais originários", devidamente demonstrada no processo administrativo correspondente. A alteração consensual em questão poderá ser cogitada após iniciada a execução, quando for verificada a inadequação técnica da escolha inicial para o alcance dos resultados pretendidos com o contrato. Novamente, tem-se a presença de um fato superveniente, que tornará inaplicável o regime de execução ou o modo de fornecimento ou possibilitará a verificação da inaplicabilidade originária.

6.3.3.3 Alteração da forma de pagamento

A possibilidade de modificar a forma de pagamento está prevista na alínea "c", do inc. II, do art. 124 da Lei nº 14.133/2021. Como forma de pagamento, a rigor, deve ser entendido *o modo* como será realizado. A alteração da forma de pagamento deve respeitar as seguintes condições:

a) deverá ser decorrente de circunstâncias supervenientes;
b) deverá ser mantido o valor inicial atualizado e
c) não poderá antecipar o pagamento à contraprestação correspondente, executada pelo contratado.

Tais condições visam impedir a manipulação indiscriminada da cláusula contratual de pagamento em detrimento de condição fundamental fixada no edital da licitação. Por circunstâncias supervenientes, há que se entender aquelas que fogem ao planejamento, seja no tocante ao fato, em si, seja no tocante às suas consequências.

Já a condição de manter o valor inicial atualizado indica, tão somente, que a norma incide sobre a forma do pagamento, não sobre o seu valor. As modificações no valor do contrato estão disciplinadas por outros dispositivos legais, específicos, como a própria letra "d" do mesmo inciso II do art. 124 da Lei nº 14.133/2021.

Por fim, o pagamento ao contratado antes de cumprida a correspondente obrigação é, a rigor, vedado, ante os riscos envolvidos. Em caso de inadimplemento contratual, seriam remotas as chances de recuperação do montante já pago. O art. 145 da Lei nº 14.133/2021 traz essa regra de forma explícita, vedando o pagamento antecipado, parcial ou total, relativo a parcelas contratuais pendentes de execução. São exceções, segundo seu §1º, as situações em que a antecipação "propiciar sensível economia de recursos ou se representar condição indispensável para a obtenção do bem ou para a prestação do serviço", cabendo à Administração demonstrar suficientemente tais condições no processo de contratação e trazer a expressa previsão no edital ou no instrumento formal de contratação direta.[229] Está claro que o dispositivo trata da *fixação* do pagamento antecipado como regra contratual. Contudo, não nos parece haver óbice a que, *diante de circunstâncias supervenientes* que demonstrem que o pagamento antecipado é condição indispensável para a obtenção do bem ou para a prestação do serviço, ocorra, excepcionalmente, durante a execução do contrato, mesmo ausente previsão nesse sentido. Por certo, tudo deverá estar devidamente justificado, recomendando-se prévia comunicação ao Tribunal de Contas competente para apreciar as contas da Administração contratante.

6.3.3.4 Restabelecimento do equilíbrio econômico-financeiro do contrato por meio da revisão de preços

O tema será objeto de abordagem no Capítulo VII.

6.4 Atuação de gestor e fiscais de contrato nos procedimentos de alterações contratuais

No decorrer da execução do contrato, surgindo a necessidade de modificações contratuais de qualquer ordem, o fiscal deverá encaminhar ao gestor a solicitação correspondente, devidamente fundamentada, para a necessária tramitação interna.

Sob a responsabilidade do fiscal está a identificação da necessidade de alteração relacionada a questões inerentes à execução do objeto, normalmente técnicas, que surgirem durante a execução de obras e

---

[229] A Lei nº 14.065, de 30 de setembro de 2020, entre ouros assuntos, tratou dos pagamentos antecipados nas licitações e nos contratos realizados no âmbito da administração pública, durante o estado de calamidade pública reconhecido pelo Decreto Legislativo n. 6, de 20 de março de 2020. Vale atentar para as cautelas apontadas como aptas a reduzir o risco de inadimplemento contratual, previstas no §2º do seu art. 1º, quais seja, a comprovação da execução de parte ou de etapa inicial do objeto pelo contratado, para a antecipação do valor remanescente; a prestação de garantia de até 30% (trinta por cento) do valor do objeto; a emissão de título de crédito pelo contratado; o acompanhamento da mercadoria, em qualquer momento do transporte, por representante da Administração; ou a exigência de certificação do produto ou do fornecedor. Ainda, o §3º trazia vedação expressa ao pagamento antecipado na hipótese de prestação de serviços com regime de dedicação exclusiva de mão de obra.

serviços.[230] Conforme previsão em regulamento orgânico ou norma interna, poderá solicitar, desde logo, pareceres jurídicos ou técnicos, que passarão a integrar o expediente a ser encaminhado ao gestor.

Já as alterações decorrentes de modificação do interesse público inicial serão processadas, em princípio, no âmbito da gestão do contrato. O setor interessado, demandante, deverá solicitá-la ao gestor, mediante ato motivado, e o gestor dará início aos trâmites que culminarão na assinatura do termo aditivo.

É possível identificar um núcleo mínimo de atribuições do gestor e do fiscal, conforme abaixo:

Fiscal	Gestor
Ficar atento às condições de execução e aos resultados produzidos, sempre tendo em vista os objetivos do contrato, registrando as ocorrências que possam produzir interferências Identificar eventual necessidade de realizar modificações e adequações no objeto, necessárias à satisfação do interesse público Produzir ou providenciar, conforme o caso, as justificativas técnicas para as modificações e adequações no objeto Levar ao gestor do contrato as solicitações de modificação ou adequações feitas pelo contratado, avaliando • Se a modificação pretendida não equivale a incluir objeto novo, diverso do licitado • Se a modificação pretendida produzirá modificação na essência do objeto, transfigurando-o em relação ao que foi licitado e contratado	Analisar as solicitações do fiscal ou do setor requisitante, conforme o caso, e dar andamento ao procedimento, verificando a) o atendimento dos limites percentuais, considerando • o valor inicial atualizado como base • no caso de modificação de item do contrato, se foi utilizado o valor do item como base de cálculo b) se os motivos se relacionam a imprevistos ou imprevisibilidades c) se a modificação é mais conveniente e oportuna do que uma nova licitação Encaminhar o expediente ao órgão de assessoramento jurídico Providenciar a elaboração do termo aditivo Encaminhar o termo aditivo, devidamente instruído, para a decisão da autoridade competente Providenciar a divulgação do termo aditivo no PNCP

[230] Nesse sentido, o Acórdão 4203/2011-TCU/2ª Câmara: "Avalie, mediante controle próprio, se todos os postos de vigilância contratados estão sendo efetivamente providos, caso contrário, promova a alteração contratual para a redução do número de postos contratados e abra processo para a reposição de eventuais danos".

Dicas

✓ Qualquer modificação no contrato administrativo depende de prévia e suficiente motivação;

✓ As modificações unilaterais não podem representar desequilíbrio econômico-financeiro para o contratado, razão pela qual sua realização está condicionada à respectiva análise prévia pela Administração, bem como ao restabelecimento do equilíbrio, se for o caso, no mesmo termo aditivo;

✓ Na modificação do objeto, caso já tenham sido realizadas modificações anteriores, a base de cálculo deve ser o valor inicial atualizado, excluídos, portanto, os valores correspondentes às referidas modificações;

✓ As modificações dos contratos celebrados com base em ata de sistema de registro de preços se submetem às mesmas regras de modificação dos contratos em geral.

REVISÃO, REAJUSTAMENTO EM SENTIDO ESTRITO E REPACTUAÇÃO DE CONTRATO

7.1 Equilíbrio econômico-financeiro do contrato e dever constitucional de manutenção das condições efetivas da proposta

O inc. XXI do art. 37 da Constituição da República impõe que sejam mantidas as condições efetivas da proposta durante toda a execução contratual. A regra é fundamental e garante ao contratado, detentor da proposta vencedora, o respeito, após a contratação, às expectativas econômicas geradas, impedindo que seja submetido à execução do contrato em condições diversas e prejudiciais. Por outro lado, garante à Administração Pública que o particular apresentará uma proposta economicamente vantajosa, que não tome como risco significativo a ocorrência, ao longo da vigência contratual, de perdas econômicas decorrente de atuações unilaterais por parte da Administração Pública e de imprevisibilidades.

Essa determinação constitucional encontra eco na Lei nº 14.133/2021, com o reconhecimento do direito ao restabelecimento do equilíbrio econômico-financeiro em caso de modificações contratuais realizadas unilateralmente pela Administração e, também, mediante a recomposição de preços em decorrência de perdas inflacionárias ou imprevisibilidades que afetem as condições de execução.

O reequilíbrio econômico-financeiro é um dever da Administração contratante e um direito do contratado. A revisão, o reajustamento em sentido estrito e a repactuação são formas de concessão do reequilíbrio econômico-financeiro. Esses últimos, são espécies de reajustamento, enquanto a primeira reflete a aplicação da teoria da imprevisão nos contratos administrativos, já abordada no Capítulo I.[231] São, todos, instrumentos que visam reequilibrar o contrato para manter as condições efetivas da proposta, mas que possuem características diversas, com causas e fundamentos legais distintos.

7.2 A revisão de preços

De acordo com o inc. II, letra "d" do art. 124 da Lei nº 14.133/2021, deverá ocorrer o restabelecimento do equilíbrio econômico-financeiro inicial do contrato "em caso de força maior, caso fortuito ou fato do príncipe ou em decorrência de fatos imprevisíveis ou previsíveis de consequências incalculáveis, que inviabilizem a execução do contrato tal como pactuado, respeitada, em qualquer caso, a repartição objetiva de risco estabelecida no contrato". Demonstrado, pelo contratado, o direito ao reequilíbrio, a Administração não poderá submetê-lo ao cumprimento de suas obrigações nos termos originais, tendo como alternativa à revisão a extinção do contrato sem ônus para as partes.

A rigor, os eventos que ensejam a revisão são alheios à vontade das partes e por elas inevitáveis, produzindo impacto na execução do contrato e onerando injustamente o contratado. A possibilidade de revisão de preços é mecanismo eficiente na busca de propostas vantajosas na licitação, evitando a inserção de "gordura extra" destinada a suportar prejuízos decorrentes de circunstâncias futuras e incertas. Com a possibilidade de revisão, os preços são mais enxutos e a competição se torna mais transparente.

Apenas os fatos imprevisíveis, ou previsíveis, mas com consequências incalculáveis, podem ensejar revisão. A imprevisibilidade se relaciona ao momento da elaboração da proposta: pressupõe-se que o contratado contemplou na proposta os fatos previsíveis ou, assim não tendo feito, falhou e deverá, sozinho, arcar com as consequências. A propósito, não tem direito à revisão o contratado que reduziu, inadvertidamente, o valor de sua proposta para sagrar-se

---

[231] Relembrando, segundo Marçal Justen Filho, "A teoria da imprevisão reconhece que a ocorrência de eventos supervenientes de cunho imprevisível ou de consequências insuscetíveis de estimativa prévia, que apresentem uma dimensão nociva extraordinária, autorizam a alteração das condições originalmente pactuadas". (JUSTEN FILHO, Marçal. Comentários à Lei de Licitações e Contratações Administrativas. São Paulo: Thomson Reuters Revista dos Tribunais, 2023. RL-1.36. E-book. Disponível em https://next-proview.thomsonreuters.com/launchapp/title/rt/codigos/262297378/v2/page/RL-1.36%20 . Acesso em: 25 set. 2024.

vencedor da licitação e verifica, posteriormente, a impossibilidade do seu cumprimento.

Para que os fatos autorizem a revisão, devem *inviabilizar a execução do contrato tal como pactuado*, ou seja, o impacto econômico dos fatos no contrato deve ser grave, caracterizando uma onerosidade excessiva, inadmissível para uma das partes.[232] O Tribunal de Contas da União já vinha entendendo nesse sentido durante a vigência da Lei nº 8.666/1993.[233]

É importante frisar que a análise do desequilíbrio alegado pelo contratante privado deve considerar estritamente o contrato, não importando as condições econômico-financeiras da empresa. É irrelevante, portanto, se ela possui solidez suficiente para arcar com os custos e suportar o desequilíbrio.

A força maior e o caso fortuito liberam a parte do cumprimento de suas obrigações. A alternativa do reequilíbrio contratual possibilita a permanência do vínculo, mediante a concordância do contratante privado, criando uma alternativa à extinção do ajuste para possibilitar o atendimento ao interesse público.

A doutrina diferencia os citados eventos como sendo, o primeiro, decorrente da força humana e o segundo, da força da natureza. Ambos se caracterizam pela imprevisibilidade e inevitabilidade e pela impossibilidade total de executar o ajuste. O Código Civil Brasileiro em vigor não traz distinção conceitual, referindo-se, no art. 393, apenas a "fato necessário, cujos efeitos não era possível evitar ou impedir".[234]

---

[232] Nesse sentido, REsp 1034702/ES, STJ - 4ªT, Enunciado nº 175 do Conselho de Justiça Federal e Enunciado nº 366 da IV Jornada de Direito Civil.

[233] "A variação da taxa cambial, para mais ou para menos, não pode ser considerada suficiente para, isoladamente, fundamentar a necessidade de reequilíbrio econômico-financeiro do contrato. Para que a variação do câmbio seja considerada um fato apto a ocasionar uma recomposição nos contratos, considerando se tratar de fato previsível, deve culminar consequências incalculáveis (consequências cuja previsão não seja possível pelo gestor médio quando da vinculação contratual), fugir à normalidade, ou seja, à flutuação cambial típica do regime de câmbio flutuante e, sobretudo, acarretar onerosidade excessiva no contrato a ponto de ocasionar um rompimento na equação econômico-financeira, nos termos previstos no art. 65, inciso II, alínea d, da Lei 8.666/1993" (Acórdão 1431/17-TCU-Plenário.). No mesmo sentido, os Acórdãos 45/1999 e 698/2000, ambos do Plenário.

[234] "Art. 393. O devedor não responde pelos prejuízos resultantes de caso fortuito ou força maior, se expressamente não se houver por eles responsabilizado.
Parágrafo único. O caso fortuito ou de força maior verifica-se no fato necessário, cujos efeitos não era possível evitar ou impedir".

O fato do príncipe, na definição de Hely Lopes Meirelles, é a "determinação estatal, positiva ou negativa, geral, imprevista e imprevisível, que onera substancialmente a execução do contrato administrativo".[235] Também o fato da administração, não expressamente mencionado pela Lei, deve ser considerado para fins de reequilíbrio econômico-financeiro.[236] O fato da administração diferencia-se do fato do príncipe por atingir especialmente o contrato, equiparando-se a ele nos quesitos "retardar e impedir a execução".

A Lei não faz mais referência, como fazia sua antecessora, à álea extraordinária. Entretanto, o fato imprevisível continua sendo aquele risco anormal, não usual, que não pode ser considerado na proposta, nem mesmo em proporções inexatas. Maria Helena Diniz ensina que o risco anormal é o "risco futuro imprevisível que, pela sua extemporaneidade, impossibilidade de previsão e onerosidade excessiva a um dos contratantes, desafie todos os cálculos feitos no instante da celebração contratual".[237]

Já o art. 134 estabelece que "[o]s preços contratados serão alterados, para mais ou para menos, conforme o caso, se houver, após a data da apresentação da proposta, criação, alteração ou extinção de quaisquer tributos ou encargos legais ou a superveniência de disposições legais, com comprovada repercussão sobre os preços contratados." A repercussão nos preços contratados deve ser direta, ou seja, o tributo ou encargo legal deve compor os custos do objeto e, no caso de obras e serviços, constar do orçamento e da planilha de custos inicialmente apresentada, exceto quando se referir a um tributo ou encargo legal criado posteriormente. Tratando-se de tributo ou encargo legal que onera a empresa, mas não atinge diretamente a execução do contrato, não caberá revisão.[238]

---

[235] MEIRELLES, Hely Lopes. *Direito Administrativo Brasileiro*. 27. ed. São Paulo: Malheiros, 2002. p. 233.

[236] *Idem, ibidem.*

[237] DINIZ, Maria Helena. *Dicionário jurídico*. São Paulo: Saraiva, 1998. p. 157.

[238] Nessa linha, o Tribunal de Contas da União já decidiu que o Imposto de Renda não pode ser considerado como custo indireto da obra, pois, não há como prever que a despesa efetivamente comporá os custos indiretos da empresa, sendo descabido pagar por um gasto que na verdade é imprevisível (Acórdão 1.127/2007 – Plenário). Ainda, tratando de tributos de natureza direta e personalíssima, o Tribunal determinou à Administração a exclusão do orçamento de parcelas relativas ao IRPJ e à CSLL e a orientação em edital aos licitantes, no sentido de que esses tributos não devem ser incluídos no BDI por serem de natureza direta e personalíssima, onerando pessoalmente o contrato, não devendo ser repassados (Acórdão 1.595/2006 – Plenário e Acórdão 139/2008 – Plenário).

Diferentemente dos fatos imprevisíveis referidos na alínea "d" do art. 124, o mero aumento, extinção ou criação de tributo ou encargo legal diretamente relacionado à execução é suficiente para motivar a revisão, não havendo que se mensurar a gravidade econômica da repercussão e se ela impede, ou não, a execução do ajuste. Com efeito, a Lei estabelece que os preços contratados *serão* alterados, não deixando margem para qualquer análise além da ocorrência dos fatos.

Vale destacar que, para Diego Ornellas Gusmão, a previsão legal para recomposição do equilíbrio em decorrência da alteração, criação ou extinção de tributos ou encargos legais acolhe a teoria da quebra da base objetiva do negócio, que não leva em consideração a imprevisibilidade do fato, mas a alteração superveniente de elementos que interferem na formação da base do ajuste, abalando a relação de equivalência das prestações ou a finalidade do contrato. A base objetiva do contrato é o conjunto de circunstâncias que, saibam ou não as partes, pressupõem a existência do próprio contrato, razão pela qual deve ser mantida para que sejam preservados seu sentido e objetivo.[239]

7.2.1 A revisão decorrente da variação de um único insumo

A análise do direito do contratado à revisão de preços deve considerar o impacto do fato no equilíbrio econômico-financeiro do contrato como um todo, ou seja, a execução *do objeto* pelo contratado no novo cenário de encargos deve gerar, para ele, um ônus excessivo. Sendo assim, é possível que a majoração de um único insumo, ou de itens isolados, em razão da sua relevância, possa caracterizar o desequilíbrio econômico-financeiro e autorizar a Administração a recompô-lo.[240]

---

[239] GUSMÃO, Diego Ornellas. *A teoria da base objetiva na revisão dos contratos administrativos.* Disponível em: www.academia.edu. Acesso em: 25 set. 2024.

[240] Nesse sentido, aliás, é o Acórdão 1604/2015, do Plenário do TCU:
"70. Do exposto, extraem-se as seguintes conclusões que sustentam as teses defendidas neste voto:
a) não há óbice à concessão de reequilíbrio econômico-financeiro de contrato administrativo, visando à revisão (ou recomposição) de preços de itens isolados, com fundamento no art. 65, inciso II, alínea "d", da Lei 8.666/1993, desde que:
a.1) estejam presentes os requisitos enunciados pela teoria da imprevisão, que são a imprevisibilidade (ou previsibilidade de efeitos incalculáveis) e o impacto acentuado na relação contratual;
a.2) haja análise demonstrativa acerca do comportamento dos demais insumos do contrato, ao menos os mais importantes em aspecto de materialidade, com a finalidade de identificar

7.2.2 Processamento do pedido de revisão

A revisão contratual deve ser solicitada pelo contratado, devidamente instruída com a comprovação dos fatos alegados e sua repercussão econômica na execução do contrato, demonstrando o ônus em face dos termos originais da proposta e do contrato. Registrado o pedido, seu processamento interno pode ser, segundo o princípio da eficiência, seccionado em quatro instâncias administrativas:

1ª Instância: Gestor do contrato;

2ª Instância: Setor financeiro ou contábil;

3ª Instância: Assessoria jurídica;

4ª Instância: Autoridade competente, que assinou o contrato.

Na *primeira instância*, o gestor do realizará análise de mérito do requerimento, observando se apresenta suficiente detalhamento sobre as circunstâncias que supostamente ensejam o desequilíbrio, bem como se está acompanhado dos respectivos documentos comprobatórios. Deverá certificar-se da efetiva ocorrência dos fatos alegados e analisar o enquadramento da situação concreta nas hipóteses legais autorizadoras da revisão. Sua conclusão fundamentada, considerando as razões do pedido, deverá ser levada a termo nos autos do processo.

Na *segunda instância*, o setor financeiro ou contábil deverá comparar as condições econômico-financeiras iniciais com as atuais, mediante análise da planilha de custos, das notas fiscais ou faturas, entre outros documentos, identificando o *quantum* correspondente ao desequilíbrio alegado e manifestando-se pela existência, ou não, de crédito orçamentário suficiente. Os autos deverão retornar ao gestor, para os fins de elaboração do termo aditivo e encaminhamento à Assessoria Jurídica.

Na *terceira instância*, o órgão de assessoramento jurídico deverá avaliar o atendimento dos requisitos legais para a revisão. Conforme o caso, devolverá o processo ao gestor, para eventuais complementações, diligências ou informações, ou encaminhará à autoridade competente para decidir.[241]

---

outras oscilações de preços enquadráveis na teoria da imprevisão que possam, de igual maneira, impactar significativamente o valor ponderado do contrato.
39. Em outras palavras, a análise para demonstração de desequilíbrio econômico-financeiro em contrato administrativo não requer que se considerem, como procedimento geral, todas as variações ordinárias nos preços dos insumos contratados – cobertos naturalmente pelos índices de reajustamento da avença –, mas apenas alterações de preços significativas e imprevisíveis (ou previsíveis, porém de consequências incalculáveis), capazes de justificar a aplicação da teoria da imprevisão."

[241] A propósito do tema, vale destacar a situação analisada pelo TCU, durante a vigência da Lei nº 8.666/1993, no Acórdão 7.249/16 – Segunda Câmara, na qual entendeu pelo descabimento da revisão e responsabilização do parecerista por falha na análise. Segundo o relatório, o pedido de reequilíbrio mencionava planilha baseada apenas nas notas fiscais

Na *quarta instância*, caso demonstrado o direito, a autoridade que assinou o contrato, com base na instrução processual, a assinará o termo aditivo para a sua concessão, podendo, contudo, decidir pela não concessão e, consequentemente, determinar a descontinuidade do contrato, liberando o contratante privado de suas obrigações.

7.3 O reajustamento em sentido estrito

Conforme já referido no Capítulo II, quando estudadas as cláusulas necessárias ao contrato administrativo, o reajustamento em sentido estrito visa reequilibrar o contrato em decorrência da desvalorização monetária causada pela inflação. Na definição contida no art. 6º, inc. LVIII da Lei nº 14.133/2021, é a "forma de manutenção do equilíbrio econômico-financeiro de contrato consistente na aplicação do índice de correção monetária previsto no contrato, que deve retratar a variação efetiva do custo de produção, admitida a adoção de índices específicos ou setoriais". Sua aplicabilidade é excetuada apenas aos contratos de serviços contínuos com regime de dedicação exclusiva de mão de obra ou com predominância de mão de obra, caso em que o critério de reajuste utilizado deverá ser a repactuação.[242]

O reajustamento em sentido estrito está previsto no art. 25, §7º da Lei nº 14.133/2021, como cláusula obrigatória do edital, independentemente do prazo de vigência do contrato, bem como no art. 90, inc. V,

---

apresentadas, sem qualquer avaliação técnica do impacto e da suficiência dessa documentação para fundamentá-lo. Haviam sido colacionadas notícias de jornal com informações sobre aumentos de custos de insumos, as quais foram consideradas insuficientes para validar o realinhamento. Segundo o relator, não houve demonstração das circunstâncias excepcionais, com efeitos quantificados, que teriam extrapolado as condições normais de execução e prejudicado o equilíbrio global do contrato e, mesmo assim, as manifestações do setor jurídico endossaram a celebração do aditivo com esse erro grave. A conclusão foi no sentido de que não se exige que, no parecer jurídico, sejam detectados erros na planilha, mas é exigível a detecção de ausência de justificativas, motivo pelo qual o parecerista foi responsabilizado solidariamente.

[242] "Art. 25. *Omissis*.
§ 8º Nas licitações de serviços contínuos, observado o interregno mínimo de 1 (um) ano, o critério de reajustamento *será por:*
I - reajustamento em sentido estrito, quando não houver regime de dedicação exclusiva de mão de obra ou predominância de mão de obra, mediante previsão de índices específicos ou setoriais;
II - repactuação, quando houver regime de dedicação exclusiva de mão de obra ou predominância de mão de obra, mediante demonstração analítica da variação dos custos." (Sem grifos no original.) Não obstante, é praxe que, nos contratos com regime de dedicação exclusiva de mão de obra, ocorra a previsão de reajustamento em sentido estrito para insumos não relacionados à mão de obra.

como cláusula necessária a todo contrato administrativo. Podem ser estabelecidos mais de um índice, específico ou setorial,[243] em conformidade com a realidade de mercado.

A ausência de previsão, em edital e contrato, para o reajustamento em sentido estrito configura irregularidade, mas não impede o reequilíbrio por esta via,[244] o que poderá ocorrer mediante a eleição, pelas partes, de comum acordo, de um índice adequado.[245]

O período aquisitivo do direito pelo contratado é de um ano contado a partir da data de elaboração do orçamento pela Administração, não tendo, portanto, qualquer relevância para a contagem do prazo a data da assinatura do contrato. Desse modo, mesmo os contratos com prazo de vigência inferior a um ano podem vir a ser reajustados, se alcançado o referido lapso temporal. Registra-se, aqui, a importante diferença em relação ao regime da Lei nº 8.666/1993, que vinculava a aquisição do direito à data da apresentação da proposta pela empresa contratada, na licitação.

O reajustamento em sentido estrito não configura alteração contratual, pois já está, como regra, previsto no contrato, além de, materialmente, não promover alteração do que foi pactuado. A Lei faz expressa referência a essa condição no art. 136, inc. I, prevendo, por isso, sua formalização por meio de simples apostila.

7.3.1 Solicitação do reajustamento em sentido estrito pela empresa contratada

Por se tratar de forma de reajuste de preços inserida na álea ordinária, ou seja, que envolve os fatos previsíveis, o reajustamento em sentido estrito não depende de solicitação do contratado para sua realização, podendo ser realizado de ofício pela Administração após o

---

[243] No Acórdão 1.150/2008 – Plenário, o TCU entendeu pela impossibilidade de reajuste com base em índice geral.

[244] Acórdão 1.470/2008 – TCU – Plenário.

[245] Contudo, o Superior Tribunal de Justiça – STJ já decidiu que a ausência de previsão contratual para o reajuste impede sua realização, presumindo-se que a licitante já incluiu em sua proposta um valor compatível com a não incidência. Segundo a colenda corte, "não há reajuste anual exigível se, no momento do contrato firmado, as partes nada convencionaram neste sentido. E como o reajuste anual é matéria contratual, autorizada sua feitura por lei, por conseguinte, o reajuste é direito disponível e precisa estar previsto no contrato até para garantia de dotação orçamentária correspondente" (STJ – AGRG no Resp 1518134 – 2ª T. – Rel. Min. Assusete Magalhães – DJe 01.03.2016.).

decurso do período aquisitivo, aplicando-se o índice estabelecido no contrato.[246]

Contudo, a orientação dominante no âmbito do Tribunal de Contas da União, desde a vigência da Lei nº 8.666/1993, é no sentido de que, sendo um direito renunciável, deve ser expressamente solicitado pelo contratado para que seja concedido.[247] Recomenda-se a cada Administração observar a orientação do Tribunal de Contas competente para a fiscalização.

7.3.2 Realização de revisão após concedido reajustamento em sentido estrito

Tendo em vista a diversidade das causas que ensejam a revisão e o reajuste – este, a necessidade de recompor perdas inflacionárias, aquela, a ocorrência de imprevisibilidades inerentes à álea extraordinária e extracontratual – a ocorrência de reajuste não impede a realização posterior de revisão e vice-versa. Não se trata, portanto, de conceder benefício indevido que ultrapasse os limites do reequilíbrio econômico-financeiro, mas de aplicar cada instituto conforme o seu cabimento.

7.4 Repactuação de preços

Segundo o art. 6º, inc. LIX da Lei nº 14.333/2021, a repactuação é a "forma de manutenção do equilíbrio econômico-financeiro de contrato utilizada para serviços contínuos com regime de dedicação exclusiva de mão de obra ou predominância de mão de obra, por meio da análise da variação dos custos contratuais, devendo estar prevista no edital com data vinculada à apresentação das propostas, para os custos decorrentes do mercado, e com data vinculada ao acordo, à convenção coletiva

---

[246] Nesse sentido entende Marçal Justen Filho: "O reajuste de preços aplica-se de modo automático. Atingido o prazo de doze meses, cabe aplicar o índice de reajustamento previsto contratualmente. Isso envolve uma fórmula aritmética muito simples." Ainda: "... é inválida a previsão editalícia ou contratual contemplando a exigência de um requerimento do contratado quanto ao deferimento do reajustamento. Essa previsão consiste num instrumento disfarçado para instituir competência da Administração para impedir, por via indireta, a aplicação do reajustamento." (Marçal. Comentários à Lei de Licitações e Contratações Administrativas. São Paulo: Thomson Reuters Revista dos Tribunais, 2023. E-book. Disponível em: https://next-proview.thomsonreuters.com/launchapp/title/rt/codigos/262297378/v2/page/RL-1.36%20.

[247] Vide, p. ex., Acórdão 1.240/2008 – TCU – Plenário.

ou ao dissídio coletivo ao qual o orçamento esteja vinculado, para os custos decorrentes da mão de obra".

Trata-se de critério de reajuste aplicável exclusivamente a contratos de serviços contínuo com regime de dedicação exclusiva de mão de obra[248] ou predominância de mão de obra,[249] casos em que deverá estar prevista em edital e contrato.

Assim como ocorre no reajustamento em sentido estrito, o período aquisitivo do direito à repactuação pelo contratante privado é de um ano, iniciando-se, contudo, a partir da data da apresentação da proposta, para os custos decorrentes do mercado, e da data do acordo, convenção ou dissídio coletivo que serviu de base para a sua elaboração. Ainda, segundo a Lei, a repactuação:

- Não se vincula a disposições contidas em acordos, convenções ou dissídios coletivos de trabalho que tratem de matéria não trabalhista, de pagamento de participação dos trabalhadores nos lucros ou resultados do contratado, ou que estabeleçam direitos não previstos em lei (art. 135, §1º);
- Poderá ser dividida em tantas parcelas quantas forem necessárias, podendo ser realizada em momentos distintos (art. 135, §4º);
- Quando a contratação envolver mais de uma categoria profissional, poderá ser dividida em tantos quantos forem os acordos, convenções ou dissídios coletivos de trabalho das categorias envolvidas (art. 135, §5º); e

---

[248] Art. 6º, XVI, da Lei nº 14.133/2021: "serviços contínuos com regime de dedicação exclusiva de mão de obra: aqueles cujo modelo de execução contratual exige, entre outros requisitos, que:
a) os empregados do contratado fiquem à disposição nas dependências do contratante para a prestação dos serviços;
b) o contratado não compartilhe os recursos humanos e materiais disponíveis de uma contratação para execução simultânea de outros contratos;
c) o contratado possibilite a fiscalização pelo contratante quanto à distribuição, controle e supervisão dos recursos humanos alocados aos seus contratos;".

[249] "Art. 25. *Omissis.*
§ 8º Nas licitações de serviços contínuos, observado o interregno mínimo de 1 (um) ano, o critério de reajustamento *será* por:
I - reajustamento em sentido estrito, quando não houver regime de dedicação exclusiva de mão de obra ou predominância de mão de obra, mediante previsão de índices específicos ou setoriais;
II - repactuação, quando houver regime de dedicação exclusiva de mão de obra ou predominância de mão de obra, mediante demonstração analítica da variação dos custos." (grifo nosso)

- Será precedida de solicitação do contratado, acompanhada de demonstração analítica da variação dos custos (art. 135, §6º).

A repactuação de preços não configura alteração contratual e deve ser formalizada por simples apostila, conforme disposto no art. 136, inc. I da Lei nº 14.133/2021.

7.4.1 Início dos efeitos financeiros da repactuação

A vigência dos novos valores contratuais deve iniciar, a rigor, a partir da ocorrência do fato gerador que deu causa à repactuação. As determinações do acordo, convenção ou dissídio coletivo da categoria indicarão o período de tempo que será abrangido pela repactuação, podendo, inclusive, abarcar reajustes de parcelas salariais que deverão ser pagos pela contratada de forma retroativa. Contudo, considerando tratar-se de um direito disponível, as partes poderão ajustar a incidência dos efeitos apenas a partir de data futura.

Sobre o assunto, destaca-se que o Tribunal de Contas da União, na vigência da Lei nº 8.666/1993, por meio do Acórdão 1.827/2009 do Plenário, entendeu que "o direito à repactuação decorre de lei, enquanto apenas o valor dessa repactuação é que dependerá da Administração e da negociação bilateral que se seguirá." Por essa razão, ainda segundo o entendimento da referida corte de contas, não há que se falar em atribuir efeitos retroativos à repactuação, mas, sim, de dar aplicação imediata à Lei, que confere ao contratado o direito de adequar os preços à nova realidade do mercado.[250]

7.5 Prazo para concessão da revisão e da repactuação

A Lei nº 14.133/2021 trouxe, expressamente, para a Administração, o dever de emitir decisão sobre todas as solicitações e reclamações relacionadas à execução dos contratos, ressalvados os requerimentos

[250] Nos termos do voto:
"[...] considero que a repactuação de preços, sendo um direito conferido por lei ao contratado, deve ter sua vigência reconhecida imediatamente desde a data da convenção ou acordo coletivo que fixou o novo salário normativo da categoria profissional abrangida pelo contrato administrativo a ser repactuado. [...]
59. Desse modo, no momento da assinatura do Terceiro Termo Aditivo caberia à contratada, caso ainda não tivesse postulado, suscitar seu direito à repactuação, cujos efeitos retroagiriam à 1/5/2005, data-base que ensejou a celebração de novo acordo coletivo que alterou o salário da categoria profissional. [...]"

manifestamente impertinentes, meramente protelatórios ou de nenhum interesse para a boa execução do contrato. É o que estabelece seu art. 123, cujo parágrafo único determina, ainda, que a Administração terá o prazo de um mês para decidir, salvo disposição legal ou contratual estabelecendo prazo específico, admitida a prorrogação por igual período, desde que devidamente motivada.[251] A rigor, a o prazo para a decisão não se confunde com o prazo para a concessão efetiva dos efeitos do pedido, a qual, rigorosamente, deverá ocorrer em ato contínuo.

Os pedidos de revisão e repactuação de preços estão entre as principais solicitações do contratado e merecem especial atenção. Para a repactuação, a Lei estabelece o prazo *preferencial* de um mês para resposta pela Administração, contado da data do fornecimento da documentação destinada à instrução do pedido,[252] especificamente para os contratos de serviços contínuos com regime de dedicação exclusiva de mão de obra ou com predominância de mão de obra. Nada fala, especificamente, sobre a revisão, aplicando-se a regra geral do art. 123, parágrafo único, acima referida.

É relevante que a Administração disponha sobre os prazos em regulamento orgânico, que orientará a elaboração da minuta do termo de contrato. Tais prazos podem e devem ser fixados de acordo com a realidade de cada organização, sob critérios de razoabilidade e proporcionalidade, que assegurem o respeito ao direito do contratado à manutenção das condições efetivas da proposta. Portanto, prazos que se mostrarem excessivamente longos, refletindo longos períodos de espera pelo contratado podem ser questionados.

---

[251] "Art. 123. A Administração terá o dever de explicitamente emitir decisão sobre todas as solicitações e reclamações relacionadas à execução dos contratos regidos por esta Lei, ressalvados os requerimentos manifestamente impertinentes, meramente protelatórios ou de nenhum interesse para a boa execução do contrato.
Parágrafo único. Salvo disposição legal ou cláusula contratual que estabeleça prazo específico, concluída a instrução do requerimento, a Administração terá o prazo de 1 (um) mês para decidir, admitida a prorrogação motivada por igual período."

[252] "Art. 145. *Omissis*.
§ 6º A repactuação será precedida de solicitação do contratado, acompanhada de demonstração analítica da variação dos custos, por meio de apresentação da planilha de custos e formação de preços, ou do novo acordo, convenção ou sentença normativa que fundamenta a repactuação."

7.6 Preclusão do direito ao reequilíbrio econômico-financeiro do contrato

A Lei nº 14.133/2021 prevê, em seu art. 131, que o reequilíbrio econômico-financeiro do contrato poderá ser concedido mesmo após extinto o contrato, na forma de indenização, contanto que o pedido tenha sido formulado pelo contratado durante a sua vigência. Seu parágrafo único ainda estabelece que o pedido de restabelecimento deverá ser formulado antes de eventual prorrogação.[253] Conforme já referido no Capítulo II, a disciplina acerca da preclusão é cláusula obrigatória no contrato administrativo.

A Lei pacifica questão extremamente controversa. Durante a vigência da Lei nº 8.666/1993, em decorrência de entendimento do Tribunal de Contas da União, aplicava-se a preclusão lógica,[254] inadmissível em nosso entender.[255] Tratando-se, o direito ao reequilíbrio, de um direito constitucionalmente assegurado, não cabia, em tempos anteriores à Lei nº 14.133/2021, falar em preclusão decorrente de outro instrumento que não fosse lei, conforme disposto no próprio art. 37, inc. XXI da Constituição da República. A expressa previsão legal eliminou a discussão, criando uma preclusão *temporal*. Delimitou, sob o espectro do princípio da segurança jurídica, um prazo para o exercício do direito, criando para a contratada o dever de exercitá-lo dentro dele, sob pena de ver-se posteriormente impossibilitada a tanto. Operando-se a preclusão, o contratado estará impedido de solicitar o reequilíbrio que já teria direito, restando intacta, contudo, a possibilidade de novos pedidos, referentes a fatos ou períodos futuros.

As expressões "reconhecimento do desequilíbrio econômico-financeiro" e "estabelecimento do equilíbrio econômico-financeiro"

---

[253] "Art. 131. A extinção do contrato não configurará óbice para o reconhecimento do desequilíbrio econômico-financeiro, hipótese em que será concedida indenização por meio de termo indenizatório.
Parágrafo único. O pedido de restabelecimento do equilíbrio econômico-financeiro deverá ser formulado durante a vigência do contrato e antes de eventual prorrogação nos termos do art. 107 desta Lei."

[254] A preclusão lógica, instituto do direito processual civil, caracteriza-se pela contradição entre o comportamento anterior e posterior. No caso, respectivamente, o silêncio durante a vigência do contrato ou no momento da assinatura do termo aditivo de prorrogação, ocasião em que ratifica todas as condições de execução e a solicitação de reequilíbrio.

[255] PÉRCIO, Gabriela Verona. Da impossibilidade jurídica da preclusão ao direito de repactuar o contrato administrativo. *Jusbrasil*, 2018. Disponível em: https://www.jusbrasil.com.br/artigos/da-impossibilidade-juridica-da-preclusao-ao-direito-de-repactuar-o-contrato-administrativo/607160650. Acesso em: 5 jun. 2024.

são genéricas e abarcam os institutos da revisão, da repactuação e do reajustamento em sentido estrito, ressalvado, no caso deste, quando ficar estipulado que será concedido de ofício pela Administração.

Vale frisar que a ocorrência da preclusão não impede a Administração de decidir pela concessão do reequilíbrio. Em cada caso, deverá ser realizada a análise do impacto da decisão sobre a execução do objeto, ante a possibilidade de prejuízo ao interesse público decorrente de um inadimplemento parcial ou total. Cabe, também, analisar a situação sob os prismas da boa-fé e da lealdade, lembrando que, conforme já referido, o fato de a contratada ter eventualmente executado o objeto não significa má-fé no pedido ou inexistência de desequilíbrio, uma vez que, para tal análise, não importam as condições financeiras da empresa, mas a ocorrência do motivo que garante à contratada o direito ao reequilíbrio.

A Lei se refere a pedido *formulado* antes da prorrogação da vigência, gerando dúvidas quanto à necessidade de requerimento formal ou a possibilidade de aceitar a mera manifestação do contratado quanto à sua futura intenção de solicitar o reequilíbrio.[256] Em nosso pensar, rigorosamente, tratando-se de preclusão temporal, o pedido formal, ou seja, *formalizado*, parece fundamental para garantir a eficácia da norma, admitindo-se, contudo, a mera ressalva da contratada em situações em que o pedido *não possa* ser formalizado oportunamente, por força de situações alheias à sua vontade.

7.7 Papel do gestor e dos fiscais do contrato no processamento dos pedidos de reequilíbrio econômico-financeiro

O fiscal do contrato não tem atuação nos procedimentos de revisão, reajustamento em sentido estrito e repactuação de preços.

São pertinentes à gestão contratual as seguintes atividades:

a) Analisar as solicitações da contratada para identificar seu objeto;
b) Iniciar os procedimentos correspondentes, conduzindo e impulsionando até seu término;

[256] Segundo entendimento do Departamento de Coordenação e Orientação de Orientação de Órgãos Jurídicos da Advocacia-Geral da União – DECOR/AGU, exarado no Parecer 00003/2023-DECOR/CGU/AGU, a mera manifestação é suficiente.

c) Encaminhar o expediente ao órgão de assessoramento jurídico, no caso da revisão;
d) Providenciar a elaboração do termo aditivo, no caso da revisão;
e) Encaminhar o termo aditivo, devidamente instruído, à autoridade competente para decidir;
f) Providenciar a divulgação do termo aditivo no Portal Nacional de Contratações Públicas (PNCP);
g) Acompanhar o vencimento do prazo concessivo para o reajustamento em sentido estrito, quando definido que sua concessão não depende de solicitação da contratada.

Também compete ao gestor do contrato analisar e informar à autoridade competente a eventual necessidade de, mesmo diante da preclusão temporal, tratada no tópico anterior, conceder o reequilíbrio ao contratante privado para evitar prejuízos à própria Administração, oriundos da impossibilidade de execução do objeto sem a recomposição econômica.

7.8 Quadro sinótico

(continua)

	Revisão	**Reajustamento em sentido estrito**	**Repactuação**
Disposições legais aplicáveis	Art. 124, II, "d" e art. 134 da Lei nº 14.133/2021	Art. 6º, LVIII; art. 25, §7º; art. 25, §8º, I e 92, §3º e §4º, I; art. 136, I	Art. 6º, LIX; art. 25, §8º, II; art. 92, §4º, II; art. 92, §6º; art. 135, §§3º a 6º; art. 136, I
Causas	Imprevisibilidades	Inflação	Adequação aos preços de mercado
Cabimento	Qualquer contrato	Qualquer contrato	Contratos de serviços contínuos prestados em regime de dedicação exclusiva de mão de obra ou predominância de mão de obra

(conclusão)

	Revisão	**Reajustamento em sentido estrito**	**Repactuação**
Prazo aquisitivo	Não há	1 (um) ano, contado da data do orçamento estimado	1 (um) ano, contado da data da apresentação da proposta, da data do instrumento coletivo de trabalho ou da data da última repactuação
Formalização	Termo aditivo	Simples apostila	Simples apostila
Previsão no contrato	Desnecessária	Obrigatória	Obrigatória
Pedido do contratado	Necessário	Conforme regulamento	Necessário
Forma de concessão	Mediante comprovação da onerosidade excessiva, por acordo entre as partes	Mediante aplicação de índice específico ou setorial	Mediante demonstração analítica da variação dos custos, para insumos, e verificação de imposições de novo CCT ou ACT, para custos com mão de obra
Prazo para concessão	Fixado no contrato	Fixado no contrato	Fixado no contrato, sendo, para os contratos de serviços contínuos com regime de dedicação exclusiva de mão de obra ou com predominância de mão de obra, preferencialmente de 1 (um) mês, contado da data do fornecimento da documentação pelo contratado

Dicas

✓ O reequilíbrio econômico-financeiro do contrato deve ocorrer em favor da Administração, quando for o caso.

✓ O cabimento da revisão de preços deve ser avaliado estritamente sob o enfoque da relação contratual, mais especificamente do desequilíbrio entre prestação e contraprestação, sendo irrelevante a condição financeira da empresa contratada para arcar com a execução em condições distintas das iniciais.

✓ No caso de acordo, convenção ou dissídio coletivo, os efeitos da repactuação devem retroagir à data do fato, independentemente da data da solicitação pelo contratado.

ACOMPANHAMENTO E FISCALIZAÇÃO DO CONTRATO ADMINISTRATIVO

8.1 Gerenciamento do contrato administrativo

A gestão da execução do contrato administrativo necessita de planejamento e controle. Cabe à Administração zelar pelo alcance da finalidade pública preservando a economicidade e respeitando os princípios da moralidade e legalidade, bem como tomando as medidas que se fizerem necessárias, especialmente para garantir o atendimento do interesse público envolvido.

Estabelecer métodos de fiscalização e operacionalizar o controle da atividade executada pelo contratante privado é medida elementar que prioriza os princípios da transparência, da motivação e da eficiência administrativa, além de potencializar as chances de êxito no alcance dos resultados. A edição de manuais operacionais é uma prática que, se bem utilizada, pode elevar o nível de eficiência, eficácia e efetividade da gestão e da fiscalização.[257]

É fundamental definir, formalmente, os agentes e setores administrativos envolvidos na gestão da execução do contrato, assim como especificar suas atribuições e o momento em que serão chamados a atuar. As atribuições inerentes devem estar claras desde logo. Nesse contexto, a Lei nº 14.133/2021 estabelece que as regras relativas à atuação de fiscais e gestores de contratos serão estabelecidas em *regulamento*, que deverá prever, também, a possibilidade de contarem com o apoio dos órgãos de assessoramento jurídico e de controle interno para o

[257] O Tribunal de Contas da União já recomendou a prática em diversas ocasiões, como no Acórdão 1.543/2013 – Plenário.

desempenho das suas atribuições.[258] Ainda, determina a observância do princípio da segregação de funções[259] quando da designação dos agentes que desempenharão funções essenciais no processo de contratação, incluindo aquelas atinentes à fase de execução contratual.[260]

Na execução do contrato, Administração e contratado devem estabelecer uma relação de parceria, em que os objetivos a serem alcançados por ambas as partes estejam perfeitamente claros, assim como os sistemas de controle e avaliação das entregas, além das formas eficientes de comunicação e solução de conflitos. Neste particular, a propósito, destaca-se que a Lei nº 14.133/2021 possibilita a utilização de métodos alternativos para a prevenção e resolução de controvérsias, entre eles a conciliação, a mediação, o comitê de resolução de disputas e a arbitragem, opções a serem analisadas já na fase preparatória da contratação e a constarem, preferencialmente, do termo de contrato.[261]

É nesse sentido que se pode falar em *gerenciamento do contrato administrativo,* uma modalidade ampla de controle que envolve planejamento prévio à execução, designação eficiente de agentes e, por fim, gestão do contrato.

A gestão do contrato é a terceira fase do processo de contratação e pode ser definida como o conjunto de atos formais, praticados nos termos de regulamento, por agentes designados conforme art. 7º da Lei nº 14.133/2021, cujos objetivos são:

a) assegurar a entrega do objeto de acordo com o que foi contratado, inclusive quanto aos prazos, ou sua eventual

---

[258] Art. 8º, §3º: "As regras relativas à atuação do agente de contratação e da equipe de apoio, ao funcionamento da comissão de contratação e à atuação de fiscais e gestores de contratos de que trata esta Lei serão estabelecidas em regulamento, e deverá ser prevista a possibilidade de eles contarem com o apoio dos órgãos de assessoramento jurídico e de controle interno para o desempenho das funções essenciais à execução do disposto nesta Lei."

[259] Art. 7º, § 1º: "A autoridade referida no *caput* deste artigo deverá observar o princípio da segregação de funções, vedada a designação do mesmo agente público para atuação simultânea em funções mais suscetíveis a riscos, de modo a reduzir a possibilidade de ocultação de erros e de ocorrência de fraudes na respectiva contratação."

[260] Neste sentido já caminhava a jurisprudência do Tribunal de Contas da União, conforme recomendação contida no Acórdão 1.543/2013 – TCU/Plenário: "implemente políticas e procedimentos formalizados que estabeleçam a separação entre funções e atividades consideradas incompatíveis, atentando também para que os servidores responsáveis pela realização da despesa ou pela solicitação da aquisição/prestação de serviços, não participem como membros de comissões instituídas para licitar, inclusive pregoeiro e equipe de apoio e como responsáveis pelo recebimento e atesto de bens e serviços ou de inventários físicos, em obediência ao princípio da segregação de funções".

[261] Ver Capítulo XII.

readequação para, nos limites legais e orientando-se pela economicidade, satisfazer o interesse envolvido;

b) zelar pelo cumprimento das obrigações contraídas pela Administração Pública junto ao contratado;
c) possibilitar a aplicação de sanções à contratada, se for o caso, e
d) possibilitar a avaliação da eficiência e da eficácia da contratação, para o fim de orientar ações de gestão e governança das aquisições.

8.1.1 Aplicação concreta do princípio da eficiência

O princípio da eficiência, oriundo da ciência da Administração e incluído no art. 37 da Constituição da República pela Emenda Constitucional 19/1998, traduz nada mais do que o "dever de boa administração", já consolidado em nosso ordenamento jurídico desde o Decreto-Lei 200/1967. A doutrina distingue os conceitos de eficiência e eficácia relacionando o primeiro aos meios e o segundo aos resultados. Assim, de acordo com o princípio da eficiência, a Administração deve buscar a solução mais adequada para o interesse público sob os aspectos técnico e econômico. Os métodos e procedimentos empregados devem, sempre, estar orientados pela adequação técnica e pela economicidade. Já o alcance dos resultados esperados encontra-se no plano da eficácia, importando, para o plano da eficiência, a forma como foram perseguidos.

O princípio da eficiência está entre os princípios expressos no art. 5º da Lei nº 14.133/2021, que orientam a sua aplicação. Da mesma forma, orienta o controle do contrato e da atuação administrativa para além da mera obtenção de resultados. O contratante privado deve ser eficiente na forma com que proporciona os resultados, seguindo à risca prazos estabelecidos e locais de entrega e atuando com presteza e rapidez na solução de problemas e em outras situações que possam interferir na produção do resultado. A Administração deve ser eficiente ao controlar o desempenho do contratado na execução de suas atividades, mantendo rotinas de fiscalização bem definidas, comunicando, oportunamente, falhas encontradas e determinando correções, assim como aplicando sanções quando for o caso. Qualquer falha nesse processo pode contribuir para um contrato antieconômico, moroso, deficiente e insatisfatório.

8.2 Fiscalização do contrato: poder e dever da administração

A fiscalização do contrato administrativo é prerrogativa da Administração conferida pelo inc. III do art. 104 da Lei nº 14.133/2021, a qual lhe permite acompanhar de perto tudo o quanto se relacione à execução do contrato, tomando as providências cabíveis para garantir o seu bom andamento. Há, portanto, uma intervenção e uma interferência direta da Administração contratante *no andar da execução*, ao ensejo de garantir sua adequação.

Mais do que prerrogativa, a fiscalização da execução contratual é um dever da Administração, intransferível e irrenunciável, competindo-lhe zelar para que o fim público representado pelo contrato seja alcançado.[262] A Administração não só pode, como deve tomar as providências para que a fiscalização do contrato seja eficiente e eficaz, definindo e implementando metodologia para a gestão de contratos, capacitando seus agentes, contratando terceiros para auxiliar, regulamentando adequadamente o auxílio do órgão de assessoramento jurídico e do controle interno, editando manuais que sirvam como guia de atuação e provendo ferramentas tecnológicas, sempre que possível.[263]

Nesta linha, é fundamental compreender que o dever de fiscalizar *pertence à Administração Pública*. Gestão e fiscalização de contrato são funções públicas desempenhadas por agentes detentores das atribuições que possibilitam materialmente a observância desse dever, mas apenas poderão exercê-las nas condições proporcionadas pela própria Administração. Portanto, é dever das autoridades prover aos agentes públicos designados como gestores e fiscais de contratos a necessária condição de exercer com eficiência tais funções.[264] Essa premissa é

---

[262] A propósito, Lindineide Cardoso ensina que "[O] acompanhamento da execução dos contratos é peça chave para a correta concepção da governança das contratações, somente alcançada pela atuação multidisciplinar, marcada, sobretudo, pela útil distinção de papéis e responsabilidades, em benefício da mitigação de riscos que ameacem o alcance das metas e objetivos pretendidos pela Administração". (CARDOSO, Lindineide Oliveira. *Contratos Administrativos na Nova Lei de Licitações:* Teoria e Prática. São Paulo: Juspodivm, 2023. p. 155).

[263] Já decidiu o TCU, nos Acórdãos 839/2011-Plenário e 2.973/2019-Segunda Câmara, que a precariedade das condições de execução das atribuições de gestão e fiscalização elide a responsabilidade do agente.

[264] Acórdão 1.094/2013-TCU/Plenário: "Recomendação para que a entidade auditada:
a) providencie portaria de designação específica para fiscalização de cada contrato, com atestado de recebimento pelo fiscal designado e que constem claramente as atribuições e responsabilidades, de acordo com o estabelecido pela Lei 8.666/1993 em seu artigo 67;

fundamental para a aferição da medida da responsabilidade de cada um em caso de prejuízos gerados aos cofres públicos por falhas na gestão e na fiscalização de contratos.

Nessa linha, a Lei nº 14.133/2021, ao expressamente pontuar a responsabilidade das alta administração pela governança das contratações,[265] traz, de forma inolvidável, a sua responsabilidade por prejuízos que venham a ocorrer nos contratos, em razão de falhas de governança, incluindo as relativas à designação de agentes e ao oferecimento de recursos materiais para o adequado desempenho das atribuições. Portanto, as autoridades que praticam atos relacionados às contratações públicas, ou em relação a eles se omitem, são corresponsáveis, nos termos referidos, pelos atos praticados pelos agentes que atuam na gestão do contrato, podendo ser responsabilizadas por prejuízos decorrentes de falhas por eles cometidas.[266]

---

b) designe fiscais considerando a formação acadêmica ou técnica do servidor/funcionário, a segregação entre as funções de gestão e de fiscalização do contrato, bem como o comprometimento concomitante com outros serviços ou contratos, de forma a evitar que o fiscal responsável fique sobrecarregado devido a muitos contratos sob sua responsabilidade;
c) oriente os fiscais de contrato a documentar todos os eventos em processo específico de fiscalização, incluindo toda a documentação fornecida pela empresa e pela Administração, de modo a registrar o histórico do contrato e viabilizar o rastreamento de eventos, responder a questionamentos feitos em auditorias, aplicar penalidades, bem como servir de base para processos de contratações futuras."

[265] Art. 11, parágrafo único: "A alta administração do órgão ou entidade é responsável pela governança das contratações e deve implementar processos e estruturas, inclusive de gestão de riscos e controles internos, para avaliar, direcionar e monitorar os processos licitatórios e os respectivos contratos, com o intuito de alcançar os objetivos estabelecidos no *caput* deste artigo, promover um ambiente íntegro e confiável, assegurar o alinhamento das contratações ao planejamento estratégico e às leis orçamentárias e promover eficiência, efetividade e eficácia em suas contratações."

[266] Nesse sentido, alertou o Tribunal de Contas da União no Acórdão 319/2010 – Plenário: "O recorrente (ex-Secretário de Trabalho, Emprego e Renda do Distrito Federal – Seter/DF) foi condenado solidariamente em débito, a despeito dos seguintes argumentos: a) não lhe teria sido imputada prática de nenhum ato de má gestão; b) a responsabilização teria decorrido de infrações de normas legais cometidas por subordinados; c) não era responsável pelo pagamento de faturas, pela fiscalização ou pela não comprovação da execução dos contratos. De acordo com o relator, ao ser signatário do Convênio, o ex-Secretário "comprometeu-se a zelar pela aplicação dos recursos repassados, não só em razão dos dispositivos legais pertinentes, mas também em decorrência das atribuições de seu próprio cargo. O gestor tinha o dever de avaliar a viabilidade do programa, tomar medidas para corrigir eventuais incorreções, adotar as devidas precauções para evitar desvios de recursos, fiscalizar as execuções contratuais e liberar os pagamentos após confirmar a execução dos serviços. Entretanto, nada disso ocorreu". Para o relator, as "falhas detectadas no processo de seleção e contratação das entidades, bem como as irregularidades verificadas na execução dos contratos, apontam para quadro de descalabro administrativo, o qual decorreu, em grande parte, da conduta omissiva do então titular da Seter, que não forneceu a seus subordinados os meios materiais e o treinamento necessário ao fiel desempenho das atribuições daqueles servidores". Asseverou o relator que "Não se está a afirmar que o responsável devesse

8.2.1 Formas de atendimento ao dever de fiscalizar, atividades e agentes envolvidos

A Lei nº 14.133/2021 não impõe uma maneira pela qual deva ser concretizado o dever de fiscalizar, determinando, em seu art. 117, que isso deverá ser feito por meio de, ao menos, um fiscal de contrato, designado nos termos do seu art. 7º. Ainda, determina a existência de substitutos e prevê a possibilidade de contratações de terceiros para subsidiar os agentes de informações técnicas que fujam de sua capacidade. Portanto, pode-se dizer que, no mínimo, cada contrato celebrado deve ter um agente responsável pelo acompanhamento e fiscalização da sua execução.

Não há diretrizes legais para a implementação concreta de tal fiscalização, cabendo a definição aos regulamentos orgânicos, ajustados às características próprias do órgão.[267] Trata-se de disciplinar acerca dos agentes que terão atuação nesta fase, às suas atribuições específicas, à formalização dos atos, ao processo de gestão contratual, ao fluxograma a ser observado. É fundamental que, qualquer que seja o modelo adotado, os mecanismos de controle sejam formais, transparentes e efetivos e que todos os aspectos que, à luz do contrato em espécie, mereçam o devido controle sejam, de fato, fiscalizados.

Nesse contexto, a gestão contratual envolve a execução de atividades burocráticas, fiscalizatórias e gerenciais que devem, na medida do possível, ser atribuídas a agentes distintos, considerando critérios como a necessidade evitar a sobrecarga de trabalho, prejudicial ao desempenho; a necessidade de agentes com diferentes conhecimentos técnicos, para obtenção do melhor resultado, e a necessidade de segregar funções que envolvam supervisão e coordenação. Seguindo essa lógica, tem-se atividades de gestão e atividades de fiscalização,

---

praticar todos os atos de acompanhamento, mas, sim, adotar providências para que isso ocorresse. Infelizmente, isso não ocorreu de forma minimamente aceitável". Dos doze servidores designados como executores técnicos, apenas quatro teriam sido responsáveis por 68% do valor total de recursos. Verificou-se, assim, "mais um ato questionável do responsável, caracterizado pela imprudência/negligência, pois era possível antever que esses servidores não teriam condições de acompanhar a execução de todos esses contratos, o maior dos quais visava treinar 48.000 alunos, que comporiam 1.920 turmas de 25 alunos cada". Diante de tais fatos, o relator considerou plenamente demonstrado que o ex-titular da Seter/DF agiu com "grave e deliberada negligência e imprudência, tendo, sua conduta, contribuído, de forma decisiva, para a ocorrência do dano sofrido pelos cofres públicos".

[267] O Decreto federal 11.246/2022 dispõe, entre outros, sobre as regras para a atuação dos gestores e fiscais de contratos, no âmbito da administração pública federal direta, autárquica e fundacional.

desempenhadas por diferentes agentes, chamados, respectivamente, de gestor e fiscal.

O gestor do contrato atua na coordenação e supervisão das atividades de fiscalização, bem como na execução de atividades burocráticas necessárias à prática de atos por outros agentes e autoridades, e o fiscal de contrato, na fiscalização direta do cumprimento de obrigações por parte do contratante privado. A natureza do contrato e a complexidade do objeto interferem diretamente nessa configuração mínima, podendo exigir mais de um fiscal para a realização de verificações de aspectos distintos, que exijam conhecimentos distintos ou, simplesmente, para desonerar um único agente da fiscalização de todos os aspectos relevantes.

Para contratos de menor complexidade e menor risco econômico tais atribuições poderão ser simplificadas, limitando-se, por vezes, ao controle de prazos e aos atos de recebimento provisório e definitivo do objeto. Ainda, em caso de insuficiência de recursos humanos do órgão ou entidade, poderão ser desempenhadas por um único agente, devendo, a Administração, intensificar os controles internos que visem assegurar os resultados do contrato.

Vale destacar, aqui, a importância do controle, pela própria Administração contratante, quanto ao cumprimento das obrigações assumidas perante o contratante privado. Isso envolve, entre outros, responder, no prazo e adequadamente, as reclamações e solicitações, cumprir os prazos de recebimento do objeto, de liquidação da despesa e de pagamento, respeitar o direito à manutenção do equilíbrio econômico-financeiro do contrato em caso de alterações unilaterais, pagar valores corrigidos em caso de atraso. É fundamental o monitoramento de tais aspectos não apenas pelo controle interno, mas, também, pelo próprio gestor do contrato, como medida preventiva de irregularidades.

Por fim, a Lei estabelece o "modelo de gestão do contrato" como um dos parâmetros e elementos descritivos que devem estar contidos no termo de referência.[268] Também define o modelo de gestão do contrato como aquele "que descreve como a execução do objeto será acompanhada e fiscalizada pelo órgão ou entidade". Significa que, para além da sistemática de gestão contratual previamente definida para os contratos da organização, em cada contratação deverá ser definido, já na fase preparatória, restar definido o conjunto de atividades fiscalizatórias

---

[268] Conforme art. 6º, XXIII, "f" da Lei nº 14.133/2021.

a serem executadas, assim como seus responsáveis. Referido modelo deverá, ainda, constar do contrato, sendo indicado no art. 92, inc. XVIII da Lei como uma cláusula necessária, o que atribui mais transparência ao ajuste e maior segurança jurídica ao contratado em face do exercício, pela Administração contratante, da prerrogativa de fiscalização.

8.2.2 Designação dos agentes

Conforme determina o art. 117 da Lei nº 14.133/2021, o fiscal do contrato deve ser especialmente designado conforme requisitos estabelecidos no art. 7º. A regra deve se estender ao gestor do contrato sempre que, segundo normas internas ou regulamento aplicável ao órgão, essa atribuição for conferida a um servidor específico, ainda que dentro e um setor de contratos.

A menção à "designação especial" denota, rigorosamente, tratar-se de uma *função* pública que subordina ao agente a deveres e impõe responsabilidades.[269] Por essa razão, não é admissível a terceirização da fiscalização,[270] mas apenas o auxílio técnico de terceiro[271], se for o caso, nos termos do próprio art. 117.

De acordo com o art. 7º, são requisitos para a designação:

a) "ser, preferencialmente, servidor efetivo ou empregado público dos quadros permanentes da Administração Pública";
b) "ter atribuições relacionadas a licitações e contratos ou possuam formação compatível ou qualificação atestada por certificação profissional emitida por escola de governo criada e mantida pelo poder público"; e
c) "não ser cônjuge ou companheiro de licitantes ou contratados habituais da Administração nem tenham com eles vínculo de parentesco, colateral ou por afinidade, até o terceiro grau, ou de natureza técnica, comercial, econômica, financeira, trabalhista e civil".

---

[269] Segundo definição de Lucas Rocha Furtado, a *"função pública corresponde ao conjunto de atribuições conferidas ao agente público"*. (FURTADO, Lucas Rocha. *Curso de Direito Administrativo*. Belo Horizonte: Fórum, 2007. p. 876.)

[270] Há muito o Tribunal de Contas da União entende nesse sentido, como se verifica do Acórdão 3.464/2007, da Segunda Câmara.

[271] A propósito, o §2º do art. 14 da Lei nº 14.133/2021 estabelece que "a critério da Administração e exclusivamente a seu serviço, o autor dos projetos e a empresa a que se referem os incisos I e II do *caput* deste artigo poderão participar no apoio das atividades de planejamento da contratação, de execução da licitação ou de gestão do contrato, desde que sob supervisão exclusiva de agentes públicos do órgão ou entidade".

A designação deverá ser formal, documentada e integrar o processo de contratação pública.[272] A depender do caso concreto, poderá ocorrer logo na fase preparatória, de modo que o fiscal venha a dela participar, com a intenção de colaborar com a equipe de planejamento ou de compreender melhor os detalhes do contrato.

O ato deve indicar expressamente o objeto da designação, ou seja, o contrato a ser fiscalizado, assim como as atribuições a serem exercidas, de acordo com o regulamento. Lembra-se, mais uma vez, que tal regulamento é necessário, em vista do disposto no art. 8º da Lei nº 14.133/2021, que não deixa margem à discricionariedade da Administração quanto à decisão de editá-lo ou não.

8.2.2.1 Os requisitos para a designação do fiscal e do gestor de contrato, previstos no art. 7º da Lei nº 14.133/2021

A designação de fiscal de contrato é ato de natureza discricionária, de competência da autoridade superior, nos termos de regulamento. Contudo, como se viu, a Lei impõe a observância de requisitos, sem prejuízo de requisitos complementares que venham a ser fixados pelos órgãos e entidades por meio de normas próprias.

O agente público designado deverá ser, *preferencialmente*, servidor efetivo ou empregado público dos quadros permanentes da Administração Pública. A Lei não limitou, como se vê, à designação de servidores efetivos, mas, também, não autorizou a terceirização da gestão, nem da fiscalização do contrato. Somente profissionais com vínculo institucional com a Administração Pública, permanente ou transitório, poderão ser designados para tais atribuições. Releva observar a definição contida no inciso V do art. 6º da Lei nº 14.133/2021, referida no próprio art. 7º, de que se considera agente público o "indivíduo que, em virtude de eleição, nomeação, designação, contratação ou qualquer outra forma de investidura ou vínculo, exerce mandato, cargo, emprego ou função em pessoa jurídica integrante da Administração Pública". Destaca-se, ainda, que o vínculo do agente deverá ser com a *Administração Pública*, ou seja, com qualquer órgão ou entidade da "administração direta e indireta da União, dos Estados, do Distrito Federal e dos Municípios,

[272] São inúmeras as decisões do TCU nesse sentido, podendo ser citados os Acórdãos 1.264/2011, 265/2010, 775/2009 (Voto do Ministro Relator), 775/2009; 670/2008 e 100/2008, todos do Plenário.

inclusive as entidades com personalidade jurídica de direito privado sob controle do poder público e as fundações por ele instituídas ou mantidas", nos termos do inciso III, do mesmo art. 6º.

O agente público designado deverá ter atribuições relacionadas a licitações e contratos ou ter formação compatível ou qualificação atestada por certificação profissional emitida por escola de governo criada e mantida pelo poder público. O requisito se relaciona, claramente, à competência do agente para o desempenho de atribuições de tal relevância e não impõe observância cumulativa. A Administração deverá, sempre, dar preferência à designação de agente com conhecimentos técnicos na específica área do objeto contratado;[273] quando isso não for possível, deverá ser avaliada a conveniência e oportunidade de contratar profissional ou empresa para auxiliar o agente designado, conforme autorizado pelo art. 117 da Lei,[274] podendo, o próprio agente, realizar solicitação nesse sentido nas situações em que não se sinta plenamente capaz de atuar de forma suficiente.[275]

Note-se, contudo, que a responsabilidade pela fiscalização permanece com o fiscal, não sendo transferida à empresa contratada para auxiliá-lo. O mesmo art. 117, em seu §4º, prevê que a contratação de terceiros não eximirá de responsabilidade o fiscal do contrato, nos limites das informações recebidas do terceiro contratado, assumindo, o terceiro contratado, a responsabilidade civil objetiva pela veracidade e pela precisão das informações prestadas.

A certificação profissional emitida por escola de governo criada e mantida pelo poder público reflete a intenção de vincular a designação a uma formação profissional, por meio de cursos de média e longa duração que possam preparar, efetivamente, para o exercício das atribuições envolvidas. Não se trata, portanto, da realização de cursos rápidos, ainda que tais medidas sejam fundamentais à capacitação e ao aperfeiçoamento contínuo e, especialmente, à atualização do agente em relação aos temas envolvidos.

---

273 Nesse sentido, o Acórdão 785/2014-TCU/Plenário.

274 Nessa linha, o Acórdão 203/2002-TCU/Plenário.

275 O Tribunal de Contas da União já entendeu, na vigência da Lei nº 8.666/1993, pela obrigatoriedade da contratação de terceiro "quando a fiscalização reconhecidamente não dispuser de condições para, com seus próprios meios, desincumbir-se adequadamente de suas tarefas, seja pelo porte ou complexidade do empreendimento, seja pelo quadro de carência de recursos humanos e materiais que, não raro, prevalece no setor público." (Acórdão TCU 1930/2006 – Plenário, trecho do Voto do Relator, Min. Augusto Nardes.)

As atribuições de fiscalização devem guardar equivalência com o nível de complexidade das atribuições pertinentes ao cargo de origem e exigirem os mesmos requisitos de escolaridade. Não cabe exigir do agente público a aceitação de tarefa em nível de complexidade incompatível com as tarefas do seu cargo, incluindo aquelas que exigem, a rigor, nível superior de ensino.

Embora a Lei não faça referência, é fundamental observar, na designação, a existência de condições materiais para executar as tarefas abrangidas pela função, relacionadas à quantidade e à qualidade dos contratos que ficarão sob a responsabilidade do mesmo agente. Não é compatível com o princípio da eficiência a designação de um mesmo gestor ou fiscal para múltiplos contratos de naturezas distintas e complexas ou, ainda que de mesma natureza ou mais simplificados, de um número que não permita o bom desempenho das atribuições. Nessas condições, haverá mero atendimento formal do dever legal de designação e, na prática, risco de falhas e prejuízos que levarão, como visto, à responsabilização, inclusive da autoridade que designou.[276]

Nesse cenário, é fundamental destacar a necessidade de capacitar de forma adequada os agentes que desempenham tais funções. Não apenas conhecimentos técnicos sobre o objeto são necessários para a boa compreensão do que está sendo executado, mas também, conhecimentos sobre princípios e normas que regulam os contratos administrativos, sobre os entendimentos da doutrina especializada e a posição jurisprudencial dominante sobre os assuntos mais controversos, além dos procedimentos para operacionalizar a gestão e a fiscalização, garantindo a eficiência e a eficácia da atuação administrativa. É indispensável, pois, que os agentes designados como gestores e fiscais de contrato sejam preparados para tanto, mediante a participação em cursos, treinamentos, seminários, congressos e afins, promovidos pelo

---

[276] Por meio do Acórdão 839/2011, o Plenário do TCU entendeu, inclusive, pelo afastamento da responsabilidade do fiscal do contrato, diante de condições precárias de atuação:
"[...] precariedade das condições de trabalho propiciadas pela Seter aos executores técnicos. Causa espécie que o titular daquela Secretaria não tenha adotado as providências necessárias no sentido de munir esses executores de todas as condições necessárias ao bom e fiel cumprimento de suas atribuições. Afinal, eles eram os responsáveis pelo fornecimento das informações que fundamentaram a liquidação da despesa e o pagamento das entidades contratadas. Acrescento que, ao indicar servidores para o exercício cumulativo de várias funções, o Secretário da Seter praticou um ato imprudente, pois era possível antever que esses servidores não teriam condições de acompanhar a execução de todos esses contratos [...]. Demonstrado nos autos que a responsável pela fiscalização do contrato tinha condições precárias para realizar seu trabalho, elide-se sua responsabilidade."

setor público ou oferecidos pelo setor privado, de modo que possam adquirir condições para exercer suas atividades com segurança.[277]

Não poderão ser designados gestores ou fiscais de contrato agentes que forem cônjuges ou companheiro de contratados habituais da Administração ou que tenham com eles vínculo de parentesco, colateral ou por afinidade, até o terceiro grau, ou de natureza técnica, comercial, econômica, financeira, trabalhista e civil. A intenção, evidentemente, é garantir a observância dos princípios da moralidade, eficiência, eficácia e imparcialidade ou isonomia. É fundamental para a aplicação do dispositivo que a Administração defina, em regulamento, a expressão "contratados habituais da Administração", conferindo concretude ao conceito e possibilitando sua aplicação prática.

Por fim, não é possível ao agente indicado recusar a designação. Mas, se os requisitos para escolha, acima indicados, não estiverem sendo observados, o agente poderá e deverá se manifestar e solicitar, conforme o caso, a designação de outro em sua substituição ou a realização de capacitação e qualificação prévias e concomitantes ao exercício de suas atribuições, conforme o caso.[278]

8.2.3 Divisão de tarefas

A dinâmica de acompanhamento e fiscalização do contrato administrativo admite – e recomenda - a cisão de atribuições entre diferentes atores envolvidos. Assim, como se viu, fala-se em gestão e fiscalização e, ainda, em diferentes aspectos desta, sob a responsabilidade de agentes distintos.

---

277 Acórdão 1.610/13-TCU/Plenário: "9.3.3 institua política de capacitação [...] com o objetivo de estimular o aprimoramento dos servidores [...] na legislação e jurisprudência aplicáveis aos seus processos de trabalho, especialmente aqueles relacionados com as áreas de licitações e contratos, planejamento e execução orçamentária, acompanhamento e fiscalização contratual e outras áreas da esfera administrativa, de modo a subsidiar melhorias no desenvolvimento de atividades nas áreas de suprimentos/compras, licitações/contratos e recebimento e atesto de serviços, bem como identificação de fraudes, conluios e outros ilícitos relacionados às contratações da entidade."

278 Nesse sentido, o Acórdão 2.917/2010 – TCU/Plenário:
"5.7.7. O servidor designado para exercer o encargo de fiscal não pode oferecer recusa, porquanto não se trata de ordem ilegal. Entretanto, tem a opção de expor ao superior hierárquico as deficiências e limitações que possam impedi-lo de cumprir diligentemente suas obrigações. A opção que não se aceita é uma atuação a esmo (com imprudência, negligência, omissão, ausência de cautela e de zelo profissional), sob pena de configurar grave infração à norma legal (itens 31/3 do voto do Acórdão 468/2007-P)." (Trecho do Relatório do acórdão do Min. Valmir Campelo).

Conforme determina do art. 8º, §3º da Lei nº 14.133/2021, a regulamentação das atribuições de gestor e fiscais de contrato é obrigatória pelos entes federativos, que deverão, para isso, observar suas realidades.[279] É fundamental delimitar adequadamente as atribuições pertinentes a gestor e a fiscais e estabelecer as responsabilidades, imprimindo, assim, coerência e eficácia ao sistema, além de possibilitar a correta responsabilização, quando necessário. É essencial, ainda, que as atribuições e responsabilidades sejam conhecidas e estejam claras para todos os agentes envolvidos.

Em qualquer caso, o conjunto de atribuições de gestão e fiscalização deve permitir a identificação de ocorrências e a tomada de providências, preferencialmente preventivas, para evitar prováveis efeitos negativos sobre o interesse público envolvido. A definição e a divisão de atribuições deve considerar a obrigatoriedade de acompanhar e fiscalizar todos os aspectos *relevantes* ao cumprimento do contrato que estejam sob controle da Administração.

Independentemente do modelo adotado, a Administração deverá exercer de forma eficiente e eficaz a prerrogativa de fiscalização contida no art. 104, inc. III da Lei nº 14.133/2021. O mais importante é que a fiscalização abarque, efetivamente, todos os aspectos que precisam ser fiscalizados, cabendo a cada órgão ou entidade estabelecer os procedimentos e o *modus operandi* que melhor se adequem a sua realidade.

Em qualquer caso, deve-se levar em consideração, na divisão das atribuições, a complexidade técnica do objeto e a carga de atividades sob responsabilidade de cada agente, a ser avaliada qualitativa e quantitativamente. Assim, por exemplo, em dada organização, para certos contratos, pode ser suficiente e eficaz que o fiscal figure como responsável por tudo o que diga respeito aos aspectos técnicos da execução, incluindo o recebimento provisório, assumindo, por sua vez, o gestor, todas as demais atribuições, relacionadas a obrigações acessórias ou secundárias, aos procedimentos internos, à comunicação externa, a autorizações etc. A natureza do contrato e de seu objeto, assim como as peculiaridades da organização, podem demonstrar que essa divisão é adequada, garantindo eficiência sem sobrecarga aos agentes. Em outros contratos, o gestor pode assumir a posição efetiva de gestão dos

[279] Por exemplo, o Decreto Federal 11.246/2022, vigente no âmbito da administração pública federal direta, autárquica e fundacional, traz atribuições de gestão, fiscalização técnica e fiscalização administrativa.

procedimentos internos e de coordenação de uma equipe de fiscais, entre os quais serão divididas as atribuições de fiscalização dos aspectos relacionados à execução material e formal do contrato. E outros modelos ainda podem ser concebidos sem risco de serem desqualificados, desde que preservem os objetivos e resultados pretendidos pela Lei.

Em qualquer caso, gestor e fiscais devem atuar em conjunto, harmonicamente, de forma dialogada e coordenada. Decisões e providências que ultrapassem a respectiva competência deverão ser solicitadas ao agente ou autoridade hierarquicamente superior, em tempo hábil, para evitar prejuízos à execução.

A título sugestivo, podem ser relacionadas como atribuições típicas de gestão e de fiscalização:

Fiscalização	Gestão
• Acompanhamento da execução do objeto • Verificação de cumprimento de obrigações pelo contratado, relacionadas diretamente com a execução, mas, também, relacionadas ao cumprimento do contrato como um todo • Medição resultado ou qualidade, quando for o caso • Registro das falhas e irregularidades verificadas, com fixação de prazo para a correção • Solicitação de apoio ou auxílio técnico ou jurídico, sempre que necessário • Encaminhamento de relatório ao gestor, em caso de não solução das falhas e irregularidades verificadas • Recebimento provisório do objeto	• Acompanhamento gerencial do contrato • Coordenação da equipe de fiscalização • Supervisão de tarefas de fiscalização • Solicitação de abertura do processo administrativo visando a aplicação de sanções, conforme relatório da fiscalização • Solicitação de apoio ou auxílio técnico ou jurídico, sempre que necessário • Instrução de procedimentos visando alteração contratual, prorrogação de prazos, reequilíbrio econômico-financeiro, aplicação de sanções e rescisão • Indicação de glosas e retenções devidas • Recebimento definitivo do objeto • Encaminhamento do processo para pagamento, de acordo com o relatório dos fiscais • Acompanhamento do cumprimento do prazo para liquidação da despesa e para pagamento ao contratado, com notificação ao contratado em caso de atraso

8.3 Manutenção de preposto pelo contratado no caso de obras e serviços

O contratante privado deverá não só indicar, mas *manter* preposto aceito pela Administração no local da obra ou serviço, conforme claramente determina o art. 118 da Lei nº 14.133/2021. O representante da contratada *deve estar presente* no local da execução, com frequência determinada conforme as necessidades do objeto. A imposição se justifica na medida em que o preposto é o canal de comunicação entre a Administração e a contratada, a quem serão apontadas eventuais falhas e transmitidas determinações e orientações, sempre por escrito.[280]

O preposto é figura essencial à fiscalização do contrato, cumprindo especial função nos contratos de serviços contínuos com regime de dedicação exclusiva de mão de obra, evitando a caracterização da subordinação hierárquica[281] em razão da relação estabelecida entre empregados da empresa e o fiscal, minimizando o risco de responsabilização da Administração por encargos trabalhistas perante o Poder Judiciário.[282]

O preposto é a pessoa que representa a contratada perante a Administração e, portanto, deve estar autorizado a falar e agir em nome dela. Tal autorização deve ser formal, por meio de instrumento adequado de delegação de poderes, contendo detalhada e expressamente o conteúdo e os limites da autorização. Cabe à contratada designá-lo, a seu critério, antes do início da execução, podendo ou não ser o mesmo profissional indicado como responsável técnico pela obra ou serviço. A Administração, poderá recusá-lo, motivadamente, com base em critérios técnicos, considerando sua aptidão para a execução das atividades e em antecedentes de atuação em outros contratos, desde que oportunamente registrados, entre outros motivos que possam sugerir risco de prejuízo ao bom andamento da execução.

---

[280] Por meio do Acórdão 265/2010 – Plenário, o TCU determinou, na vigência da Lei 8.666/1993, que a Administração *exija* formalmente das empresas contratadas a designação de preposto, a ser mantido no local dos serviços, para representá-las durante a execução do contrato de prestação de serviços".

[281] Estabelece o art. 3º da Consolidação das Leis do Trabalho – CLT: "*Art. 3º. Considera-se empregado toda pessoa física que prestar serviços e de natureza não eventual a empregador, sob a dependência deste e mediante salário*".

[282] Em decorrência do entendimento consolidado na Súmula de Jurisprudência do Tribunal Superior do Trabalho 331/TST e do disposto no art. 121, §2º da Lei nº 14.133/2021.

8.4 O plano de fiscalização

O plano de fiscalização é uma ferramenta de extrema utilidade em contratos de maior complexidade. Trata-se de delimitar, previamente, de acordo com o modelo de gestão indicado no contrato por força do art. 92, inc. XVII da Lei nº 14.133/2021, os padrões de rotinas procedimentos a serem seguidos durante a etapa de execução e os principais pontos de controle, bem como identificar as medidas cabíveis para evitar ou conter o desvirtuamento da execução do objeto, a rigor, constantes dos mapas de riscos, se existirem.

Não há uma definição legal para o plano de fiscalização, nem mesmo uma referência na Lei nº 14.133/2021 para tal instrumento. Contudo, sua existência se mostra alinhada aos objetivos de eficiência e eficácia da gestão contratual, servindo de bússola para a atuação dos agentes.

Gestores e fiscais atuarão com base no plano de fiscalização, que será divulgado ao contratante privado em reunião prévia ao início da execução, na qual serão esclarecidas as dúvidas existentes e assinalados os aspectos considerados mais importantes para o cumprimento do contrato.

Destaca-se que o plano de fiscalização é único para cada contrato, considerando os aspectos peculiares da fiscalização em cada caso, à luz do seu objeto e demais especificidades.

8.5 Atuação de gestores e fiscais

Gestor e fiscal de contrato atuarão com base nas normas, nos manuais e no plano de fiscalização, quando houver, acompanhando o contrato passo a passo e atentando, em especial, para:

a) pontualidade no cumprimento de prazos;
b) cumprimento de obrigações previdenciárias e trabalhistas, se for o caso;
c) ocorrência de falhas técnicas na execução do objeto;
d) necessidade de prorrogações de prazo;
e) necessidade de alterações contratuais;
f) ocorrência de subcontratação indevida;
g) verificação da satisfação dos usuários dos serviços, quando for o caso.

A fiscalização deve ser sistemática e documentada, com anotação das ocorrências em registro próprio e formalização das determinações necessárias à regularização das falhas verificadas, em conformidade com o § 1º do art. 117 da Lei nº 14.133/2021.

É fundamental que a documentação dos atos de gestão e fiscalização seja realizada de forma oportuna e suficiente, facilitando, assim, a análise e conclusão acerca da sua regularidade pelo respectivo Tribunal de Contas e minimizando as possibilidades de apontamentos.

Destaca-se, ainda, a importância de instituir metodologia de análise da eficiência e da eficácia da gestão contratual, que permita identificar falhas e aprimorar o desempenho de gestores e fiscais no exercício de suas atribuições, especialmente para evitar a repetição de erros e aperfeiçoá-la ao longo do tempo.

8.5.1 Forma de documentação das ocorrências

O registro das ocorrências é um dever, não havendo discricionariedade no tocante a produzir ou não documentos formais destinados a tanto.[283] A ausência de tais documentos implicará na responsabilização do agente, pela impossibilidade de fazer prova em seu favor em caso de apuração de irregularidades. A mera alegação de que a fiscalização ocorreu de forma apropriada não será, em qualquer situação, suficiente para afastar a responsabilidade. Vale salientar que, nos modelos de fiscalização em que o gestor assume a posição de coordenador e responsável pela gestão contratual, compete-lhe atentar para irregularidades nesse sentido, zelando pela observância das formalidades devidas.

Não há um padrão documental estabelecido para o registro das ocorrências verificadas. Nesse ponto, há liberdade para a Administração identificar e estabelecer mecanismos que se mostrem eficientes, transparentes, seguros e rastreáveis, de acordo com a sua realidade, preferencialmente valendo-se de sistema eletrônico de informações.

O Tribunal de Contas da União, reiteradamente, tem decidido pelo dever da Administração de adotar providências que viabilizem a efetiva fiscalização dos contratos e assegurem o cumprimento das condições contratuais tanto pelas empresas contratadas como pelos fiscais dos contratos, orientando o fiscal para que elabore, periodicamente, relatórios de acompanhamento de execução. A Administração deve,

[283] Nesse sentido é o Acórdão 137/2010 – TCU – 1ª Câmara.

ainda segundo a Corte de Contas, adotar mecanismos de fiscalização que permitam verificar quantidade e qualidade dos serviços prestados e pagar apenas quando prestados na sua totalidade, mediante evidência documental de sua realização conforme previsto e após o efetivo controle dos fiscais do contrato.[284]

Gestores e fiscais deverão elaborar documentos que formalizem o registro de suas atividades, especialmente o registro de irregularidades e de providências determinadas à contratada para a sua correção.

Entre outros, podem ser indicados os seguintes documentos, pertinentes à atuação de gestor e fiscais de contrato:

Elaborados pelo fiscal	Elaborado pelo gestor
• Boletins de Fiscalização (BF) • Relatórios Periódicos de Acompanhamento (RPA) • Notificações de Infração Contratual (NIC), com prazo para providências • Registro de Infração Contratual (RIC) e Relatório Específico (RE) • Registro de Alteração do Cronograma de Execução (SACEX) • Solicitação de Modificação Contratual (SMC) • Relatórios de Medição e Solicitação de Pagamento (RMSP)	• Solicitação de Modificação Contratual (SMC) • Solicitação de Abertura do Processo Administrativo para Apuração de Responsabilidade e Aplicação da Sanção (SAP) • Relatório de Avaliação Contratual em caso de prorrogação da vigência, modificação contratual, reequilíbrio econômico-financeiro e extinção contratual (RAC)

A aplicação prática desses instrumentos de fiscalização, de cunho meramente sugestivo, encontra-se explicitada nos Anexos ao final desta obra.

A utilização de registros eletrônicos ou de ferramentas de tecnologia da informação desenvolvidas especialmente para a gestão e a fiscalização dos contratos são práticas eficientes que podem e devem ser adotadas.

---

[284] Ver Acórdão 137/2010 – Primeira Câmara, Acórdão 616/2010 – Segunda Câmara e Acórdão 265/2010 – Plenário.

8.5.2 Requisitos para gestão e fiscalização adequadas

Alguns requisitos se mostram indispensáveis ao bom desempenho das atividades inerentes à gestão e à fiscalização de contratos administrativos:

a) Existência de metodologia de fiscalização predefinida e de um plano de fiscalização;
b) Fiscais e gestores com bom conhecimento dos princípios e normas que regem a atuação administrativa e, especialmente, as licitações e contratos;
c) Fiscais e gestores capacitados e treinados para a gestão e fiscalização;
d) Manutenção de uma relação de parceria entre a Administração e a empresa contratada;
e) Contato facilitado com o preposto;
f) Comunicação eficiente entre gestor, fiscais e o órgão de assessoramento jurídico;
g) Ciência, pelo fiscal, dos detalhes do contrato e do edital, bem como dos documentos da fase preparatória da contratação;
h) Manutenção de registro formal, documentado e organizado de ocorrências;
i) Aplicação, pelo fiscal, da lógica da prevenção;
j) Desvinculação do fiscal das atribuições de origem, conforme o caso.

8.5.2.1 Existência de metodologia de fiscalização predefinida e de plano de gestão e fiscalização

A existência de metodologia predefinida traz clareza e objetividade acerca das atividades a serem desenvolvidas, especialmente em relação às atribuições de cada agente e a dinâmica com que se desenvolverá a rotina de gestão e fiscalização do contrato específico, facilitando o desempenho satisfatório e os melhores resultados. Nessa linha, o modelo de gestão do contrato deve ser elaborado de forma cuidadosa e realista, identificando os principais pontos de controle, considerando as medidas de gestão de riscos cabíveis.

O plano de fiscalização pode ser elaborado como documento complementar, quando necessário em razão da natureza do contrato e seu objeto. O documento conterá os principais pontos de controle relacionados ao contrato a ser fiscalizado, bem como rotinas específicas e procedimentos cabíveis para evitar ou conter o desvirtuamento da execução do objeto.

8.5.2.2 Fiscais e gestores com bom conhecimento dos Princípios Constitucionais da Administração Pública, dos princípios que regem as licitações e contratos e das regras da Lei nº 14.133/2021

Gestores e fiscais de contratos devem conhecer o ordenamento jurídico que rege as contratações públicas, pois a conformidade com tais normas validará os atos praticados no exercício dessas funções. Não se trata de exigir que conheçam com profundidade, prerrogativa daqueles que atuam na área jurídica, mas de possuírem certa intimidade com esse ambiente normativo, suficiente para atuarem com segurança.

Em caso de dúvidas jurídicas, a Lei nº 14.133/2021 prevê a possibilidade de solicitar auxílio ao órgão de assessoramento jurídico, para prevenir riscos na execução do contrato.[285]

8.5.2.3 Fiscais e gestores capacitados e especificamente treinados para a gestão e fiscalização

As atividades de gestão e fiscalização do contrato administrativo não são, em regra, inerentes a nenhum cargo ou emprego público para o qual o agente seja provido mediante concurso público. O profissional que integra os quadros públicos e vem a assumir a função de fiscal ou de gestor de contrato não se preparou para atuar com essa finalidade. Muitas vezes, não tem qualquer experiência administrativa, gerencial e burocrática, mas apenas decorrente do exercício de funções correlatas a sua formação profissional e técnica. É o que se passa, por exemplo, com médicos, enfermeiros, professores e engenheiros que são designados para tais funções. De outro lado, aqueles que ocupam cargos com viés mais administrativo podem não possuir a expertise necessária para atuar com a gestão e a fiscalização dos contratos, seara regida por norma própria e sujeita à rigorosa fiscalização por parte dos órgãos de controle.

Desse modo, é indispensável que a autoridade superior proporcione a seus agentes a capacitação e o treinamento específicos para o desempenho das funções de gestor e fiscal de contrato, mantendo-os

---

[285] Ver art. 117, §3º da Lei nº 14.133/2021.

em constante atualização e aperfeiçoamento. A Lei nº 14.133/2021 traz implícito esse dever, ao estabelecer, no art. 11, que a designação de tais atentes ocorrerá mediante gestão por competências.[286] Ainda, estabelece que, na fase preparatória, por ocasião do estudo técnico preliminar, deverá ser identificada a necessidade de capacitação dos agentes que atuarão na gestão e na fiscalização.[287]

8.5.2.4 Busca, pela Administração, de uma relação de parceria junto à empresa contratada

Uma relação de parceria possibilita a satisfação dos interesses de todas as partes envolvidas. Não se pode falar em parceria entre contratante público e privado sem enfatizar a necessidade de colaboração para o alcance de objetivos que são distintos, em uma relação permeada pela instabilidade do vínculo decorrente da supremacia do interesse público e pela possibilidade de aplicação de sanções ao contratante privado. A parceria, nesses casos, apenas será obtida com uma conduta transparente entre as partes, atenta aos princípios da boa-fé e da lealdade.

Especialmente no que concerne à Administração, é fundamental que o contratante privado não seja tratado como um oponente por visar a satisfação de seus próprios interesses. Não é, só por si, ilícito que almeje lucro e vantagens econômicas por meio do contrato, razão pela qual tal intento não pode ser visto, desde logo, como má fé. Afinal de contas, não é outro o motivo pelo qual o particular ingressa em uma licitação pública. Durante a vigência do contrato, a Administração deve fazer a leitura correta das diferentes situações ocorridas, buscando compreendê-las também a partir da posição ocupada pelo contratante privado. Deve atuar buscando estabelecer uma relação de confiança, um ambiente dialogado, que permita uma relação de colaboração.

---

[286] O Tribunal de Contas da União há muito vem recomendando essa prática, conforme se verifica nos Acórdãos 478/2006 e 1.159/2013, ambos do Plenário.

[287] "Art. 18. A fase preparatória do processo licitatório é caracterizada pelo planejamento e deve compatibilizar-se com o plano de contratações anual de que trata o inciso VII do **caput** do art. 12 desta Lei, sempre que elaborado, e com as leis orçamentárias, bem como abordar todas as considerações técnicas, mercadológicas e de gestão que podem interferir na contratação, compreendidos: (...)
§ 1º O estudo técnico preliminar a que se refere o inciso I do *caput* deste artigo deverá evidenciar o problema a ser resolvido e a sua melhor solução, de modo a permitir a avaliação da viabilidade técnica e econômica da contratação, e conterá os seguintes elementos: (...)
X - providências a serem adotadas pela Administração previamente à celebração do contrato, inclusive quanto à capacitação de servidores ou de empregados para fiscalização e gestão contratual;"

O primeiro passo nessa direção é tornar claras desde logo as regras do jogo. O contratante privado precisa saber, com exatidão, além dos detalhes da execução, a rigor, explícitos desde a publicação do edital, dos detalhes da gestão e da fiscalização. Esclarecer a dinâmica pela qual isso ocorrerá é fundamental. Segundo o que estabelece o art. 92, inciso XVIII da Lei nº 14.133/2021, o contrato *deverá* trazer, expressamente, o *modelo de gestão de contrato*, conforme previsto em regulamento, descrevendo como a execução do objeto será acompanhada e fiscalizada pelo órgão ou entidade.

O segundo passo é firmar e honrar o compromisso de atendimento das demandas do contratante privado, quando legítimas. Não é admissível que falhas de comunicação dificultem ou impossibilitem atuação nesse sentido. É imprescindível determinar os canais de comunicação que serão utilizados, os horários em que os agentes públicos estarão disponíveis para contato, as formas alternativas de comunicação, os prazos para resposta. Nesse contexto, a Lei nº 14.133/2021 estabelece, em seu art. 132, que a Administração *tem o dever* de explicitamente emitir decisão sobre todas as solicitações e reclamações relacionadas à execução dos contratos, ressalvados os requerimentos manifestamente impertinentes, meramente protelatórios ou de nenhum interesse para a boa execução do contrato. Ainda, em seu art. 92, incisos X e XI, determina que o contrato *deverá* indicar os prazos para resposta às duas principais solicitações que podem ser realizadas pelo contratante privado, quais sejam, pedidos de repactuação e de restabelecimento do equilíbrio econômico-financeiro. É fundamental que a Administração seja efetiva nesse sentido, abolindo ações protelatórias e prejudiciais à confiança recíproca.

O terceiro passo, de extrema importância, é possibilitar ao contratante privado a compreensão exata do processo que poderá conduzir a aplicação de sanções. As sanções cabíveis em caso de descumprimento do contrato devem estar obrigatoriamente previstas no termo de contrato, conforme impõe o art. 92, inc. XIV, mas é recomendável que, também o processo administrativo para apuração de responsabilidade e aplicação de sanção, esteja explicitado ou, ao menos, a referência aos dispositivos do regulamento no qual ele se encontrar disciplinado. Neste cenário, conhecedor dos motivos e das condições para a aplicação de sanções, o contratado de boa-fé não apenas buscará evitar as condutas puníveis, como também se sentirá mais seguro quanto à observância do princípio da legalidade, o que refletirá, diretamente, nos resultados da contratação.

8.5.2.5 Contato facilitado com o preposto

É imprescindível que o preposto do contratante privado esteja disponível à Administração sempre que se fizer necessário. A indicação de um preposto não deve ocorrer apenas *pro forma,* para dar cumprimento a uma exigência legal, sendo indispensável que esse papel seja desempenhado corretamente. Nesse sentido, devem estar explicitados no termo de contrato como deveres do contratado facilitar a fiscalização, permitir amplo acesso ao objeto em execução e atender prontamente as solicitações do fiscal e do gestor.

Como já destacado em outro tópico, a Lei impõe a *manutenção* do preposto no local da execução da obra ou serviço, o que significa que ele *deve* estar presente, não sendo suficiente sua mera disponibilidade para contato na sede da empresa contratada. A periodicidade dessa presença pode ser disciplinada de acordo com a necessidade do objeto, obrigando, nesse caso, a existência de um contato direto e facilitado, mesmo que à distância.

8.5.2.6 Comunicação eficiente entre gestor, fiscal e órgão de assessoramento jurídico

A comunicação entre as diferentes instâncias administrativas e atores do processo, especialmente gestor, fiscal e órgão de assessoramento jurídico deve ser a melhor possível para possibilitar a agilidade na tomada de providências necessárias ao bom andamento do contrato.

A interação deve ser adequada sob os aspectos do tempo em que os atos são praticados e de seu conteúdo. À luz do princípio da eficiência, todas as comunicações devem ocorrer em prazo mínimo e qualquer falha injustificável e imotivada demanda apuração de responsabilidade. A Lei nº 14.133/2021 proíbe o retardamento imotivado da execução da obra ou serviço,[288] podendo tal regra abarcar situações em que o atraso venha a ocorrer em razão da demora na manifestação de agentes ou setores competentes.

---

[288] Ver art. 115, §1º da Lei nº 14.133/2021.

No tocante ao conteúdo das informações, deve ser preciso e suficiente para impulsionar o processo e permitir seu avanço sem deixar margem para dúvidas elementares que possam produzir atraso. A Lei nº 14.133/2021 prevê, em seu art. 117, §3, que o fiscal do contrato deverá ser auxiliado pelo órgão de assessoramento jurídico, dirimindo dúvidas e subsidiando com informações relevantes para prevenir riscos na execução contratual, destacando, assim, a relevância dessas orientações também para a etapa de execução contratual. É fundamental que a forma como esse auxílio será prestado seja regulamentada pelo ente federativo, observando, no tocante à forma e aos prazos, as necessidades decorrentes das diferentes situações que podem demanda-lo. No caso de emissão de manifestações escritas, a disposição prevista no inciso II do art. 53 deve ser observada também nesse caso, devendo, o assessor jurídico, redigir sua manifestação em linguagem simples e compreensível e de forma clara e objetiva, com apreciação de todos os elementos indispensáveis e com exposição dos pressupostos de fato e de direito levados em consideração na análise jurídica.

8.5.2.7 Ciência, pelo fiscal, dos detalhes do contrato, do edital e do termo de referência

Uma boa fiscalização depende de um estudo prévio aprofundado dos termos do ajuste. É necessário conhecer de antemão todos os direitos, deveres e obrigações, os prazos e as condições, as regras e as exceções. Apenas assim se poderá falar em atuação consciente e direcionada à eficiência e à eficácia da contratação. O fiscal não poderá exigir o cumprimento de prazos se não os conhecer, nem poderá exigir alterações na execução se não souber dos detalhes dos projetos. Da mesma forma, o gestor não poderá analisar o cabimento de alterações contratuais sem partir das convenções iniciais e sem conhecer os objetivos da contratação, entre outros tantos exemplos possíveis.

Vale destacar o teor do Acórdão 3903/2008, do Plenário do TCU, exarado na vigência da Lei nº 8.666/1993, mas que bem retrata a necessidade de uma atuação consciente e responsável por parte dos fiscais. Na oportunidade, o Tribunal entendeu que o servidor agiu com "pouco zelo na fiscalização" ao admitir, para fins de atesto das notas fiscais relativas ao transporte de mobiliário e bagagens, ora o cálculo do peso, ora o cálculo do m^3, quando seu dever era diligenciar para que os dados fossem lançados conforme o previsto no edital e relatar os defeitos ocorridos durante a execução. Conforme apurou o Tribunal, a falta de discriminação, em notas fiscais, do volume transportado inviabilizou a exata quantificação do prejuízo e a utilização de parâmetro de pagamento em desacordo com o edital e o contrato onerou indevidamente a Administração, pelo que aplicou multa aos responsáveis.

8.5.2.8 Manutenção de registro formal, documentado e organizado de ocorrências

A documentação dos atos praticados em virtude da gestão e da fiscalização é imposição da própria Lei nº 14.133/2021, estabelecendo, o § 1º do art. 117, o dever e a obrigação de anotar em registro próprio as ocorrências relacionadas com a execução do contrato. Há, portanto, um processo de gestão e fiscalização específico, onde serão realizados todos os registros pertinentes a esta fase da contratação pública.

A materialização documental das atividades possibilita vislumbrar concretamente a existência da gestão contratual e seus detalhes. Além de possibilitar o controle dos atos praticados em razão do exercício das funções de gestão e fiscalização, trazendo seu histórico, garante ao próprio agente público condições de adequada defesa, em caso de futura necessidade. Do ponto de vista do contratante privado, confere-lhe segurança quanto à observância, pela Administração, do modelo de gestão do contrato e viabiliza o exercício do contraditório e da ampla defesa, com acesso a todas as informações necessárias.

8.5.2.9 Aplicação da lógica da prevenção

A atuação do fiscal do contrato deve ser essencialmente preventiva. A função de fiscalizar deve ser desempenhada no intuito de prever e evitar possíveis falhas e problemas. A possibilidade de evitar problemas será maior ou menor, de acordo com a natureza do contrato e o objeto que estiver sendo executado e, certamente, da capacidade do agente para exercer a função de fiscalização.

O fiscal deve estar integralmente envolvido com a execução contratual, de modo que possa tomar as providências cabíveis não apenas para regularizar falhas, mas para preveni-las. Assim atuará, por exemplo, o fiscal que conferir, ainda que por amostragem, os materiais a serem empregados na obra antes do início da respectiva etapa de execução. Atuando dessa forma, evitará que o contratado use materiais de má qualidade, em desconformidade com o que foi contratualmente avençado; afastará a possibilidade de atraso na execução, que ocorreria caso constatasse a falha somente no transcorrer dos trabalhos, após a execução parcial, e impedirá prejuízo ainda maior ao interesse público, decorrente de um eventual desmoronamento do que houvesse sido construído, ferindo pessoas e danificando e equipamentos. Tal conduta, como se pode observar, direcionará a obra para seu regular recebimento, no tempo previsto e dentro das especificações avençadas.

8.5.2.10 Desvinculação do fiscal das atribuições de origem

Fiscalizar contratos administrativos é uma função pública. A natureza e o vulto das atribuições desempenhadas a este título, assim como as responsabilidades envolvidas, são suficientes para permitirem a afirmação de que ser fiscal de contrato é executar uma função pública específica e especial, não meramente suplementar ou acessória. Requer atenção diferenciada, envolvimento integral e agilidade na atuação, o que, a rigor, impõe dedicação exclusiva, especialmente em caso de fiscalização simultânea de mais de um contrato. Portanto, o regular desempenho dessa função pode implicar afastamento do fiscal de suas atribuições originais, relativas ao seu cargo. Do contrário, limites humanos intransponíveis impedirão a execução satisfatória dessas atividades, em prejuízo, especialmente, da eficácia dos contratos administrativos. A ineficiência e o prejuízo ao interesse público são consequências lógicas da sobrecarga e do acúmulo de funções, apenas sendo possível responsabilizar o fiscal por atuação inadequada em condições ideais de trabalho. Desse modo, sempre que possível, de acordo com as particularidades de cada Administração e seus respectivos contratos, recomenda-se que a função de fiscalização de contrato não seja acumulada com as atribuições relacionadas ao cargo de origem.

8.6 Assessoramento do fiscal por terceiros

O art. 117 da Lei nº 14.133/2021 prevê a possibilidade de que o fiscal seja assessorado por terceiros, assistindo-o e subsidiando-o de informações pertinentes. O intuito é, principalmente, possibilitar que contratos com objetos específicos sejam acompanhados e fiscalizados de maneira eficiente, em especial no tocante a questões de natureza técnica que possam fugir ao alcance do fiscal.

O § 2º do art. 13 da Lei nº 14.133/2021 estabelece que, a critério da Administração, o autor dos projetos e a empresa responsável pela sua elaboração poderão participar no apoio das atividades de gestão do contrato, desde que sob supervisão exclusiva de agentes públicos do órgão ou entidade.

O §4º do art. 117 regula as regras sobre a divisão de responsabilidades, estabelecendo, em seu inciso I, que a empresa ou o profissional contratado assumirá responsabilidade civil objetiva pela veracidade e pela precisão das informações prestadas e firmará termo de compromisso de confidencialidade, além de ser-lhe vedado exercer atribuição própria e exclusiva de fiscal de contrato. Ainda, seu inciso II prevê que a contratação de terceiros *não eximirá* de responsabilidade o fiscal do contrato, nos limites das informações recebidas do terceiro contratado, ou seja, dentro do que lhe for possível exigir, considerando as limitações técnicas que tornaram necessária à contratação do terceiro.

8.6.1 Vedação à terceirização do acompanhamento e da fiscalização

Não há que se falar em terceirização da atividade de fiscalização, que corresponde, como visto, a atribuições pertinentes a uma função pública. O que a Lei permite é a contratação de terceiros para auxiliar o fiscal sempre que necessário.

Ademais, a impossibilidade de trespasse da função a terceiro alheio aos quadros públicos é imprescindível para preservar o patrimônio público e os princípios da legalidade, moralidade, eficiência e economicidade. Com efeito, não se pode exigir do particular que conheça intimamente o regime jurídico dos contratos públicos, fato que, somado à inexistência da responsabilidade pessoal que decorre do vínculo funcional com a Administração, prejudica o necessário comprometimento com a atividade de fiscalização. Assim, a Administração pode se valer de terceiros apenas para auxiliar e subsidiar o fiscal no tocante a informações técnicas, e exclusivamente no caso de inexistirem condições adequadas e suficientes para a fiscalização por ele próprio.

8.7 Fiscalização do cumprimento de encargos resultantes da execução

Conforme estabelece o art. 121 da Lei nº 14.133/2021, "somente o contratado é responsável pelos encargos trabalhistas, previdenciários, fiscais e comerciais resultantes da execução do contrato". De acordo com os seus §§ 1º e 2º, a responsabilidade pelo pagamento desses encargos não é transferida à Administração contratante, exceto na contratação de serviços contínuos com regime de dedicação exclusiva de mão de obra, nas quais subsistirá, para a Administração, a responsabilidade solidária pelos encargos previdenciários e subsidiária pelos encargos trabalhistas, se comprovada falha na fiscalização do cumprimento das obrigações pelo contratado.[289] Assim, o risco de responsabilização da Administração acarreta, consequentemente, o dever de fiscalização durante a execução do contrato, em relação aos empregados envolvidos na execução do objeto.

8.7.1 Responsabilidade da administração por encargos previdenciários

O art. 121, § 2º da Lei nº 14.133/2021 fixa a responsabilidade solidária da Administração pelos encargos previdenciários resultantes da execução. A solidariedade divide a responsabilidade entre Administração e contratado, podendo, qualquer um, ser desde logo demandado pela totalidade da dívida, sem benefício de ordem. A responsabilidade solidária recai apenas sobre os encargos relacionados aos trabalhadores vinculados ao contrato, sendo, portanto, irrelevante a situação geral da empresa perante o órgão previdenciário.

O art. 31 da Lei nº 8.212/1991, com redação dada pela Lei nº 11.933/2009, prevê para o contratante de serviços executados mediante cessão de mão de obra[290] o dever de reter 11% (onze por cento) do

---

[289] O Decreto Federal nº 12.174/2024 dispõe sobre as garantias trabalhistas a serem observadas na execução dos contratos administrativos no âmbito da administração pública federal direta, autárquica e fundacional e estabelece, no parágrafo único do art. 3º, que "[O]s contratos de serviços contínuos com regime de dedicação exclusiva de mão de obra conterão cláusulas que assegurem o cumprimento de obrigações trabalhistas pelo contratado, nos termos do disposto no art. 121, § 3º, da Lei nº 14.133, de 1º de abril de 2021, observado o disposto no art. 8º do Decreto nº 9.507, de 21 de setembro de 2018."

[290] Conforme § 3º do art. 31 da Lei 8.212/1991, com redação dada pela Lei 9.711, de 20.11.1998, "a colocação à disposição do contratante, em suas dependências ou nas de terceiros, de segurados que realizem serviços contínuos, relacionados ou não com a atividade-fim da

valor bruto da nota fiscal ou fatura de prestação de serviços e de recolher, em nome da empresa cedente da mão de obra, ou até o dia útil imediatamente anterior se não houver expediente bancário naquele dia, a importância retida até o dia 20 (vinte) do mês subsequente ao da emissão da respectiva nota fiscal ou fatura. Esse procedimento confere à Administração ferramenta concreta para garantir o cumprimento das obrigações patronais junto ao Instituto Nacional da Seguridade Social (INSS), referentes ao contrato em execução. A empresa, de seu lado, recolhe mensalmente sobre o salário de seus empregados o percentual devido e a Administração, por força do dispositivo citado, promove a retenção sobre a fatura, realizando-se, posteriormente, a compensação dos créditos se houver recolhimento superior.

A responsabilidade pelo recolhimento dos valores é do contratado, atuando a Administração como espécie de substituta tributária. O risco de responsabilização previsto na Lei é mitigado, mas remanesce,

empresa, quaisquer que sejam a natureza e a forma de contratação". Para as demais espécies de contratos, não executados mediante cessão de mão de obra, não há que se falar em responsabilidade solidária, haja vista os próprios termos do referido art. 31. O Parecer AC-055 da AGU abordou o assunto sob o enfoque dos contratos da construção civil executados com cessão de mão de obra: "26. Assim, ainda que a realização de obras de construção civil demande a utilização de mão-de-obra da empresa contratada, a legislação previdenciária distingue essa situação, em que o contratado assume a responsabilidade direta e total pela obra ou repassa o contrato integralmente (Lei 8.212/1991, art. 30, VI), daquela outra em que são realizados meros serviços de construção civil, nesse caso sim mediante a efetiva cessão de mão de obra à Administração Pública (Lei 8.212/1991, art. 31). E, diante do que prevê o art. 71, § 2º da Lei 8.666/1993, com a redação dada pela Lei 9.032/1995, somente neste último caso a Administração passou a responder solidariamente com o contratado pelas contribuições previdenciárias por ele devidas. [...] 37. [...] a partir da Lei 9.032/1995, até 31.01.1999 (Lei 9.711/1998, art. 29), a Administração Pública passou a responder pelas contribuições previdenciárias solidariamente com o cedente de mão-de-obra contratado para a execução de serviços de construção civil executados mediante cessão de mão-de-obra, nos termos do art. 31 da Lei 8.212/1991 (Lei 8.666/1993, art. 71, § 2º), não sendo responsável, porém, nos casos dos contratos referidos no artigo 30, VI da Lei 8.212/1991 (contratação de construção, reforma ou acréscimo). [...] 39. Definidas essas premissas em tese, que poderão ser aplicadas aos casos análogos se o presente parecer vier a ser aprovado nos termos do art. 40, § 1º da Lei Complementar 73/1993, cabe ainda analisar a situação dos casos concretos que lhe deram origem, não sem antes fazer uma última observação genérica, aplicável a todos os órgãos e entidades da Administração Federal: o enquadramento dos contratos referentes a obras públicas, diferenciando-os entre uma contratação de obra de construção, reforma ou acréscimo (Lei 8.212/1991, art. 30, VI) ou uma contratação de serviço de construção civil executado mediante cessão de obra (Lei 8.212/1991, art. 31), para se definir, atualmente e no futuro, a necessidade de retenção, ou não, das respectivas contribuições previdenciárias, existente apenas nesta última situação, deve observar estritamente o disposto na Instrução Normativa MPS/SRP 03/2005, bem como os atos normativos expedidos pela Previdência Social que venham a regular a matéria futuramente, devendo qualquer eventual discordância ser submetida à apreciação da Advocacia-Geral da União (LC 73/1993, art. 4º, X e XI, e MP 2.180-35/2001, art. 11)".

ainda, a necessidade de controle e fiscalização sobre a parcela de recolhimento devida pelos empregados, descontada dos salários e recolhida pela empresa.

As obrigações referentes ao Fundo de Garantia por Tempo de Serviço (FGTS) não estão abrangidas pelo procedimento de retenção, devendo, a Administração, cercar-se das cautelas devidas para assegurar o cumprimento das obrigações pelo contratado, sob pena de responsabilização.

8.7.1.1 Retenção de pagamentos em decorrência da irregularidade com o INSS e o FGTS

A Constituição da República determina que "a pessoa jurídica em débito com o sistema da seguridade social, como estabelecido em lei, não poderá contratar com o poder público nem dele receber benefícios ou incentivos fiscais ou creditícios" (art. 195, § 3º). Por sua vez, a Lei nº 9.012/1995, que proíbe as instituições oficiais de crédito de conceder empréstimos, financiamentos e outros benefícios a pessoas jurídicas em débito com o FGTS, também estabelece, no art. 2º, que "as pessoas jurídicas em débito com o FGTS não poderão celebrar contratos de prestação de serviço ou realizar transação comercial de compra e venda com qualquer órgão da administração direta, indireta, autárquica e fundacional, bem como participar de concorrência pública". Ainda, o art. 92, inc. XVI da Lei nº 14.133/2021 traz como cláusula necessária em todo contrato administrativo "a obrigação do contratado de manter, durante a execução do contrato, em compatibilidade com as obrigações por ele assumidas, todas as condições exigidas para a habilitação na licitação, ou para a qualificação, na contratação direta".

Diante disso, tornou-se praxe administrativa exigir da contratada, a cada pagamento, a apresentação das certidões negativas de débito e dos comprovantes de recolhimento mensal relativos aos empregados que executam o objeto, com respaldo em recomendação do Tribunal de Contas da União (TCU) no sentido de que qualquer pagamento estivesse condicionado à comprovação de regularidade quanto ao cumprimento das obrigações previdenciárias e fiscais.[291] No Acórdão 2.219/2010, o Plenário chegou a determinar que fossem adotadas providências com vistas a excluir das minutas dos contratos anexos aos editais de licitação

---

[291] Acórdão 947/2010 – Plenário.

a previsão de que "a não apresentação das Certidões Negativas de Débitos com o INSS, FGTS e Fazenda Federal não acarretará a retenção do pagamento", pois, segundo a referida corte de contas, tal disposição seria contrária ao art. 195, § 3º da Constituição da República.

Contudo, o entendimento pela retenção de pagamentos em caso de irregularidade – ou seja, sua suspensão integral até a regularização - nunca prosperou.[292] Com efeito, uma vez cumprida a obrigação contratual de entrega do objeto ou prestação do serviço, o contratado adquire o direito ao pagamento correspondente, sob pena de enriquecimento ilícito da Administração contratante, cabendo solucionar a questão da irregularidade no cumprimento das obrigações por outros meios.

Segundo a orientação do Tribunal de Contas da União exarada no célebre Acórdão 1.214/2013 – Plenário, para os contratos de prestação de serviços com cessão de mão de obra devem ser adotadas ações alternativas de caráter preventivo no âmbito da gestão e da fiscalização do contrato e, constatada e não saneada a irregularidade, deve ser realizada a rescisão contratual, aplicando-se a sanção cabível, conforme previsão contratual.[293]

---

[292] A 5ª Turma do Tribunal Regional Federal da 1ª Região, no AC 27.746/DF – j. em 2009, entendeu ilegal a própria exigência de certidões negativas como condição de pagamento.

[293] Confira-se o inteiro teor da parte dispositiva do acórdão citado: "9.1.5.1 fixar em contrato que a contratada está obrigada a viabilizar o acesso de seus empregados, via internet, por meio de senha própria, aos sistemas da Previdência Social e da Receita do Brasil, com o objetivo de verificar se as suas contribuições previdenciárias foram recolhidas;
9.1.5.2 fixar em contrato que a contratada está obrigada a oferecer todos os meios necessários aos seus empregados para a obtenção de extratos de recolhimentos sempre que solicitado pela fiscalização;
9.1.5.3 fixar em contrato como falta grave, caracterizada como falha em sua execução, o não recolhimento das contribuições sociais da Previdência Social, que poderá dar ensejo à rescisão da avença, sem prejuízo da aplicação de sanção pecuniária e do impedimento para licitar e contratar com a União, nos termos do art. 7º da Lei 10.520/2002.
9.1.5.4 reter 11% sobre o valor da fatura de serviços da contratada, nos termos do art. 31, da Lei 8.212/93;
9.1.5.5 exigir certidão negativa de débitos para com a previdência – CND, caso esse documento não esteja regularizado junto ao Sicaf;
9.1.5.6 prever que os fiscais dos contratos solicitem, por amostragem, aos empregados terceirizados que verifiquem se essas contribuições estão ou não sendo recolhidas em seus nomes. O objetivo é que todos os empregados tenham tido seus extratos avaliados ao final de um ano – sem que isso signifique que a análise não possa ser realizada mais de uma vez para um mesmo empregado, garantindo assim o "efeito surpresa" e o benefício da expectativa do controle;
9.1.5.7 comunicar ao Ministério da Previdência Social e à Receita do Brasil qualquer irregularidade no recolhimento das contribuições previdenciárias."

8.7.2 Responsabilidade da administração por encargos trabalhistas

8.7.2.1 O entendimento da Justiça do Trabalho

Da mesma forma que a Lei nº 14.133/2021, a revogada Lei nº 8.666/1993 estabelecia que a inadimplência do contratado quanto aos encargos trabalhistas não transferia à Administração Pública a responsabilidade por seu pagamento. Este comando tinha sua aplicação mitigada em decorrência de entendimento pacificado pelo Tribunal Superior do Trabalho quanto à responsabilidade subsidiária da Administração Pública tomadora dos serviços prestados mediante cessão de mão de obra.

Na concepção predominante na Justiça do Trabalho, o beneficiário da mão de obra cedida pela empresa contratada – no caso, a Administração contratante – apenas se exime da responsabilização pelas irregularidades no pagamento de verbas trabalhistas caso tenha atuado diligentemente na fiscalização do cumprimento desses deveres pelo contratado.[294] O entendimento é aplicável apenas quando há contratação de mão de obra mediante a intermediação de empresa do ramo de prestação de serviços, para a realização de determinado serviço para o tomador, no âmbito deste,[295] podendo ser estendida tal responsabilidade aos empregados que atuem na área administrativa ou operacional da contratada, "no caso de empresa prestadora de serviços destinada exclusivamente a fornecer trabalho a grupo econômico".[296]

A atribuição de responsabilidade subsidiária à Administração Pública era assunto polêmico e encontrava dissidência na própria jurisprudência trabalhista, no âmbito dos Tribunais Regionais do Trabalho. A Lei nº 14.133/2021 pacificou a questão, ao prever que, constatada falha na fiscalização, a responsabilidade da Administração contratante

---

[294] Neste sentido é a Súmula 331 do Tribunal Superior do Trabalho - TST, especificamente seu item V: "Os entes integrantes da Administração Pública direta e indireta respondem subsidiariamente, nas mesmas condições do item IV, caso evidenciada a sua conduta culposa no cumprimento das obrigações da Lei 8.666, de 21.06.1993, especialmente na fiscalização do cumprimento das obrigações contratuais e legais da prestadora de serviço como empregadora. A aludida responsabilidade não decorre de mero inadimplemento das obrigações trabalhistas assumidas pela empresa regularmente contratada."

[295] O TST ratificou decisão do Tribunal Regional de Santa Catarina, no sentido de que "*os contratos de facção, muito embora espécies de terceirização, em hipótese alguma podem implicar responsabilidade subsidiária nos termos que determina o item IV do Enunciado 331*". (TST – RR 29685/2002-900-12-00.4)

[296] RR 1635/2005-010-17-00.1.

será subsidiária. A tese acolhida, idêntica à Súmula 331 do TST, foi a da culpa civil como motivadora da indenização ou responsabilidade, em caso de negligência da Administração. Ao não fiscalizar com eficiência seus contratos, pode ser responsabilizada, sendo que, de outra parte, a prova da atuação diligente afasta a culpa *in vigilando* e a consequente responsabilização.[297]

8.7.2.2 A forma de fiscalização da regularidade trabalhista

O risco de responsabilização repercute direta e imediatamente nas atividades de gestão e fiscalização do contrato administrativo, impondo a verificação da regularidade da empresa contratada no tocante ao pagamento de encargos trabalhistas. Como visto, o não pagamento poderá ensejar a responsabilização subsidiária, obrigando a Administração ao pagamento se a empresa não o fizer, salvo se demonstrada a ausência de culpa na fiscalização do cumprimento dos encargos.

A responsabilização da Administração não será automática e dependerá da análise dos fatos, o que evidencia a importância da atuação de gestores e fiscais, assim como sua responsabilidade na execução de suas atribuições. A fiscalização dos aspectos trabalhistas deve estar documentada e demonstrada suficientemente no processo administrativo de gestão contratual e os procedimentos adotados devem indicar que a Administração, por intermédio de seus agentes, não agiu com negligência, imprudência ou imperícia, afastando, assim, a culpa *in vigilando*.

Questão fundamental se refere à forma de atuação que pode ser considerada suficiente para o afastamento da culpa em cada caso concreto. Conforme determina o inciso XVI do art. 92 da Lei nº 14.133/2021, deverá constar do contrato a obrigação do contratado de manter as condições de habilitação, o que envolve as previstas no art. 68, inciso V, qual seja, a regularidade perante a Justiça do Trabalho, mediante apresentação da Certidão Negativa de Débitos Trabalhistas - CNDT. Em relação à periodicidade de sua exigência para fins de fiscalização, o Tribunal de Contas da União determinou, no Acórdão 1.054/2012 – Plenário, a todas as unidades centrais e setoriais do Sistema de Controle Interno dos Poderes Executivo, Legislativo e Judiciário da União, que

---

[297] MAGNO, Alexandre. *A responsabilidade da Administração e o Enunciado 331 do TST.* Disponível em: http://www.alexandremagno.com/novo/responsabilidade-da-administração-e-o-enunciado.... Acesso em: 14 out. 2008.

orientassem os órgãos e entidades a eles vinculados para exigirem das empresas contratadas, a cada ato de pagamento, a apresentação da certidão negativa de débitos trabalhistas.

Vale destacar que a informação contida na CNDT apenas diz respeito a questões que já se transformaram em litígio entre a empresa e seus empregados e que não se relacionam, necessariamente, com o contrato administrativo. A verificação regularidade no pagamento de verbas trabalhistas durante a execução do contrato depende de outras ações da Administração contratante, exigindo prova documental pertinente aos pagamentos devidos no mês vencido. Trata-se de um importante encargo para os agentes da fiscalização, especialmente diante de contratos em que o número de empregados prestadores do serviço é expressivo.

É fundamental a identificação da melhor conduta administrativa no decorrer da execução, no tocante à forma de fiscalização, suas rotinas e documentos exigidos visando comprovar a regularidade no pagamento de verbas trabalhistas dos trabalhadores que executam os serviços relacionados ao contrato administrativo. A Lei nº 14.133/2021 prevê, em seu art. 50, que nas contratações de serviços com regime de dedicação exclusiva de mão de obra, o contratado deverá apresentar, quando solicitado pela Administração, sob pena de multa, comprovação do cumprimento das obrigações trabalhistas e com o Fundo de Garantia do Tempo de Serviço (FGTS) em relação aos empregados diretamente envolvidos na execução do contrato, em especial quanto a registro de ponto; recibo de pagamento de salários, adicionais, horas extras, repouso semanal remunerado e décimo terceiro salário; comprovante de depósito do FGTS; recibo de concessão e pagamento de férias e do respectivo adicional; recibo de quitação de obrigações trabalhistas e previdenciárias dos empregados dispensados até a data da extinção do contrato e recibo de pagamento de vale-transporte e vale-alimentação, na forma prevista em norma coletiva.

Ainda, o art. 121, em seu § 3º, autoriza a Administração a, nesses mesmos casos, mediante disposição em edital ou em contrato, exigir caução, fiança bancária ou contratação de seguro-garantia com cobertura para verbas rescisórias inadimplidas; condicionar o pagamento à comprovação de quitação das obrigações trabalhistas vencidas relativas ao contrato; efetuar o depósito de valores em conta vinculada; em caso de inadimplemento, efetuar diretamente o pagamento das verbas trabalhistas, que serão deduzidas do pagamento devido ao contratado e estabelecer que os valores destinados a férias, a décimo terceiro salário, a ausências legais e a verbas rescisórias dos empregados do contratado que participarem da execução dos serviços contratados serão pagos pelo contratante ao contratado somente na ocorrência do fato gerador.

Diante disso, deverá, antes de mais nada, constar entre os deveres do contratante privado, expressos no termo de contrato, a obrigação de manter-se regular com o pagamento dos encargos trabalhistas, sob pena de aplicação de sanção e de rescisão contratual, se for o caso, e de apresentar, a qualquer tempo, conforme exigido pela Administração, os documentos comprobatórios da regularidade. Em relação aos procedimentos e periodicidade da fiscalização, não se exige, por certo, uma atuação administrativa que ultrapasse o limite da própria terceirização de serviços. A essência deste instituto envolve, justamente, a desoneração de quem terceiriza quanto às obrigações de gerir a mão de obra envolvida na prestação de serviços, sendo inequívoca a ausência de qualquer vínculo entre a Administração contratante e os trabalhadores da empresa contratada. Regulamento orgânico ou norma interna deverá disciplinar a matéria, encontrando uma medida de proporcionalidade.

O Tribunal de Contas da União seguia entendendo pela necessidade de que, a cada pagamento e apresentação de fatura mensal, fosse comprovado o cumprimento integral das obrigações decorrentes da relação de emprego mantida entre os empregados relacionados à prestação dos serviços, evidenciando-se, assim, um acompanhamento minucioso da execução do contrato, suficiente para afastar a possibilidade de responsabilidade subsidiária.[298] Contudo, passou a recomendar, ainda na vigência da Lei nº 8.666/1993, a adoção de uma fiscalização mais distanciada, sem invadir, *a priori*, a esfera de procedimentos gerenciais da empresa contratada.[299]

---

[298] Acórdão 1.922/2003 – 1ª Câmara e Acórdão 947/2010 – Plenário.

[299] Acórdão 1.214/2013 – Plenário:
"9.1.1 que os pagamentos às contratadas sejam condicionados, exclusivamente, à apresentação da documentação prevista na Lei 8.666/1993;
9.1.2 prever nos contratos, de forma expressa, que a administração está autorizada a realizar os pagamentos de salários diretamente aos empregados, bem como das contribuições previdenciárias e do FGTS, quando estes não forem honrados pelas empresas;
9.1.3 que os valores retidos cautelarmente sejam depositados junto à Justiça do Trabalho, com o objetivo de serem utilizados exclusivamente no pagamento de salários e das demais verbas trabalhistas, bem como das contribuições sociais e FGTS, quando não for possível a realização desses pagamentos pela própria administração, dentre outras razões, por falta da documentação pertinente, tais como folha de pagamento, rescisões dos contratos e guias de recolhimento;
9.1.4 fazer constar dos contratos cláusula de garantia que assegure o pagamento de:

Em relação à retenção, pura e simples, de pagamentos devidos, como forma de obrigar a empresa a regularizar sua situação, a possibilidade já não se sustentava na vigência da Lei nº 8.666/1993. A Lei nº 14.133/2021, trouxe uma disposição emblemática, senão problemática, prevendo, no art. 121, §3º, inc. II, entre as medidas possíveis à Administração para assegurar o cumprimento de obrigações trabalhistas pelo contratado "*condicionar* o pagamento à comprovação de quitação das obrigações trabalhistas vencidas relativas ao contrato". A partir de uma leitura literal e da compreensão de que o §3º contem um rol de medidas alternativas e, não, cumulativas, diante da irregularidade ou da ausência da demonstração de regularidade, a Administração estaria autorizada a suspender, até que a contratada comprovasse a

---

[...]
9.1.4.4 obrigações previdenciárias e trabalhistas não honradas pela contratada.
[...]
9.1.6 quanto à fiscalização dos contratos a ser realizada pela Administração com o objetivo de verificar o recolhimento do Fundo de Garantia do Tempo de Serviço – FGTS, observe os aspectos abaixo:
9.1.6.1 fixar em contrato que a contratada é obrigada a viabilizar a emissão do cartão cidadão pela Caixa Econômica Federal para todos os empregados;
9.1.6.2 fixar em contrato que a contratada está obrigada a oferecer todos os meios necessários aos seus empregados para a obtenção de extratos de recolhimentos sempre que solicitado pela fiscalização;
9.1.6.3 fixar em contrato como falta grave, caracterizado como falha em sua execução, o não recolhimento do FGTS dos empregados, que poderá dar ensejo à rescisão unilateral da avença, sem prejuízo da aplicação de sanção pecuniária e do impedimento para licitar e contratar com a União, nos termos do art. 7º da Lei 10.520/2002.
9.1.6.4 fixar em contrato que a contratada deve, sempre que solicitado, apresentar extrato de FGTS dos empregados;
9.1.6.5 solicitar, mensalmente, Certidão de Regularidade do FGTS;
9.1.6.6 prever que os fiscais dos contratos solicitem, por amostragem, aos empregados terceirizados extratos da conta do FGTS e os entregue à Administração com o objetivo de verificar se os depósitos foram realizados pela contratada. O objetivo é que todos os empregados tenham tido seus extratos avaliados ao final de um ano – sem que isso signifique que a análise não possa ser realizada mais de uma vez em um mesmo empregado, garantindo assim o "efeito surpresa" e o benefício da expectativa do controle;
9.1.6.7 comunicar ao Ministério do Trabalho qualquer irregularidade no recolhimento do FGTS dos trabalhadores terceirizados.
9.1.7 somente sejam exigidos documentos comprobatórios da realização do pagamento de salários, vale-transporte e auxílio alimentação, por amostragem e a critério da administração;
9.1.8 seja fixado em contrato como falta grave, caracterizada como falha em sua execução, o não pagamento do salário, do vale-transporte e do auxílio alimentação no dia fixado, que poderá dar ensejo à rescisão do contrato, sem prejuízo da aplicação de sanção pecuniária e da declaração de impedimento para licitar e contratar com a União, nos termos do art. 7º da Lei 10.520/2002;
9.1.9 a fiscalização dos contratos, no que se refere ao cumprimento das obrigações trabalhistas, deve ser realizada com base em critérios estatísticos, levando-se em consideração falhas que impactem o contrato como um todo e não apenas erros e falhas eventuais no pagamento de alguma vantagem a um determinado empregado."

regularização, sem qualquer outra medida adicional, o pagamento já devido em razão de serviço prestado.

De fato, as alternativas dispostas nos incisos do §3º representam diferentes escolhas possíveis pela Administração, considerando, inclusive, conveniência e oportunidade. Contudo, há que se ter cautela. Com efeito, todas as demais medidas previstas no dispositivo – incisos I, III, IV e V - demandam maior esforço da Administração contratante, o que pode, a partir de tal interpretação, induzir à utilização da retenção de pagamento como regra, isoladamente, pela facilidade de execução. Esse não é, certamente, o melhor caminho.

A retenção de pagamentos devidos deve ser realizada *de forma proporcional ao débito* e, sempre, como uma medida acautelatória ou preparatória de outra providência, tal como o pagamento das verbas inadimplidas diretamente aos empregados. Portanto, é uma medida a ser cumulada com a prevista no inciso IV, do §3º do art. 121 da Lei nº 14.133/2021 ou com a consignação dos valores em juízo, não sendo admitida a retenção total ou a mera retenção. Ressalta-se que, já na vigência da Lei nº 8.666/1993, tal conduta era considerada enriquecimento ilícito da Administração, nos termos do art. 884 do Código Civil Brasileiro.[300] Assim, a não quitação de obrigações trabalhistas não pode ser entendida, a partir das disposições do inciso II do art. 121, como justa causa para a mera retenção de pagamento.

Vale ressaltar o dever da Administração, como providência de boa governança, de fixar, em regulamento orgânico ou norma interna, as medidas que serão adotadas nesses casos, de acordo com as peculiaridades da organização e de seus contratos, bem como analisar, caso a caso, a situação instaurada pela inadimplência da contratada para, concretamente, definir a medida mais adequada para afastar o risco de responsabilização. Isso se faz especialmente importante nas pequenas organizações, cujos contratos não justifiquem ou que possam não dispor, muitas vezes, de condições para a implementação da conta vinculada ou do pagamento conforme o fato gerador.

Há que se ter em mente que o objetivo da Administração, ao executar alguma das medidas previstas no art. 121, §3º da Lei nº 14.133/2021, não deve ser causar lesão patrimonial ou infligir sanção ao contratado, para o que deverá se valer das sanções previstas em Lei e definidas em

[300] Art. 884 do CCB: "Aquele que, sem justa causa, se enriquecer à custa de outrem, será obrigado a restituir o indevidamente auferido, feita a atualização dos valores monetários."

contato. Não se admitem medidas que onerem, injustamente, o contratado e causem gravame que extrapole o limite do cumprimento das obrigações contratuais, sob pena de acarretar, para a Administração, o dever de indenização.

8.8 Subcontratação do objeto

Conforme estudado no Capítulo II, havendo possibilidade de antever a necessidade de subcontratação já na fase preparatória da contratação, o edital e o modelo de execução deverão prever o seu cabimento, assim como a parcela subcontratável ou o respectivo percentual, cabendo ao fiscal verificar o atendimento a tais limites.

Contudo, a subcontratação também poderá ocorrer na ausência de autorização expressa no edital ou no contrato, quando a necessidade for identificada durante a execução, desde que devidamente motivada. Nesta hipótese, a necessidade e a possibilidade da subcontratação devem ser avaliadas concretamente, com base nas circunstâncias verificadas. É o que se depreende do disposto no §1º do art. 122, que estabelece que o *contratado* apresentará à Administração a documentação do subcontratado referente à sua capacidade técnica, para que seja avaliada e juntada aos autos. Ainda, o §2º estabelece que o regulamento ou o edital *poderão* vedar, restringir ou estabelecer condições para a subcontratação, deixando claro que a possibilidade de subcontratação, desde que parcial, é, em tese, amplamente admitida.

Vale salientar, nesse sentido, o entendimento do Tribunal de Contas da União, ainda na vigência da Lei nº 8.666/1993, de que a subcontratação parcial de serviços contratados não dependia de expressa previsão no edital ou no contrato, sendo suficiente que não houvesse expressa vedação nesses instrumentos, pois, na maioria dos casos, a subcontratação atende a uma conveniência da administração.[301]

A decisão, pela autoridade competente, de permitir ou vedar a subcontratação no caso concreto deverá se valer, entre outros, das informações fornecidas pela gestão do contrato e pela empresa contratada, cabendo permiti-la quando evidenciada a necessidade da medida para a satisfação do interesse público envolvido.

---

[301] Acórdão 3334/15 – TCU/Plenário.

8.9 Recebimento do objeto do contrato

A Lei nº 14.133/2021 prevê o recebimento do objeto contratado em duas etapas, com objetivos distintos: de forma provisória, para verificações relacionadas ao cumprimento de obrigações relacionadas à execução, propriamente dita, e definitivamente, para avaliação do cumprimento de todas as obrigações contratuais, reconhecendo o direito do contratado ao pagamento acordado.

A disciplina consta do art. 140 da Lei nº 14.133/2021, que também estabelece a competência dos agentes para a prática dos atos de recebimento. Segundo o dispositivo, em se tratando de obras e serviços, o recebimento provisório será realizado pelo fiscal, após verificar o cumprimento das exigências de caráter técnico, formalizando por meio de termo detalhado, sendo que o recebimento definitivo será realizado por um servidor ou comissão designada, comprovando o atendimento das exigências contratuais na forma de termo detalhado. Em se tratando de compras, o recebimento provisório será realizado sumariamente pelo fiscal do contrato, para possibilitar a verificação posterior da conformidade do material com as exigências contratuais, enquanto o recebimento definitivo será realizado por um servidor ou comissão designado, mediante termo detalhado que comprove o atendimento das exigências contratuais. Em ambos os casos, o servidor designado a que a Lei se refere como responsável pelo recebimento definitivo pode, claramente, ser o gestor do contrato. A segregação entre as funções de recebimento provisório e definitivo é, como se vê, imposição legal, cabendo à autoridade competente imputá-las, sempre, a agentes distintos.

A Lei nº 14.133/2021 não tratou da dispensa do recebimento provisório para gêneros perecíveis, alimentação preparada, serviços profissionais e obras e serviços de baixo valor, como fazia a Lei nº 8.666/1993. Da mesma forma, não impôs o recebimento definitivo por comissão, quando de compras com valor considerado expressivo. Ambas as situações devem ser avaliadas e disciplinadas em regulamento orgânico ou norma interna.

O recebimento provisório, no caso de bens, demanda cuidados com a guarda e conservação, uma vez que os danos eventualmente causados serão de inteira responsabilidade da Administração, que se encontra na posse do bem.

De acordo com o § 2º do art. 140 da Lei nº 14.133/2021, o recebimento, seja ele provisório ou definitivo, não exclui a responsabilidade civil pela solidez e segurança da obra ou do serviço, nem ético-profissional pela perfeita execução, dentro dos limites estabelecidos pela lei ou pelo contrato. Contudo, o recebimento de objeto incompatível com o que foi contratado enseja responsabilidade direta e ressarcimento de eventuais prejuízos aos cofres públicos por parte do agente responsável. Assim, é imperioso ao fiscal conhecer detalhadamente o contrato para que possa rejeitar o objeto entregue em desconformidade, nos termos do §1º do art. 140, afastando, assim, a possibilidade de superfaturamento, conforme previsto pelo art. 6º, inciso LVII da Lei nº 14.133/2021, com consequente responsabilização pessoal.

Os prazos e os métodos para a realização dos recebimentos provisório e definitivo serão definidos em regulamento ou no contrato, conforme determina o §3º do art. 140, sendo fundamental sua rigorosa observância pelos fiscais e pelo gestor do contrato.[302] Especialmente no tocante aos prazos, o atraso injustificado no recebimento do objeto pode ser considerado descumprimento do contrato pela Administração contratante, afetando diretamente a satisfação do interesse privado envolvido, uma vez que protelatório do pagamento.

---

[302] Sobre o assunto, já decidiu o TCU:
"9.1.2. incluam cláusulas em edital e em contrato que estabeleçam a obrigação de o contratado, em conjunto com a Administração Pública, providenciar a seguinte documentação como condição indispensável para o recebimento definitivo de objeto:
9.1.2.1. *as built* da obra, elaborado pelo responsável por sua execução;
9.1.2.2. comprovação das ligações definitivas de energia, água, telefone e gás;
[...]
9.1.4 abstenham-se de realizar o recebimento provisório de obras com pendências a serem solucionadas pela construtora, uma vez que o instituto do recebimento provisório, previsto no art. 73, inc. I, da Lei 8.666/1993, não legitima a entrega provisória de uma obra inconclusa, mas visa resguardar a Administração no caso de aparecimento de vícios ocultos, surgidos após o recebimento provisório [...] (Acórdão 853/2013-Plenário);
"9.3.4. apenas receba provisoriamente as obras e os serviços contratados mediante termo circunstanciado, assinado pelas partes em até 15 dias da comunicação escrita do contratado, nos termos do art. 73, inc. I, alínea "a", da Lei de Licitações e Contratos;
9.3.5. receba definitivamente as obras e os serviços contratados mediante termo circunstanciado, assinado pelas partes, somente após o decurso do prazo de observação, ou vistoria que comprove a adequação do objeto aos termos contratuais, nos termos do art. 73, inc. I, alínea 'b', do Estatuto Licitatório (Acórdão 657/2009-Plenário).

8.10 A medição de resultados nos contratos de prestação de serviços e o encargo para o fiscal de contrato

O pagamento conforme os resultados aferidos têm cabimento nos casos de serviços que permitam a medição objetiva das quantidades de serviço prestado e naqueles em que a qualidade é fundamental para a satisfação do interesse público.

No tocante à mensuração dos níveis de qualidade, diferente da constatação da mera execução, envolve análise de adequação aos resultados pretendidos pela Administração, ou seja, mesmo que executado, o serviço pode ser considerado mais, ou menos, adequado. Dito de outro modo: quaisquer serviços devem ser prestados conforme os detalhes do contrato, mas alguns deles, além de serem executados no prazo, nas quantidades e nos moldes previstos, devem manter um nível de qualidade objetivamente verificável para serem considerados satisfatórios.

O pagamento conforme os resultados tem sido recomendado pelo Tribunal de Contas da União há alguns anos. Segundo aquela corte, salvo quando as características do objeto não permitirem, deve-se vincular a remuneração aos resultados ou ao atendimento de níveis de serviço, evitando a caracterização do que denominou como "paradoxo lucro-incompetência", assim definido:

a) quanto menor a qualificação dos profissionais alocados na prestação de serviço, mais horas são necessárias para executá-lo e maiores são lucro da empresa contratada e o custo para a Administração;
b) risco de remunerar a empresa sem a contraprestação em serviços efetivamente realizados, em razão da dificuldade da Administração em controlar a atividade dos profissionais terceirizados.[303]

Para a Administração Pública Federal, o Decreto nº 9.507/2017, que dispõe sobre a terceirização de serviços, estabelece a possibilidade de que os instrumentos convocatórios e contratos de prestação de serviços prevejam padrões de aceitabilidade e nível de desempenho para aferição da qualidade esperada na prestação dos serviços, com previsão de adequação de pagamento em decorrência do resultado.[304]

---

[303] Ver Acórdão 786/06, do Plenário.

[304] Ver art. 6º, parágrafo único do Decreto federal 9.507/2017.

Havendo previsão em edital e contrato, o pagamento ocorrerá nos exatos termos dos resultados verificados pelo fiscal, com dimensionamento de valores conforme os resultados entregues. Os níveis de resultado devem estar previamente estabelecidos, dentro de uma margem de tolerância entre mínimo e ideal, considerando aspectos fundamentais da execução e a partir de fatores que estão sob o controle do contratado.

Haverá redimensionamento dos valores a serem pagos sempre que o contratado não produzir os resultados, deixar de executar, ou não executar com a qualidade mínima exigida as atividades contratadas, deixar de utilizar materiais e recursos humanos exigidos para a execução do serviço ou utilizá-los com qualidade ou quantidade inferior à demandada.[305]

Está clara a importância da atuação do fiscal em tais ajustes, ficando ao seu encargo preencher o instrumento de medição de resultados, assim considerado o "mecanismo que define, em bases compreensíveis, tangíveis, objetivamente observáveis e comprováveis, os níveis esperados de qualidade da prestação do serviço e respectivas adequações de pagamento".[306] Referido instrumento deverá ser elaborado na fase preparatória da contratação, por agentes competentes e capazes, e pode ser compreendido como integrante do modelo de gestão do contrato, que deverá detalhar sua utilização.

A Lei nº 14.133/2021 não faz referência expressa ao pagamento conforme os resultados, preferindo tratar do tema de forma mais ampla ao prever, no art. 144, que na contratação de obras, fornecimentos e serviços, inclusive de engenharia, poderá ser estabelecida *remuneração variável, vinculada ao desempenho do contratado*, com base em metas, padrões de qualidade, critérios de sustentabilidade ambiental e prazos de entrega definidos no edital de licitação e no contrato.

8.11 Cuidados relacionados ao pagamento

O pagamento deverá ser realizado no prazo previsto em contrato, após o recebimento definitivo do objeto e diante de nota fiscal ou fatura emitida. A Lei nº 14.133/2021 não estabelece um prazo máximo, mas regulamento orgânico ou norma interna poderá fazê-lo, caso em que

---

[305] Ver Instrução Normativa 5/17-MPDG, Anexo VIII, em vigor até a presente edição.

[306] Conceito extraído da Instrução Normativa 5/2017, do Ministério do Planejamento, Desenvolvimento e Gestão, Anexo I.

a contratações deverão ser ajustadas ao parâmetro fixado, inclusive no tocante às minutas padronizadas. Da mesma forma, poderá estabelecer prazo específico para pagamento de despesas consideradas de baixo valor.

A apresentação de documentos comprobatórios de regularidade fiscal, social e trabalhista deverá seguir o disposto em normas específicas, mediante consulta a sistemas de cadastramento ou, diretamente, aos sistemas de consulta disponibilizados pelos órgãos emissores. Nenhuma situação de irregularidade autorizará, em princípio, a retenção de pagamentos já devidos, cabendo à Administração assinalar prazo para regularização, notificar os órgãos competentes e aplicar, conforme o caso, a sanção prevista no edital ou no contrato.[307]

Deverão ser observadas as disposições do art. 141 sobre a ordem cronológica dos pagamentos, bem como de norma regulamentadora específica.

Em contratos de prestação de serviços com cessão de mão de obra em regime de exclusividade, havendo previsão de pagamento em conta vinculada ou mediante comprovação da ocorrência do fato gerador, nos termos do art. 142, deverão ser observados os procedimentos pertinentes.

Em caso de controvérsia sobre a execução do objeto quanto a dimensão, qualidade e quantidade, a parcela incontroversa deverá ser liberada no prazo previsto no contrato para pagamento, conforme prevê o art. 143.

Em relação à glosa, será necessária para evitar eventual pagamento indevido, por qualquer razão, cabendo realiza-la antes da solicitação de emissão da nota fiscal pelo contratado.

Também deverão ocorrer as retenções tributárias na fonte em conformidade com a legislação pertinente, exceto no caso de contratação de microempresas e empresas de pequeno porte optante pelo SIMPLES.

---

[307] Nesses termos, o Acórdão 964/2012–Plenário, expedido em processo de Consulta: Verificada a irregular situação fiscal da contratada, incluindo a seguridade social, é vedada a retenção de pagamento por serviço já executado, ou fornecimento já entregue, sob pena de enriquecimento sem causa da Administração.

8.12 Deveres e responsabilidades pessoais decorrentes da fiscalização e da gestão do contrato

Aos agentes responsáveis diretamente pela gestão e pela fiscalização do contrato administrativo incumbem a observância dos deveres inerentes ao exercício de qualquer função pública, bem como dos princípios da honestidade, probidade, lealdade e boa-fé, perseguindo o fim e a finalidade pública. Ainda, devem primar pela eficiência e prestar contas de sua atuação, o que repercute diretamente na responsabilidade pelos atos praticados durante a gestão e a fiscalização e por prejuízos eventualmente decorrentes da má atuação.[308]

De acordo com a Lei de Introdução às Normas do Direito Brasileiro, o agente público responderá pessoalmente por suas decisões ou opiniões técnicas em caso de dolo ou erro grosseiro, regra prevista em seu art. 28 e aplicável a fiscais e gestores de contratos.

Também integram a cadeia de responsabilidades contratuais autoridades competentes, órgãos técnicos e jurídicos[309] e o próprio contratado, que, segundo o art. 120 da Lei nº 14.133/2021, será responsável pelos danos causados diretamente à Administração ou a terceiros em razão da execução do contrato, não excluindo, nem reduzindo essa responsabilidade a existência de fiscalização pela Administração contratante.[310]

Nesse contexto, sujeitam-se, ainda, os agentes públicos, às normas previstas na Lei nº 8.429/1992 (Lei da Improbidade Administrativa),

---

[308] Sobre o assunto, vale destacar o teor dos seguintes acórdãos do TCU: "O fiscal do contrato tem o dever de conhecer os limites e as regras para alterações contratuais definidos na Lei de Licitações, e, por conseguinte, a obrigação de notificar seus superiores sobre a necessidade de realizar o devido aditivo contratual, evitando a atestação da execução de itens não previstos no ajuste, sob pena de ser-lhe aplicada a multa do art. 58, inc. II, da Lei 8.443/92." (Acórdão 43/2015-TCU/Plenário).
"O caso de execução irregular, a ausência de providências tempestivas por parte dos responsáveis pelo acompanhamento do contrato pode levar à imputação de responsabilidade, com aplicação das sanções requeridas." (Acórdão 1450/2011-TCU/Plenário)

[309] A responsabilidade pela emissão de pareceres técnicos e jurídicos foi objeto de decisão do Supremo Tribunal Federal no MS 24.584.

[310] Cita-se, por oportuno, o Acórdão 839/2011 – TCU/Plenário:
"1. Demonstrado nos autos que a responsável pela fiscalização do contrato tinha condições precárias para realizar seu trabalho, elide-se sua responsabilidade.
2. Comprovado que os responsáveis pela execução técnica do contrato objeto dos autos negligenciaram quanto à adoção de providências para sanar irregularidades apresentadas no curso da execução desse contrato, mantém-se, na íntegra, suas responsabilidades.
3. O terceiro que recebe a contraprestação devida para a execução do objeto do contrato para o qual foi contratado, mas não comprova integralmente a prestação escorreita dos serviços, deve restituir o equivalente ao que não comprovou, sob pena de enriquecimento ilícito."

nos arts. 337-E a 337-P do Código Penal Brasileiro (crimes em licitações e contratos administrativos), na Lei Complementar 101/2000 (de Responsabilidade Fiscal), na Lei nº 10.028/2000 (Lei dos Crimes de Responsabilidade Fiscal), na Lei nº 9.504/1997 (Lei Eleitoral) e, por fim, do respectivo estatuto que disciplina o regime jurídico ao qual estão submetidos.

Dicas

Para o fiscal

- ✓ Em contratos de prestação de serviços com cessão de mão de obra e regime de dedicação exclusiva, não ordenar diretamente aos funcionários da contratada, valendo-se, para tanto, do contato com o preposto ou encarregado, conforme o caso
- ✓ Documentar os contatos estabelecidos com o preposto
- ✓ Manter registro das ocorrências em arquivo digitalizado
- ✓ Acompanhar a atuação de empresa ou profissional que tenha sido contratado para auxiliar na fiscalização, questionando o que lhe parecer apropriado
- ✓ Solicitar apoio ao gestor, sempre que sentir necessidade.

Para o gestor

- ✓ Manter estreita comunicação com o fiscal
- ✓ Em contratos de prestação de serviços com cessão de mão de obra e regime de dedicação exclusiva, os procedimentos cautelares para evitar a responsabilização da Administração por irregularidades trabalhistas devem estar previstos no contrato ou devidamente autorizados pela autoridade competente, conforme o caso
- ✓ Questionar o fiscal sempre que não se sentir seguro sobre qualquer informação, documento ou outro aspecto da fiscalização
- ✓ Em contratos de maior complexidade, ajustar com o fiscal ou equipe de fiscalização, para seu controle, a elaboração de relatórios periódicos contendo informações sobre a execução contratual, a serem anexados no processo (caso isso já não seja exigido pela norma que regula, no âmbito da organização, a gestão de contratos)

EXTINÇÃO DO CONTRATO ADMINISTRATIVO

9.1 Espécies de extinção contratual

Os arts. 137 e seguintes da Lei nº 14.133/2021 disciplinam a extinção do contrato administrativo. A Lei reuniu sob um único signo as hipóteses de rompimento do vínculo contratual, tratando-as, indistintamente, de extinção.[311]

O art. 137 enumera as causas, entre as quais podemos identificar hipóteses relacionadas ao comportamento do contratado e da Administração, a ato ou fato de terceiro, caso fortuito ou força maior e, ainda, a razões de interesse público.

O art. 138 elenca as formas pelas quais a extinção poderá ocorrer, quais sejam: unilateralmente, pela Administração; consensualmente, por acordo entre as partes, podendo-se valer da conciliação, da mediação ou de comitê de resolução de disputas; por decisão arbitral e, ainda, por decisão judicial.

A Administração deve descrever, objetivamente, na minuta de termo de contrato, os motivos que ensejarão a sua extinção, evitando

[311] O direito privado traz as figuras da rescisão, da resolução e da resilição de contrato, sendo a rescisão o gênero do qual são espécies a resolução e a resilição, bilateral ou unilateral. A resolução decorre de caso fortuito ou força maior (involuntária) ou de dolo ou culpa das partes (voluntária). A resilição bilateral é o distrato, ou encerramento consensual do contrato, e a resilição unilateral é a denúncia do contrato por uma das partes, comunicando ao outro a intenção de rescindir. Essa classificação, não é, contudo, pacífica, havendo diferentes posições doutrinárias a respeito.

descrições genéricas como, por exemplo, a mera referência a "descumprimento parcial das obrigações e responsabilidades".[312]

Concretamente, haverá situações que permitirão a avaliação, pela Administração, da oportunidade e da conveniência em realizar a extinção contratual, considerando o interesse público envolvido, as condições de execução contratual e a natureza da infração cometida. Em outras, todavia, especialmente quando se tratar de descumprimento de obrigações que representam incentivo a políticas públicas vinculadas às contratações, a extinção contratual se imporá quando a irregularidade for considerada irreversível.

9.1.1 Hipótese genérica de extinção

O inciso I traz como causas de extinção unilateral o não cumprimento ou o cumprimento irregular de normas editalícias ou cláusulas contratuais, de especificações, projetos ou prazos. Destaca-se que, embora o dispositivo trate de situação em que o contrato já está em vigor, a referência ao cumprimento de normas previstas no edital é necessária diante de contratos que são formalizados por instrumentos substitutivos ao termo de contrato, tais como a nota de empenho e a ordem de fornecimento. Nesses casos, as obrigações das partes estarão descritas no edital e serão aplicáveis à fase de execução do contrato.

A amplitude do dispositivo permite o enquadramento de qualquer situação concreta que possa ser entendida como descumprimento parcial ou total de contrato. Nessas hipóteses, tanto o contratado, como a Administração, podem ser o sujeito ativo, ensejando, por sua conduta, a extinção do contrato.

9.1.2 Extinção por ato unilateral da administração

As hipóteses específicas de extinção do contrato por ato unilateral da Administração em decorrência de conduta do contratado encontram-se descritas nos incisos II, III, IV, VI e IX do art. 137.

O inciso II prevê que o desatendimento das determinações regulares emitidas pela autoridade designada para acompanhar e fiscalizar a execução ou por autoridade superior também poderá ensejar a extinção do contrato. Em verdade, na prática, provavelmente a situação concreta

[312] Neste sentido, já recomendava o Tribunal de Contas da União na vigência da Lei nº 8.666/1993, a exemplo do Acórdão 265/2010 – Plenário.

se encaixará, também, nas previsões do inciso I, uma vez que as determinações dos fiscais ou da autoridade superior, a rigor, se relacionam ao cumprimento do contrato.

O inciso III trata da alteração social ou modificação da finalidade ou da estrutura da empresa que restrinja sua capacidade de concluir o contrato. Nas hipóteses legais, podem se encaixar, por exemplo, a saída de um sócio e o ingresso de um terceiro, a venda de ações de um sócio a outro, a mudança do ramo de atuação, a alteração do tipo societário, a fusão, a cisão e a incorporação da empresa, entre outros. Em qualquer caso, a caracterização da hipótese legal exige que a alteração cause restrição na capacidade do contratado de concluir o objeto no tempo e modo acordados. Se não houver prejuízo à execução, não haverá que se falar em extinção do contrato fundada na alteração social ou modificação da finalidade ou estrutura da empresa contratada.

A decretação de falência ou a instauração de insolvência civil do contratado, previstas no inc. IV, decorrem da restrição à prática de atos inerentes à atividade empresarial, produzida pela sentença declaratória correspondente. Marçal Justen Filho alerta que, ainda que se observe, no âmbito de certas decisões judiciais, a pretensão de manter o contrato diante de falência decretada, essa solução não é compatível com a Lei nº 14.133/2021, que disciplinou o tema de modo expresso, a despeito, ainda, das disposições da Lei nº 11.101/2005, chamada Lei de Falências.[313]

A extinção do contrato é consequência lógica da dissolução da sociedade ou o falecimento do contratado, causas previstas no mesmo inciso IV, conforme se trate de sociedade empresária ou empresário individual, respectivamente.

O inciso VI prevê como causa de rescisão o atraso na obtenção da licença ambiental, ou impossibilidade de obtê-la ou, ainda, a alteração substancial do anteprojeto que dela resultar, ainda que obtida no prazo previsto. O dispositivo não se refere a situações em que a responsabilidade pelo licenciamento ambiental é da Administração, já que, nesses casos, o edital somente poderá ser divulgado após a sua obtenção, de acordo com o que estabelece o art. 115, §4º da Lei.

Por fim, o inciso IX aponta o fim do contrato em razão de não cumprimento das obrigações relativas à reserva de cargos prevista em lei, bem como em outras normas específicas, para pessoa com deficiência,

---

[313] JUSTEN FILHO, Marçal. *Comentários à Lei de Licitações e Contratações Administrativas:* Lei 14.133/2021. São Paulo: Thomson Reuters Brasil, 2021. p. 1470.

para reabilitado da Previdência Social ou para aprendiz. Note-se que o art. 92, inciso XVII da Lei traz como cláusula necessária ao contrato a obrigação de o contratado cumprir as exigências de reserva de cargos prevista em lei, bem como em outras normas específicas, para pessoa com deficiência, para reabilitado da Previdência Social e para aprendiz. Portanto, a menção ao descumprimento desta cláusula no art. 137 assenta o dever da Administração de coibir prejuízos à política pública que o contrato administrativo busca incentivar.

9.1.2.1 Perda de condições de habilitação durante a execução do contrato

O art. 92, inc. XVI da Lei prevê como cláusula necessária ao contrato administrativo "a obrigação do contratado de manter, durante toda a execução do contrato, em compatibilidade com as obrigações por ele assumidas, todas as condições exigidas para a habilitação na licitação, ou para a qualificação, na contratação direta". A lógica extraída do dispositivo é a de que, se as exigências habilitatórias condicionaram a contratação, deverão ser mantidas ao longo da vigência do contrato.

A referência legal à compatibilidade com as obrigações assumidas remete ao contrato, propriamente, e às obrigações relacionadas à execução do objeto. Portanto, o intuito da cláusula contratual é evitar a perda de condições habilitatórias que prejudiquem a execução do contrato, pois, se para o contratado estiver clara a obrigação de mantê-las, maiores serão os cuidados que tomará e, consequentemente, menores serão as chances de descumprir tal obrigação.

A perda de condições habilitatórias não está arrolada entre as causas de extinção, mas é certo que, estabelecida sua manutenção como cláusula contratual necessária, seu descumprimento deve trazer consequências. A ruptura do vínculo contratual, contudo, apenas deverá ocorrer na ausência de melhor alternativa, considerando a situação concreta. Assim, será indispensável realizar essa avaliação previamente à tomada de decisão, analisando, ainda, em que medida a manutenção do contrato prejudica o interesse público, bem como se há possibilidade de recomposição do *status* inicial pelo contratado ou se é, a perda, definitiva,[314] criando incompatibilidade com a execução do que

[314] Especificamente em relação às obrigações previdenciárias, a Constituição da República determina que *"a pessoa jurídica em débito com o sistema da seguridade social, como estabelecido*

foi ajustado. Nessa linha, o Tribunal de Contas da União entendeu, na vigência da Lei nº 8.666/1993, que a irregularidade fiscal não é, de per si, causa para a rescisão contratual.[315]

Há, porém, segundo entendemos, duas ressalvas. A primeira se relaciona à condição prevista no art. 68, inc. VI da Lei. O descumprimento do disposto no inc. XXXIII do art. 7º da Constituição da República, referente ao trabalho de menores, caracteriza infração constitucional, por isso requer interpretação mais rigorosa. Sua constatação deve ensejar, primeiramente, o alerta à contratada e, em caso de manutenção da irregularidade, a extinção do ajuste, com denúncia às autoridades competentes para promover a proteção do bem jurídico tutelado, qual seja, o direito à infância e à juventude. A segunda, se refere à perda da regularidade trabalhista, prevista no art. 68, inc. V e caracterizada pela Certidão Negativa de Débitos Trabalhistas – CNDT, que reflete uma política pública de proteção ao trabalhador. A irregularidade deve ensejar, primeiramente, o alerta à contratada, sendo que a manutenção da condição de irregularidade ensejará extinção do contrato.[316]

Na doutrina, destacam-se, sobre o assunto, os entendimentos de Jessé Torres Pereira Júnior, para quem o inc. XVI do art. 92 tem especial congruência com as exigências de capacidade técnica, as quais devem ser asseguradas durante toda a execução, bem como a posição de Marcos Juruena Villela Souto, para quem o não pagamento do contrato por parte da Administração escusa o não pagamento, pelo contratado, de tributo dele decorrente.[317]

---

em lei, não poderá contratar com o poder público nem dele receber benefícios ou incentivos fiscais ou creditícios". (art. 195, § 3º)

[315] *Vide* Acórdão 361/07-Plenário, DOU de 16.03.2007.

[316] Lembrando que irregularidade no cumprimento de obrigações trabalhistas constatada no âmbito da gestão e da fiscalização e não saneada pelo contratado no prazo assinalado deverá dar ensejo à extinção do ajuste e aplicação da sanção cabível, conforme previsão contratual.

[317] "O contrato é, por essência, instrumento de transferência e circulação de riqueza. Se não há pagamento, não se opera essa transferência; logo, a parte não adquire a capacidade econômica denotadora de capacidade contributiva, que legitima a imposição do tributo, situação essa que avança no terreno da licitude (moral) quando o devedor do contrato – contribuinte de fato do tributo – confunde com o sujeito ativo da obrigação tributária" (SOUTO, Marcos Juruena Villela. Ob. cit., p. 364.)

9.1.3 Extinção relacionada a ato ou fato de terceiro

O inc. VII do art. 137 trata da hipótese de "atraso na liberação das áreas sujeitas a desapropriação, a desocupação ou a servidão administrativa, ou impossibilidade de liberação dessas áreas". Está implícita a ausência de culpa da Administração, pressupondo-se que tomou providências necessárias e oportunas, porém, insuficientes para garantir o início da execução no prazo acordado, já que dependente de decisão de um terceiro, órgão administrativo ou judicial competente.

A hipótese pode ser suscitada tanto pela Administração quanto pelo contratante privado e dependerá, inicialmente, de solução consensual, já que ausente a culpa de qualquer das partes.

9.1.4 Extinção por descumprimento do contrato pela administração

O §2º do art. 137 traz, em seus incisos, as hipóteses em que o contratado terá direito à extinção do contrato. São situações que caracterizam um extravasamento, pela Administração contratante, dos poderes que a Lei lhe confere, para além dos limites que ela impõe. Uma vez configuradas, nascerá para o contratado, em algumas situações, o direito de suspender a execução e, em todas, o de extinguir o contrato administrativo. São elas: "supressão, por parte da Administração, de obras, serviços ou compras que acarrete modificação do valor inicial do contrato além do limite permitido no art. 125"; "suspensão de execução do contrato, por ordem escrita da Administração, por prazo superior a três meses"; "repetidas suspensões que totalizem noventa dias úteis, independentemente do pagamento obrigatório de indenização pelas sucessivas e contratualmente imprevistas desmobilizações e mobilizações e outras previstas"; "atraso superior a dois meses, contado da emissão da nota fiscal, dos pagamentos ou de parcelas de pagamentos devidos pela Administração por despesas de obras, serviços ou fornecimentos"; e "não liberação pela Administração, nos prazos contratuais, de área, local ou objeto, para execução de obra, serviço ou fornecimento, e de fontes de materiais naturais especificadas no projeto, inclusive devido a atraso ou descumprimento das obrigações atribuídas pelo contrato à Administração relacionadas a desapropriação, a desocupação de áreas públicas ou a licenciamento ambiental".

O tema guarda complexidade na medida em que, a toda evidência, a Lei inova ao reconhecer ao contratante privado o *direito* à extinção do ajuste quando configurada alguma das hipóteses arroladas, sem que haja possibilidade de oposição pela Administração. O motivo é protegê-lo contra situações claramente ilegais, às quais, de outro modo, estaria abusivamente submetido, receoso de alguma punição.

Note-se que o direito já está constituído, não havendo que se falar em sua ratificação ou declaração por terceiro, qualquer que seja, administrativa ou judicialmente. O contratado deverá notificar a Administração quanto à caracterização da hipótese legal de extinção contratual. Nesta oportunidade, a Administração deverá, conforme o caso e a seu critério, contestar o fato ou providenciar a correção do problema, para a retomada da normalidade, inclusive mediante reequilíbrio econômico-financeiro, se necessário. A notificação se prestará, também, a assinalar o início do prazo do qual dispõe a Administração para resposta, conforme estabelecido no art. 123 da Lei nº 14.133/2021.[318]

A Lei nº 14.133/2021 não prevê a extinção do contrato unilateralmente pelo contratante privado, restando como solução, quando caracterizada qualquer das hipóteses do referido §2º, a extinção consensual prevista no inciso II do art. 138,[319] a qual, contudo, como se percebe, não será uma faculdade, mas um dever da Administração.

9.1.5 Extinção por razões de interesse público

O inc. VIII do art. 137 prevê a extinção contratual por "razões de interesse público, justificadas pela autoridade máxima do órgão ou da entidade contratante". Trata-se de hipótese que pressupõe o regular cumprimento das obrigações por parte do contratado, motivo pelo qual a aplicação da norma ao caso concreto exige extrema cautela.[320]

---

[318] "Art. 123. A Administração terá o dever de explicitamente emitir decisão sobre todas as solicitações e reclamações relacionadas à execução dos contratos regidos por esta Lei, ressalvados os requerimentos manifestamente impertinentes, meramente protelatórios ou de nenhum interesse para a boa execução do contrato.
Parágrafo único. Salvo disposição legal ou cláusula contratual que estabeleça prazo específico, concluída a instrução do requerimento, a Administração terá o prazo de 1 (um) mês para decidir, admitida a prorrogação motivada por igual período."

[319] Cf. FREIRE, André Luiz. *Direito dos Contratos Administrativos*. São Paulo: Thomson Reuters Brasil, 2023. p. 713.

[320] Lúcia Valle Figueiredo, em análise ao inc. XII do art. 78 da Lei 8.666/1993 - "razões de interesse público, de alta relevância e amplo conhecimento, justificadas e determinadas pela máxima autoridade da esfera administrativa a que está subordinado o contratante e exaradas no processo administrativo a que se refere o contrato" – refere-se à hipótese como uma "*autêntica revogação do contrato administrativo*" (FIGUEIREDO, Lúcia Valle. *Extinção dos Contratos Administrativos*. 3. ed. São Paulo: Malheiros, 2002. p. 49.).

A expressão "razões de interesse público", que dá contorno à hipótese legal, não tem conteúdo perfeitamente delimitado, sendo necessário identificar as *zonas de certeza* e afastar interpretações equivocadas.[321] Especial dificuldade reside na própria conceituação de interesse público, que pode ser verificada em uma breve incursão pela doutrina brasileira.

Para Celso Antônio Bandeira de Mello, "não é de interesse público a norma, medida ou providência que tal ou qual pessoa ou grupo de pessoas estimem que deva sê-lo – por mais bem fundadas que estas opiniões o sejam do ponto de vista político ou sociológico –, mas aquele interesse que como tal haja sido qualificado em dado sistema normativo".[322]

Marçal Justen Filho ressalta a ausência de um conteúdo próprio para a expressão "interesse público" e afirma que o que caracteriza o interesse como tal é sua indisponibilidade: "o interesse é reconhecido como público porque é indisponível, porque não pode ser colocado em risco, porque sua natureza exige que seja realizado".[323] Para o autor, "o interesse público se perfaz com a satisfação de necessidade de segmentos da população, em um momento concreto, para realizar os valores fundamentais. O interesse público é o interesse da sociedade

---

[321] A *zona de certeza negativa* representa o que o conceito efetivamente não é; a *zona de certeza positiva*, o que ele é. O que permanece na *zona cinzenta* constitui a parcela destinada à atividade interpretativa propriamente dita e à discricionariedade administrativa na análise do caso concreto, ambas orientadas e limitadas pelos princípios da razoabilidade e da proporcionalidade. É grande a divergência doutrinária quanto à existência ou não de discricionariedade na aplicação dos conceitos jurídicos indeterminados, assunto cuja abordagem foge aos propósitos do presente trabalho. Para fins eminentemente didáticos, destacam-se os ensinamentos de Marcus Vinícius Filgueiras Júnior: "Para ser considerado um conceito jurídico indeterminado, o conceito deve apresentar dentro da zona de certeza (núcleo conceitual) mais de uma intelecção admissível, do ponto de vista da razoabilidade, acerca do objeto que poderá ser subsumido ao conceito em questão. A partir desse quadro estrutural se terá uma situação na qual tornará impossível a qualquer pessoa opinar, dentre as intelecções possíveis, qual a mais correta, pois do ponto de vista do homem normal, mediado, todas ali postadas são aceitáveis". (FILGUEIRAS JÚNIOR, Marcus Vinícius. *Conceitos Jurídicos Indeterminados e Discricionariedade Administrativa*. Rio de Janeiro: Lumen Juris, 2007. p. 147.) Ainda segundo o autor, concluindo acerca da diferença entre interpretação e discricionariedade administrativa, "a interpretação jurídica é limitada pela existência de, pelo menos, duas intelecções razoáveis para um determinado conceito jurídico. Por isso, ao intérprete é vedado escolher uma dentre elas. De outra parte, ao administrador público cabe escolher a intelecção que melhor atenderá ao interesse público no caso concreto"; "concluída a interpretação do enunciado normativo, se ainda restar dúvida acerca da melhor intelecção a ser adotada, inicia-se o espaço da discricionariedade, que terá como finalidade escolher a melhor interpretação" (p. 188 e p. 192, respectivamente).

[322] MELLO, Celso Antônio Bandeira de. *Curso...*, p. 59.

[323] JUSTEN FILHO, Marçal. *Curso...*, p. 43.

e da população, mas voltado à realização dos valores de mais elevada hierarquia".[324]

Para Lucas Rocha Furtado, "merece ser qualificado como público apenas aquele interesse que pela sua importância seja elevado à categoria de interesse geral, de toda a sociedade, e em cujo nome pode-se exigir limitação ou restrição de interesse privado".[325]

A utilização de tais noções para os fins de aplicação da norma do inc. VIII do art. 137 conduziria à conclusão de que apenas interesses *diretos* da coletividade, escorados em valores considerados fundamentais, possibilitariam a rescisão contratual. Essa assertiva é verdadeira, na medida em que a atuação administrativa só se justifica com a busca da realização dos interesses coletivos, a eles se submetendo. Contudo, cabe trazer a lume a distinção entre interesse público primário e interesse público secundário, oriunda da doutrina italiana e disseminada entre nós por Celso Antônio Bandeira de Mello. Em suas palavras:

> [...] no Estado, tal como os demais particulares, é, também ele, uma pessoa jurídica, que, pois, existe e convive no universo jurídico em concorrência com todos os demais sujeitos de direito. Assim, independentemente do fato de ser, por definição, encarregado dos interesses públicos, o Estado pode ter, tanto quanto as demais pessoas, interesses que lhe são particulares, individuais, e que, tal como os interesses delas, concebidas em suas meras individualidades, se encarnam no Estado enquanto pessoa. Esses últimos não são interesses públicos, mas interesses individuais do Estado, similares, pois (sob prisma extrajurídico) aos interesses de qualquer outro sujeito. Similares, mas não iguais. Isto porque a generalidade de tais sujeitos pode defender estes interesses individuais, ao passo que o Estado, concebido que é para a realização de interesses públicos (situação, pois, inteiramente diversa da dos particulares), só poderá defender seus próprios interesses privados quando, sobre não se chocarem com os interesses públicos propriamente ditos, coincidam com a realização deles. Tal situação ocorrerá sempre que a norma donde defluem os qualifique como instrumentais ao interesse público e na medida em que o sejam, caso em que sua defesa será, ipso facto, simultaneamente a defesa de interesses públicos, por concorrerem indissociavelmente para a satisfação deles.[326]

---

[324] JUSTEN FILHO, Marçal. Conceito de interesse público e a "personalização" do direito administrativo. *Revista Trimestral de Direito Público 26/1999*. São Paulo: Malheiros. p. 115-136.

[325] FURTADO, Lucas Rocha. Ob. cit., p. 83.

[326] MELLO, Celso Antônio Bandeira de. Ob. cit., p. 57.

Nessa esteira, Lucas Rocha Furtado vislumbra três planos de realização do interesse público: o plano constitucional, relacionado à realização dos direitos humanos; o plano legal, em que estão fixados os limites e definidos os procedimentos a serem observados pelo administrador, e o plano econômico, correspondente à realização do interesse público secundário, entendido como a necessidade de a Administração obter vantagens para si. Esclarece, quanto ao plano econômico, que "uma atuação vantajosa é aquela que considera os diversos aspectos da economicidade para a Administração Pública. Planejamento, definição de estratégias, fixação de metas, avaliação de metas, controle de custos, controle de resultados são os aspectos a serem considerados para que seja realizado o terceiro plano do interesse público".[327]

Diante dessas considerações, a *análise do caso concreto* para os fins de aplicação do inc. VIII do art. 137 da Lei nº 14.133/2021 – exercício da discricionariedade administrativa – pode ocorrer tendo em vista apenas o interesse público *secundário*, uma vez que o contrato objetiva a satisfação direta deste. Contudo, como bem lembra Jessé Torres Pereira Júnior, a noção de "*razões de interesse público*" impõe limites estreitos à atuação administrativa.[328] O âmbito da discricionariedade na avaliação do caso concreto não se restringe a questões relacionadas à estrita execução do contrato, que reflitam meramente opções técnicas ou administrativas. É indispensável existirem *circunstâncias* que, como tal, impulsionem a decisão pelo rompimento do negócio jurídico.

Nesse contexto, é necessária a configuração de uma situação excepcional, imprevisível e não corriqueira no âmbito da Administração Pública. O exercício da prerrogativa de romper discricionariamente o contrato que está sendo adequadamente executado não encontra guarida em situação ordinária, passível de ser alcançada pelas normais projeções administrativas. A Administração deve ser *surpreendida* ao longo da execução por circunstância imprevisível e impossível de planejar, cuja relevância se mostre inquestionável a ponto de orientar para o rompimento do contrato.

Em linhas gerais, é possível afirmar que, quando o interesse público originário, assim considerado aquele existente ao tempo da contratação, *transformar-se* a ponto de afetar o interesse da Administração sobre o contrato, de modo que se torne, total ou parcialmente, desnecessário ou

---

[327] FURTADO, Lucas Rocha. Ob. cit., p. 85-90.

[328] PEREIRA JUNIOR, Jessé Torres. Ob. cit., p. 723-724.

inadequado, a extinção unilateral com fundamento no inc. VII do art. 137 estará autorizada. A *superveniência* das circunstâncias que provocam a alteração do interesse público é fundamental, pois sua preexistência ensejaria a ilegalidade do contrato desde sua origem.

É possível imaginar casos concretos em que a extinção não configure uma escolha, verdadeiramente realizada sob critérios de conveniência e oportunidade, mas, ao contrário, se mostre como a única alternativa viável. Em outros, será necessário avaliar a melhor solução, entre manter o contrato ou extingui-lo, considerando todas as consequências, em especial as econômico-financeiras, haja vista que a extinção por razões de interesse público enseja indenização ao contratado, nos termos do art. 138, §2º da Lei nº 14.133/2021.

9.1.6 Extinção em Decorrência de Caso Fortuito ou Força Maior

O inc. V do art. 137 prevê a extinção do contrato em razão de caso fortuito ou força maior, regularmente comprovados, impeditivos da execução do contrato. O caso fortuito e a força maior desobrigam o contratado do cumprimento da obrigação, ressalvada a hipótese de ter por eles se responsabilizado expressamente. É o que estabelece o art. 393 do Código Civil Brasileiro.

A definição legal para ambos os eventos pode ser encontrada no parágrafo único do mesmo artigo, como sendo *"fato necessário, cujos efeitos não era possível evitar ou impedir"*. Tratam-se, portanto, de situações supervenientes para cuja ocorrência nenhuma das partes contribuiu e cujas consequências, que obstam a execução do contrato, não podem ser evitadas.

O caso fortuito e a força maior podem ensejar meramente a revisão de preços, nos termos do art. 124, inc. II, "d" da Lei nº 14.133/2021, sendo relevante distinguir os casos em que a *extinção* se impõe daqueles em que a *revisão* é suficiente para contornar o problema, respeitado o princípio da economicidade. O fato da administração e o fato do príncipe, determinações estatais que oneram ou impedem a execução do contrato, também podem motivar a extinção do contrato.[329]

---

[329] O fato do príncipe tem natureza geral, atingindo toda uma gama de administrados em uma mesma situação jurídica, se manifestando sempre por meio de uma norma jurídica; o fato de a administração possuir natureza específica, atingindo especialmente o contrato, pode ocorrer por meio de um simples ato administrativo.

9.2 Discricionariedade na decisão administrativa que extingue ou mantém o contrato

A decisão entre extinguir e manter o contrato comporta, na maioria das hipóteses legais, avaliação de conveniência e oportunidade diante da gravidade da infração cometida e dos prejuízos para o interesse público. Os fatos ocorridos, os motivos que conduziram à decisão administrativa, suas consequências para o interesse público e o respectivo amparo legal devem estar claramente demonstrados na motivação do ato.

Nesse sentido, o Tribunal de Contas da União já decidiu, na vigência da Lei nº 8.666/1993, que a rescisão unilateral do contrato se encontra na seara discricionária do administrador público, não cabendo à Corte de Contas determiná-la de forma coercitiva. Anotou, ainda, na oportunidade, que a rescisão constitui medida por demais drástica, cujas consequências nem sempre são as mais consentâneas com as circunstâncias do caso concreto, exemplificando com a hipótese em que, mesmo havendo atraso no cumprimento da obrigação, ainda há interesse à Administração na continuidade do contrato, pois a demora na execução seria superada e a rescisão, seguida de uma nova contratação, seria mais dispendiosa e prejudicial.[330]

9.3 Procedimento administrativo para a extinção do contrato

O art. 137 impõe a motivação formal da extinção do contrato nos autos do processo, assegurados o contraditório e a ampla defesa. A disposição é especialmente relevante para os casos de extinção unilateral, observando a garantia do devido processo administrativo, que envolve o exercício do contraditório e da ampla defesa, prevista no art. 5º, incs. LV e LVII da Constituição da República.[331]

A extinção do contrato deve ser formalmente documentada em processo administrativo que assegure ao contratado amplo acesso, acompanhamento, participação e possibilidade de falar nos autos. É imperioso, sob pena de nulidade, que o contratado possa manifestar-se

---

330 Acórdão 2192/2009 – TCU-Plenário.

331 *"LV – aos litigantes, em processo judicial ou administrativo, e aos acusados em geral são assegurados o contraditório e a ampla defesa, com os meios e recursos a ela inerentes".*

sobre os atos e alegações que integram o processo, apresentar defesa, produzir e acompanhar a produção de provas e, ainda, recorrer da decisão, nos termos do art. 165, inc. I, alínea "e" da Lei nº 14.133/2021.

Na prática, os procedimentos para extinção unilateral do contrato e para a aplicação de sanções aplicáveis a infrações de maior gravidade serão coincidentes, sem prejuízo da ampla defesa e do contraditório, uma vez que a infração que pode ensejar a aplicação de sanção é a mesma que poderá conduzir à extinção. Assim, ao final do processo administrativo para apuração da responsabilidade da contratada, a decisão administrativa poderá ser pela aplicação da sanção e, também, pela extinção do contrato.

Cabe ressaltar a importância da atuação do fiscal de contrato e do gestor do contrato, conforme o caso, para a caracterização da situação que motivará a extinção unilateral do ajuste em razão de culpa da contratada. Com base na atuação desses agentes, materializada pela coleta de informações que produzirão, oportunamente, a instrução processual e pela avaliação das consequências, para o interesse público, do rompimento do ajuste, a autoridade superior terá condições de decidir, motivadamente.

Nas demais hipóteses de extinção contratual previstas nos incisos do art. 137, não relacionadas a descumprimento do contrato pela contratada, prevalecerá como ponto fundamental a demonstração da concretização dos motivos legais no processo administrativo, de forma adequada e suficiente.

9.4 Formas de extinção do contrato

De acordo com o art. 138 da Lei nº 14.133/2021, a extinção do contrato poderá ser determinada por ato unilateral e escrito da Administração, exceto no caso de descumprimento decorrente de sua própria conduta; consensual, por acordo entre as partes, por conciliação, por mediação ou por comitê de resolução de disputas, desde que haja interesse da Administração; determinada por decisão arbitral, em decorrência de cláusula compromissória ou compromisso arbitral, ou por decisão judicial.

A extinção por ato unilateral ocorrerá respeitando o devido processo administrativo referido no tópico anterior, que culminará no ato administrativo contendo a decisão da autoridade.

A extinção consensual administrativa, por acordo entre as partes, deverá ser motivada e reduzida a termo nos autos do processo por meio de um distrato. O documento conterá as condições da extinção, dando plena e geral quitação entre as partes quanto às respectivas obrigações.

A Lei também admite, expressamente, a utilização de instrumentos denominados, no Capítulo XII do Título VI, de "meios alternativos de resolução de controvérsias", quais sejam, a conciliação, a mediação e o comitê de resolução de disputas. A opção, preferencialmente, deverá constar originalmente do contrato, assim como a disciplina de questões inerentes. Contudo, não haverá obstáculos à sua utilização em caso de ausência, se necessário for, devidamente acordado pelas partes contratantes.

Em ambos os casos, extinção consensual administrativa ou por meio de algum dos métodos alternativos de resolução de controvérsia, deve haver, segundo a Lei, "interesse da Administração".[332] Tal expressão não tem determinação suficiente e deve ser interpretada para concluir que, sempre que o interesse público, mediato ou imediato, puder ser beneficiado, direta ou indiretamente, por tais soluções, elas poderão ser adotadas, mediante a devida motivação.[333]

A extinção judicial ocorrerá, a rigor, nos casos em que forem levados aos Tribunais celeumas que não puderem ser transpostos consensualmente pelas partes, que buscarão, então, a solução do conflito pelo Poder Judiciário.

---

[332] "Revelou-se adequada a rescisão amigável levada a efeito, uma vez demonstrada a eficiência da negociação, evitando prejuízos que poderiam advir da rescisão unilateral, em face de demanda judicial, a exemplo da perda de recursos já previstos no Orçamento Geral da União para o ano de 2000, do prolongamento do desconforto para os usuários, da perda de receitas comerciais e do grande ônus político, devido à importância da obra para o sistema logístico do comércio e do turismo.
Além disso, as alterações no Projeto Básico modificaram substancialmente as especificações técnicas dos Projetos Executivos, o que, por si só, poderia ensejar a realização de novo processo licitatório [...] levando também em consideração as dificuldades que enfrentaria para reformular o contrato inicial, o desempenho da contratada aquém do esperado e as eficiências que poderiam ser obtidas caso os Projetos Executivos fossem elaborados pela empresa contratada para a execução das obras de ampliação do Aeroporto." (Acórdão 590/2004 – Plenário – TCU.)

[333] Destaca-se que, na vigência da Lei nº 8.666/1993, entendeu o Tribunal de Contas da União que a rescisão amigável não pode ser realizada quando restar configurado o descumprimento, ainda que parcial, das condições pactuadas pelas empresas contratadas, que estão sujeitas à aplicação de sanções (Acórdão 6.101/2009 – TCU – 2ª Câmara), nem quando privilegia a empresa contratada, diante da sua incapacidade técnica para executar os serviços, sendo o caso de rescisão unilateral do contrato e aplicação de sanção (Decisão 1.358/2002 – TCU – Plenário).

Por fim, a extinção *de pleno direito* do contrato administrativo, assim considerada, conforme Hely Lopes Meirelles, a que resulta do próprio fato extintivo, como o falecimento do contratado, provoca automaticamente a ruptura do vínculo, não havendo necessidade de ato formal, nem de decisão judicial, manifestações que, segundo o autor, seriam meramente declaratórias.[334] Recomenda-se, nesses casos, para fins de controle, o mero registro nos autos do processo administrativo, por meio de apostilamento.

9.5 Consequências da extinção do contrato

O art. 139 da Lei nº 14.133/2021 aponta como consequências da extinção determinada por ato unilateral da Administração a assunção imediata do objeto do contrato, no estado e local em que se encontrar, por ato próprio da Administração; a ocupação e utilização do local, instalações, equipamentos, material e pessoal empregados na execução do contrato, necessários à sua continuidade; a execução da garantia contratual e a retenção dos créditos decorrentes do contrato, até o limite dos prejuízos causados e das multas aplicadas. Especificamente em relação à execução da garantia, de acordo com o inciso III do art. 139, terá por finalidade o ressarcimento de prejuízos decorrentes da não execução; o pagamento de verbas trabalhistas, fundiárias e previdenciárias, quando cabível, e o pagamento das multas devidas, podendo, ainda, ser substituída pela assunção da execução e da conclusão do objeto do contrato pela seguradora, quando se tratar de seguro-garantia com cláusula de retomada.[335] Não sendo suficientes as providências visando ao ressarcimento dos prejuízos, ou seja, esgotando-se a garantia e os valores para retenção, caberá a cobrança judicial dos valores correspondentes.

Já quando a extinção contratual se der em razão de culpa exclusiva da Administração, conforme previsto no §2º do art. 138, o contratado terá direito à indenização pelos prejuízos comprovados, à devolução da garantia prestada, aos pagamentos devidos pela execução do contrato até a data da rescisão e ao pagamento do custo da desmobilização. A

---

[334] MEIRELLES, Hely Lopes. *Contratos Administrativos e Licitação*. 27. ed. São Paulo: Malheiros, 2002. p. 242-243.

[335] "Art. 99. Nas contratações de obras e serviços de engenharia de grande vulto, poderá ser exigida a prestação de garantia, na modalidade seguro-garantia, com cláusula de retomada prevista no art. 102 desta Lei, em percentual equivalente a até 30% (trinta por cento) do valor inicial do contrato."

expressão "culpa exclusiva da Administração" afasta não apenas as situações em que a contratada houver contribuído para a ocorrência, mas também aquelas em que nenhuma das partes tenha dado causa a ela, a exemplo do caso fortuito ou força maior. Por "prejuízos comprovados" se deve entender danos emergentes e lucros cessantes[336]. No caso de descumprimento do contrato pela Administração, deverão ser apuradas as responsabilidades, aplicadas as punições disciplinares cabíveis e ressarcidos os prejuízos causados aos cofres públicos.

Por fim, extinto o contrato, a Administração deverá avaliar, à luz das peculiaridades da situação concreta, notadamente do estado de execução do objeto, se realizará nova licitação ou contratará diretamente, valendo-se da previsão do §7º do art. 90 da Lei nº 14.133/2021, que autoriza a convocar os licitantes remanescentes para negociação, na ordem de classificação, com vistas à obtenção de preço melhor, mesmo que acima do preço do contrato, ou adjudicar e celebrar o contrato nas condições ofertadas pelos licitantes remanescentes, atendida a ordem classificatória, quando frustrada a negociação de melhor condição.

9.6 A extinção do contrato por meio da declaração de nulidade

A declaração de nulidade do contrato decorrente de vícios anteriores a ele não é novidade. O art. 49 da revogada Lei nº 8.666/1993 tratava do tema, ainda que de forma simplista. A Lei nº 14.133/2021, contudo, deixa claro que a decisão entre anular ou não será casuística, ou seja, dependerá da análise da situação concreta.[337]

De acordo com o art. 147 da Lei nº 14.133/2021, constatada irregularidade no procedimento licitatório ou na execução contratual, caso não seja possível o saneamento, a decisão sobre a suspensão da execução ou sobre a declaração de nulidade do contrato somente será adotada, pela autoridade competente, na hipótese em que se revelar medida de interesse público, após avaliados os aspectos elencados nos seus incisos.[338] Dito de outro modo, quando, no decorrer da execução

---

[336] JUSTEN FILHO, Marçal. *Comentários à Lei de Licitações e Contratações Administrativas:* Lei 14.133/2021. São Paulo: Thomson Reuters Brasil, 2021. p. 1500.

[337] O Tribunal de Contas da União já caminhava no mesmo sentido. Vide, exemplificativamente, o Acórdão 160/2009-TCU/Plenário.

[338] "I - impactos econômicos e financeiros decorrentes do atraso na fruição dos benefícios do objeto do contrato; II - riscos sociais, ambientais e à segurança da população local decorrentes

do contrato, for verificado vício no processo de contratação ou cometido após a celebração do ajuste, a primeira providência será verificar a possibilidade de seu saneamento.[339] Não sendo possível o saneamento, a decisão de suspender a execução ou declarar a nulidade do contrato será o próximo passo, devendo ser avaliada à luz dos aspectos indicados nos incisos I a XI.

A teor do que estabelece o parágrafo único do art. 147, a avaliação poderá levar a duas conclusões: paralisação cautelar da execução ou anulação do ato, com consequente nulidade do contrato, conforme o caso, ou continuidade do contrato e solução da irregularidade por meio de indenização por perdas e danos. Nesse sentido, Luciano Ferraz aponta que a autoridade competente deverá optar entre as seguintes alternativas: a manutenção do contrato com os ajustes necessários (saneamento); o desfazimento do contrato, com efeitos retroativos possíveis; a declaração de nulidade com modulação de efeitos para o futuro; a declaração de nulidade com o estabelecimento do regime de transição para restabelecimento da legalidade e a utilização de

---

do atraso na fruição dos benefícios do objeto do contrato; III - motivação social e ambiental do contrato; IV - custo da deterioração ou da perda das parcelas executadas; V - despesa necessária à preservação das instalações e dos serviços já executados; VI - despesa inerente à desmobilização e ao posterior retorno às atividades; VII - medidas efetivamente adotadas pelo titular do órgão ou entidade para o saneamento dos indícios de irregularidades apontados; VIII - custo total e estágio de execução física e financeira dos contratos, dos convênios, das obras ou das parcelas envolvidas; IX - fechamento de postos de trabalho diretos e indiretos em razão da paralisação; X - custo para realização de nova licitação ou celebração de novo contrato; XI - custo de oportunidade do capital durante o período de paralisação."

[339] Sobre o assunto, destaca-se que a doutrina tem sido divergente quanto à classificação do ato de saneamento previsto no art. 147. Carolina Zancaner Zockun e Leandro Sarai lembram a doutrina de Weida Zancaner, afirmam que "[A] nomenclatura 'saneamento' na lei é utilizada como sinônimo de convalidação" (ZOCKUN, Carolina Zancaner; SARAI, Leandro. Comentários ao art. 147 da Lei 14.133/2021. *In*: *Tratado da Nova Lei de Licitações e Contratos Administrativos – Lei nº 14.133/2021 Comentada por Advogados Públicos*. São Paulo: Juspodivm, 2021. p. 1328, 1329). Já para Flávio Germano de Sena Teixeira Júnior e Marcos Nóbrega, "o previsto nos dispositivos da LINDB e no Novo Marco Legal de Contratações Públicas (em matéria de invalidade de ato/contrato administrativo) não se confunde com o instituto da convalidação, já consagrado há tempos no Direito Administrativo brasileiro". Para os autores, "[N] o caso da LINDB e do Novo Marco Legal de Contratações Públicas, como será demonstrado mais à frente, foi positivada a possibilidade de decidir por não invalidar um ato/contrato formalmente viciado, quando a declaração de invalidade, a partir de um juízo de ponderação (dentro dos standards legais, obviamente), não atender ao equilíbrio de interesses envolvidos. A legalidade, portanto, passa a ostentar um caráter notadamente funcional" (TEIXEIRA JÚNIOR, Flávio Germano de Sena; NÓBREGA, Marcos. *A teoria das invalidades na nova lei de contratações públicas e o equilíbrio dos interesses envolvidos*. Disponível em: https://www.ronnycharles.com.br/wp-content/uploads/2021/07/ARTIGO-A-TEORIA-DAS-INVALIDADES-NA-NOVA-LEI-DE-CONTRATAC%CC%A7O%CC%83ES-PU%CC%81BLICAS-E-O-EQUILI%CC%81BRIO-DOS-INTERESSES-ENVOLVIDOS-1.pdf. Acesso em: 9 maio 2024.)

instrumentos de consensualidade administrativa para repaginar o ajuste.[340] A Administração deverá decidir motivadamente, demonstrando que sua decisão reflete medida que melhor atende ao interesse público. Em qualquer dos casos, deverão ser apuradas as responsabilidades e aplicadas as penalidades cabíveis.

Ainda, caso declare a nulidade do contrato, a autoridade competente poderá decidir pela eficácia não imediata da sua decisão, visando a continuidade da atividade administrativa pelo tempo necessário à realização de nova contratação. O prazo pelo qual a eficácia da decisão poderá ficar suspensa é de até 6 (seis) meses, prorrogável uma única vez, conforme dispõe o §2º do art. 148.

Vale, por fim, destacar que a norma do art. 147 se aplica, especificamente, a vícios de ilegalidade encontrados no processo de contratação e em atos praticados durante a execução do contrato administrativo, não abarcando situações de descumprimento parcial ou total do contrato pela contratada, que se submetem à disciplina dos arts. 137 a 139. Isso não significa, contudo, prejuízo à eventual utilização, por analogia, quando for o caso, de critérios previstos no art. 147 para decidir acerca de medidas adequadas à proteção do interesse público nesses casos.

Dicas

✓ Cabe ao gestor do contrato acompanhar a realização dos pagamentos devidos no prazo fixado em contrato. Na eventualidade de algum atraso, deve comunicar prévia e formalmente a contratada, em atenção ao princípio da boa-fé contratual, informando a nova previsão, se possível, e mantendo-se disponível para informações até que ocorra o efetivo pagamento.

✓ Em caso de atraso nos pagamentos e de suspensão da execução por ordem da Administração, cabe ao gestor do contrato acompanhar o decurso do tempo, considerando a possibilidade de solicitação, pela contratada, de extinção contratual nos termos do art. 137, §2º, II, III e IV.

✓ A depender da hipótese de extinção, as informações constantes do processo de gestão e fiscalização serão cruciais para a

[340] FERRAZ, Luciano. Contratos na Nova Lei de Licitações. *In:* DI PIETRO (Coord.). *Licitações e Contratos Administrativos*: Inovações da Lei 14.133/2021, de 1º de Abril de 2021. Rio de Janeiro: Forense, 2021. p. 217.

decisão da autoridade competente, requerendo, também por isso, muita atenção por parte do gestor e do fiscal do contrato.

✓ Especificamente em caso de descumprimento parcial ou total do contrato, é fundamental que as circunstâncias estejam especificadas no processo administrativo, assim como suas respectivas consequências para o interesse público, possibilitando, assim, a avaliação a ser realizada pela autoridade competente para decidir.

APLICAÇÃO DE SANÇÕES ADMINISTRATIVAS A CONTRATADOS

10.1 Finalidade da aplicação da sanção administrativa

A aplicação de sanções administrativas tem por finalidade desestimular a prática de condutas juridicamente reprováveis mediante o estabelecimento de consequências indesejadas pelo agente infrator, impondo restrições ao direito de liberdade, ao exercício de certa atividade, ao patrimônio moral e econômico.[341] O objetivo da sanção não é, portanto, meramente a punição do agente com a infligição de um castigo, nem a obtenção de proveitos econômicos aos cofres públicos.[342] Nesse contexto se enquadram as sanções aplicáveis no âmbito das licitações e contratos públicos, disciplinadas pela Lei nº 14.133/2021 nos arts. 155 e seguintes.

10.2 Irrenunciabilidade do dever de aplicar sanção

No Capítulo I foram estudadas as prerrogativas das quais a Administração Pública dispõe em face de seus contratados, chamadas cláusulas exorbitantes, tendo-se afirmado que o seu exercício apenas será lícito quando objetivar a satisfação e a defesa do interesse público. A aplicação de sanções em decorrência de inadimplemento contratual é uma das prerrogativas previstas no art. 104 da Lei nº 14.1332/2021, mais precisamente em seu inc. IV.

---

[341] FERREIRA, Daniel. *Sanções Administrativas*. São Paulo: Malheiros, 2001. p. 45.

[342] MELLO, Celso Antônio Bandeira de. *Curso...*, p. 798-799.

Contudo, não se trata apenas de um poder exercitável sob critérios discricionários, mas de um *dever-poder* da Administração Pública,[343] não sendo admitida a inércia administrativa ou seu "não exercício".[344] Ao desestimular novas práticas reprováveis, a aplicação da sanção protege o interesse público e, ao dotar-se dessa objetividade, assegura o tratamento isonômico a todos os infratores, impedindo a interferência de juízos pessoais e o privilégio de outros interesses e finalidades. Portanto, a decisão de sancionar não comporta análise de conveniência e oportunidade. Se há infração, deve haver sanção.[345]

10.3 Aplicação de sanção administrativa, princípio da legalidade e teoria da relação especial de sujeição

A rigor, a lei em sentido formal é o instrumento apto a tipificar uma conduta como juridicamente reprovável e atribuir-lhe a respectiva sanção. Não se admitem sanções estabelecidas via decretos, portarias, instruções normativas ou outras normas inferiores, exaradas por autoridades administrativas. O tema exige estrita observância do princípio da legalidade enquanto vetor da atuação administrativa, expresso no art. 5º, inc. II e no art. 37, ambos da Constituição da República. Assim, não apenas a sanção, mas também a infração deve estar predefinida na norma, de modo que o administrado possa identificar as condutas reprovadas, bem como suas consequências, e deliberar livremente sobre praticá-las ou não.

Contudo, parcela da doutrina[346] atribui maior flexibilidade à aplicação de sanções por autoridade administrativa em decorrência de ilícitos dessa índole, admitindo a possibilidade de que a lei contenha apenas a indicação das sanções possíveis e autorizações genéricas para a tipificação das infrações. Tal ocorreria nas relações jurídicas denominadas de *sujeição especial*, nas quais a pessoa física ou jurídica

---

[343] Nesse mesmo sentido, VITTA, Heraldo Garcia. *A sanção no Direito Administrativo*. São Paulo: Malheiros, 2003. p. 65 e FERREIRA, Daniel. *Op. cit.*, p. 40.

[344] O Tribunal de Contas da União, na vigência da Lei nº 8.666/1993, apontou, em diversas oportunidades, a irregularidade na falta de providências para a aplicação de sanções diante de infrações cometidas pelos contratados da Administração. Ver Acórdão 3264/2010 –Plenário, Acórdão 56/2007-Plenário (Sumário) e Decisão 1.358/2002 – Plenário.

[345] Na lição de Sacha Calmon Navarro Coelho: "Caracterizada a infração deve-ser a sanção". *apud* FERREIRA, Daniel. Ob. cit., p. 41.

[346] Citam-se Oswaldo Aranha Bandeira de Mello, Hely Lopes Meirelles, Jessé Torres Pereira Junior, Heraldo Garcia Vitta e Eduardo Rocha Dias.

se encontra em posição de submissão espontânea e diferenciada às regras estipuladas. São situações que implicam contato mais direto e pessoal entre a Administração Pública e o particular durante determinado lapso temporal contínuo, diferentemente do que ocorre entre o Estado e os cidadãos em geral (relação de sujeição geral), e que por essa razão requerem uma peculiar disciplina. Essa supremacia especial permitiria emanar normas para regular a relação, vigiar seu cumprimento, dar ordens individuais aos particulares e sancionar condutas consideradas prejudiciais.[347] Fabrício Motta sintetiza: "a denominada relação de sujeição especial surge como categoria jurídica que permite reconhecer potestades administrativas exercidas com maior intensidade em um âmbito específico".[348] Nesse rol de relações estariam, por exemplo, os contratos administrativos, a concessão e a permissão de serviços públicos e o vínculo mantido entre a Administração e os servidores públicos. Seria possível, portanto, partindo-se da norma legal, através da edição de regulamentos ou do edital ou contrato, determinar os pressupostos e critérios da aplicação da sanção.[349]

Eduardo Rocha Dias aponta como limites a essa atuação administrativa os seguintes: a regra estabelecida deve conter apenas um "*desdobramento analítico das expressões sintéticas*" contidas na lei; a regra não deve ultrapassar o conteúdo semântico das expressões legais, restringindo-se a determinar os termos genéricos; na fixação dos critérios de aplicação da sanção e na definição do procedimento a ser seguido devem ser considerados os princípios constitucionais da atividade punitiva do Estado.[350]

No âmbito dos contratos administrativos, essa discussão não perde relevância diante das disposições do art. 155 da Lei nº 14.133/2021, que arrola as condutas consideradas infrações. O contrato deve conter, *para o caso concreto*, as infrações e as sanções aplicáveis, observando-se, aliás, que os incisos I a III, referentes a situações em que o contratado "dá causa" à inexecução total ou parcial do contrato, são hipóteses genéricas que precisam ser detalhadas. Nessa linha, o Tribunal de

---

347 VITTA, Heraldo Garcia. Ob. cit., p. 72.

348 MOTTA, Fabrício. *A Função Normativa da Administração Pública*. Belo Horizonte: Fórum, 2007. p. 220. O autor, contudo, nega qualquer supremacia *prima facie* da Administração, compreendendo a relação especial de sujeição como decorrente de regras de competência estabelecidas pelo ordenamento jurídico e da aplicabilidade direta de princípios (p. 222).

349 DIAS, Eduardo Rocha. *Sanções Administrativas aplicáveis a Licitantes e Contratados*. São Paulo: Dialética, 1997. p. 78.

350 DIAS, Eduardo Rocha. *Op. cit.*, p. 83.

Contas da União, na vigência da Lei nº 8.666/1993, entendeu que a Administração tem o dever de descrever objetiva e exaustivamente, em cláusula da minuta contratual, os motivos de cada um dos tipos de penalidade, evitando descrições genéricas, como "descumprimento parcial de obrigação contratual", bem como de prever situações claras para aplicação das sanções, estabelecendo gradações entre as sanções de acordo com o potencial de lesão que poderá advir de cada conduta.[351]

10.4 As sanções legais

O art. 156 da Lei nº 14.133/2021 estabelece que serão aplicadas ao responsável pelas infrações administrativas previstas nesta Lei as sanções de advertência, multa, impedimento de licitar e contratar e declaração de inidoneidade para licitar ou contratar.

Estão dispostas nos incisos do dispositivo em ordem crescente de gravidade, o que se evidencia nas disposições dos parágrafos do art. 156, que estabelecem a correlação entre as sanções e as infrações. Assim, pode-se afirmar que:

a) a advertência será aplicada em caso de infrações de natureza leve;
b) a multa será aplicada em caso de infrações de natureza grave e gravíssima;
c) o impedimento de licitar e contratar será aplicado em caso de infrações de natureza grave;
d) a declaração de inidoneidade para licitar ou contratar será aplicada a infrações de natureza gravíssima.

Tais conceitos – leve, grave e gravíssima – não podem ser aferidos objetivamente do texto legal, mas a lógica dessa gradação pode ser extraída da análise conjunta dos dispositivos.

10.4.1 Advertência

A advertência pode ser considerada uma sanção branda, sendo aplicável, portanto, a infrações consideradas leves. Além de não produzir efeitos econômicos e financeiros, os efeitos morais são amenos se comparados com as demais sanções. Em conformidade com previsão em edital ou termo de contrato, conforme o caso, pode retirar a

[351] Acórdão 137/2010 –Primeira Câmara e Acórdão 265/2010 – Plenário.

primariedade do infrator, prenunciando que uma nova infração – e, portanto, a "reincidência" na mesma conduta – será sancionada com aplicação de sanção mais grave.

10.4.2 Multa

A multa tem natureza pecuniária e implica diminuição do patrimônio do infrator. Sua aplicação está condicionada à previsão no edital ou no termo de contrato, conforme o caso, em especial no tocante aos respectivos percentuais. Pode ser de menor ou maior valor, conforme a gravidade da infração cometida e o prejuízo dela decorrente. Pode, também, ser aplicada conjuntamente com as demais sanções, conforme autoriza o §7º do art. 156 da Lei nº 14.133/2021.

10.4.2.1 Multa por atraso no cumprimento da obrigação

O art. 155 traz, em seu inciso VII, a infração correspondente ao atraso, qual seja, "ensejar o retardamento da execução ou da entrega do objeto da licitação sem motivo justificado". O art. 162 destaca, especificamente para o caso, que sua aplicação está condicionada à ausência de motivo justo para o atraso. Portanto, é fundamental a concessão de prazo para que o contratado apresente suas justificativas, as quais, após analisadas, possibilitarão a conclusão sobre o cabimento ou não da sanção.

O atraso será computado a partir do dia seguinte à data marcada para a entrega do objeto, conforme previsto no edital ou termo de contrato. Ocorrendo o atraso, a mora estará constituída automaticamente, não se exigindo prévia notificação à contratada para demarcar o seu início. A justeza do motivo estará diretamente relacionada à possibilidade, ou não, de o contratado honrar com o compromisso assumido na data aprazada. O caso fortuito e a força maior são suficientes para evitar a mora. Nos demais casos, a Administração deverá avaliar a admissibilidade dos motivos apresentados valendo-se de critérios de razoabilidade, considerando eventual contribuição do contratado para a ocorrência do atraso e a possibilidade real de evitá-lo.[352]

[352] O Tribunal Regional Federal da 1ª Região denegou a segurança requerida por empresa que, alegando objeto dependente de importação, descumpriu prazo contratual e teve o contrato rescindido, com aplicação consequente de penalidade. O Colendo TRF entendeu, ainda, que "*a apresentação da proposta e a responsabilidade de cumprimento dos termos contratuais no prazo estipulado constitui obrigação do contratado, que não se desobriga sem a demonstração de ocorrência*

10.4.2.2 Multa por descumprimento da obrigação contratual

O descumprimento, em parte ou no todo, da obrigação principal, é hipótese diversa do atraso, que pressupõe cumprimento da obrigação, ainda que fora do tempo previsto. Deixar de honrar com as obrigações assumidas é conduta mais grave e enseja, por isso, punição mais severa, razão pela qual os percentuais utilizados também devem ser mais elevados, como adiante se verá. Nesse sentido, o art. 162 da Lei nº 14.133/2021 prevê, em seu parágrafo único, que a aplicação de multa de mora não impedirá que a Administração a converta em compensatória e promova a extinção unilateral do contrato, com a aplicação cumulada de outras sanções previstas nesta Lei. Vale ressaltar que essa "conversão" deverá ocorrer após o transcurso do prazo de tolerância para o atraso, devidamente previsto no contrato.[353]

A multa em questão não se confunde com a cláusula penal, uma convenção acessória comum a contratos privados, regulada pelos arts. 408 a 413 do Código Civil Brasileiro. A cláusula penal é uma pré-fixação de perdas e danos e visa indenizar o prejuízo sofrido por *qualquer das partes* em decorrência do inadimplemento. Salvo estipulação em contrário, a utilização da cláusula penal afasta a possibilidade de reclamar quaisquer outros valores a título de ressarcimento ou indenização, independentemente das proporções do prejuízo sofrido. Porém, o §9º do art. 156 estabelece que a aplicação de sanções não exclui, em hipótese alguma, a obrigação de reparação integral do dano causado à Administração Pública, deixando claro que a multa não é cláusula penal.

A multa da Lei nº 14.133/2021 é, pois, uma sanção administrativa, de natureza pecuniária, decorrente do exercício da prerrogativa especial prevista no art. 104, inc. IV, que não tem como objetivo principal reparar integralmente os prejuízos causados pelo infrator, ainda que seja chamada de "compensatória".[354] Contudo, é fato que os valores

---

de caso fortuito ou força maior, que não ocorre nos casos onde o descumprimento é imputado ao fornecedor da empresa obrigada, especialmente nos casos onde o produto a ser fornecido não é objeto de exclusividade de fornecimento". (MANDADO DE SEGURANÇA 2000.01.00. 048679-4/MA, Diário da Justiça — Seção 2 – p. 03 de 10.11.2004.)

[353] O Tribunal de Contas da União, na vigência da Lei 8.666/1993, já recomendava que a Administração avaliasse a possibilidade de fazer constar nos contratos por ela firmados cláusulas que estabeleçam prazo máximo de tolerância no caso de atraso no fornecimento ou na execução dos serviços, a partir do qual, fique autorizada a rescisão do contrato, sem prejuízo da aplicação da multa moratória e das demais (Acórdão 2.198/2009-Plenário).

[354] A expressão é utilizada no parágrafo único do art. 162.

recolhidos a título de multa se prestarão a amenizar os efeitos da prática infracional; porém, se insuficientes, o ressarcimento do prejuízo apurado deverá ser requerido judicialmente, naquilo que exceder.

10.4.2.3 A fixação do percentual das multas

A multa será calculada na forma do edital ou do termo de contrato e não poderá ser inferior a 0,5%, nem superior a 30% do valor do contrato, conforme dispõe o §3º do art. 156 da Lei nº 14.133/2021. O dispositivo trata de ambas as modalidades de multa, cabendo à Administração transitar entre a faixa percentual fixada observando as respectivas características e finalidades, se multa moratória ou compensatória. Tais limites são intransponíveis e não podem ser superados, nem mesmo alterados por norma editada por ente federativo distinto.

Os percentuais devem ser fixados com base nos princípios da razoabilidade e da proporcionalidade, de modo que sejam suficientes para desestimular a conduta, mas não caracterizem excesso. Ainda, a Administração deve se orientar pela gravidade da infração e seus possíveis prejuízos, não necessariamente econômicos.

Na vigência da Lei nº 8.666/1993 era comum encontrar cláusula referente ao percentual da multa a ser aplicada contendo a expressão "até", conferindo à autoridade competente para aplicar a multa a discricionariedade para identificar o percentual cabível em cada situação concreta, limitado a um percentual máximo. Esse modo de proceder encontra justificativa no fato de ser mais fácil identificar a gravidade da infração após a caracterização da ocorrência. Assim, considerar as circunstâncias concretas para definir a dimensão da sanção pode permitir maior precisão à atuação administrativa do que a estipulação de percentuais em tese, eventualmente excessivos ou insuficientes. Contudo, a boa prática recomenda que, na redação de cláusulas contratuais, especialmente referentes a sanções, seja evitado o uso de expressões imprecisas ou que gerem mais de uma interpretação. A discricionariedade no momento da aplicação da multa traz indefinição e insegurança, além de possibilitar atuação arbitrária, em detrimento de princípios como isonomia, imparcialidade e moralidade administrativa.

No caso da multa, a sanção se confunde com o próprio percentual, razão pela qual é inadmissível sua estipulação posterior à celebração do contrato administrativo. Assim, o edital ou o termo de contrato, conforme o caso, deverá estabelecer objetivamente o percentual das multas para cada infração, sem margem para exercício da discricionariedade no momento da decisão administrativa que as aplicar.

Há que se apontar, por fim, uma situação relevante, que pode trazer dificuldades práticas. Os limites para a fixação dos percentuais das multas estão definidos a partir do valor *do contrato*. Não sendo, os respectivos percentuais mínimos e máximos, passíveis de alteração, conforme ressaltado anteriormente, poderão existir situações em que, se forem calculados sobre esta base de cálculo, sejam insuficientes ou desproporcionais diante da infração que precisa ser sancionada. Assim, parece-nos necessário admitir a possibilidade de estabelecer base de cálculo distinta, para evitar tais ocorrências, desde que não acarrete maior ônus para o contratante privado, ou seja, que os limites percentuais, à luz do valor do contrato, sejam respeitados. Nessa linha, por exemplo, seria compatível com a norma legal a fixação de multa sobre o valor da parcela não executada.

10.4.2.4 Cobrança da multa

O § 8º do art. 156 estabelece que, se a multa aplicada e as indenizações cabíveis forem superiores ao valor de pagamento eventualmente devido pela Administração ao contratado, além da perda desse valor, a diferença será descontada da garantia prestada ou será cobrada judicialmente.

Assim, primeiramente, caberá verificar a existência de valores devidos pela Administração à contratada, dos quais será descontado o valor da multa. Admite-se a compensação entre débitos e créditos decorrentes de contratos distintos, cabendo à Administração disciplinar, em norma própria, de forma adequada e suficiente, as hipóteses e o procedimento cabível.

10.4.3 Impedimento de licitar e contratar

O impedimento de licitar e contratar impede o sancionado de participar de licitações e contratações diretas realizadas pela Administração Pública direta e indireta do ente federativo que a tiver aplicado. É o que estabelece o §4º do art. 156 da Lei nº 14.133/2021.

Segundo o mesmo dispositivo, o prazo máximo do impedimento é de três anos, cabendo à Administração estabelecer a duração da sanção em cada caso concreto. Após o decurso do prazo, o sancionado terá de volta seu direito de participar de licitações e contratações diretas, ressalvada a existência de outra sanção impeditiva aplicada, ainda em vigor, na forma de regulamento editado pelo Poder Executivo.[355]

Trata-se de uma sanção de cunho moral, de natureza grave, que gera, indiretamente, efeitos econômicos negativos para a contratada. Deve ser aplicada a infrações graves, para as quais, em razão das peculiaridades do caso concreto, não caiba aplicar a declaração de inidoneidade.

Para que o impedimento possa surtir plenamente seus efeitos, deverá ser levado a registro no Cadastro Nacional de Empresas Inidôneas e Suspensas (CEIS) e ao Cadastro Nacional de Empresas Punidas (CNEP), acessados pelo Portal Nacional de Contratações Públicas – o PNCP, conforme previsto no §3º do art. 174.

10.4.4 Declaração de inidoneidade para licitar ou contratar

A declaração de inidoneidade para licitar e contratar impede o sancionado de participar de licitações e contratações diretas no âmbito da Administração Pública direta e indireta de todos os entes federativos, conforme previsto no §4º do art. 156. Ou seja, aplicada a sanção a uma empresa por um determinado município, nenhum órgão ou entidade da Administração Pública direta ou indireta, municipal, estadual ou federal, poderá com ele contratar.

Tem um prazo mínimo de três anos e máximo de seis, devendo ser dosada de acordo com as peculiaridades do caso concreto. Após o decurso do prazo, o sancionado terá de volta seu direito de participar de licitações e contratações diretas, ressalvada a existência de outra sanção impeditiva aplicada, ainda em vigor, na forma de regulamento editado pelo Poder Executivo.[356]

Da mesma forma que o impedimento, trata-se de uma sanção de cunho moral, porém de natureza gravíssima, que gera, indiretamente, efeitos econômicos negativos para a contratada. Deve ser aplicada a infrações gravíssimas, para as quais, em razão das peculiaridades do

[355] O parágrafo único do art. 161 estabelece que, "para fins de aplicação das sanções previstas nos incisos I, II, III e IV do *caput* do art. 156 desta Lei, o Poder Executivo regulamentará a forma de cômputo e as consequências da soma de diversas sanções aplicadas a uma mesma empresa e derivadas de contratos distintos."

[356] O parágrafo único do art. 161 estabelece que, "para fins de aplicação das sanções previstas nos incisos I, II, III e IV do *caput* do art. 156 desta Lei, o Poder Executivo regulamentará a forma de cômputo e as consequências da soma de diversas sanções aplicadas a uma mesma empresa e derivadas de contratos distintos."

caso concreto, não caiba aplicar o impedimento. Segundo Marçal Justen Filho, são condutas absolutamente incompatíveis com a condição de contratado da Administração Pública, "que produzem a extinção da confiabilidade do sujeito, eliminando a presunção de que ele disporá de condições de executar satisfatoriamente o contrato".[357]

Para que a declaração de inidoneidade possa surtir plenamente seus efeitos, deverá ser levada a registro no Cadastro Nacional de Empresas Inidôneas e Suspensas (Ceis) e ao Cadastro Nacional de Empresas Punidas (Cnep), acessados pelo Portal Nacional de Contratações Públicas – o PNCP, conforme previsto no §3º do art. 174.

10.5 As infrações previstas na lei, pertinentes à fase de execução contratual, e as sanções correspondentes

O art. 155 traz o rol das infrações passíveis de sanções. O rol é taxativo, porém, as descrições das infrações constantes dos incisos I a III, pela sua abrangência, permitem o encaixe de diferentes situações concretas, relacionadas às particularidades de cada contrato. Os §§ 2º a 5º do art. 156 estabelecem a correspondência entre as infrações e as sanções, ou seja, delimitam quando cada sanção poderá ser aplicada.

Cabe salientar que a multa "compensatória" poderá ter cabimento em diversas situações, prevista no edital ou no termo de contrato, conforme o caso, de forma cumulada, ou não, com outra sanção de cunho moral.

10.5.1 Dar causa à inexecução do contrato

De acordo com o §7º do art. 92, para os fins do disposto na Lei nº 14.133/2021, "consideram-se como adimplemento da obrigação contratual a prestação do serviço, a realização da obra ou a entrega do bem, ou parcela destes, bem como qualquer outro evento contratual a cuja ocorrência esteja vinculada a emissão de documento de cobrança".

Os incisos I a III do art. 155 trazem a previsão de diferentes graus de descumprimento do contrato ou inadimplemento: parcial; parcial com dano à Administração, ao funcionamento dos serviços públicos ou ao interesse coletivo; total.

---

[357] JUSTEN FILHO, Marçal. *Comentários à Lei de Licitações e Contratos Administrativos*. 25. ed. São Paulo: Malheiros, 2010.

Segundo o §2º do art. 156, quando ocorrer descumprimento parcial do contrato, infração prevista no inciso I, a sanção cabível será a advertência, salvo se se justificar a imposição de sanção mais grave. A imposição de sanção mais grave se justificará quando o descumprimento parcial trouxer dano à Administração, ao funcionamento dos serviços públicos ou ao interesse público, caracterizando a infração do inciso II e ensejando, nos termos do §4º, a aplicação do impedimento de licitar e contratar.

O descumprimento total do contrato ensejará a aplicação do impedimento de licitar e contratar, quando não se verificar, também, alguma das infrações previstas pela Lei como ensejadoras da declaração de inidoneidade, nos termos do §5º do art. 156.

10.5.2 Não celebrar o contrato ou não entregar a documentação exigida para a contratação, quando convocado dentro do prazo de validade de sua proposta

A hipótese prevista no inciso V do art. 156 da Lei nº 14.133/2021 pressupõe a convocação válida e eficaz do adjudicatário para assinar o contrato, aceitar ou retirar o instrumento equivalente. Assim, o ponto de partida é o atendimento, pelo ato de convocação, dos requisitos básicos de forma (escrita, externado ao adjudicatário através de meio formal e apto) e conteúdo (indicando o contrato correspondente, local, hora e outros dados relevantes para o cumprimento da convocação). A Administração deve atentar para o prazo de validade da proposta, que uma vez decorrido desobriga o particular de qualquer compromisso. Assim, se a convocação se der após o seu término, a recusa não poderá ser sancionada.

A sanção aplicável será o impedimento de licitar e contratar, salvo se se justificar a aplicação da declaração de inidoneidade, conforme determinam os §§4º e 5º do art. 156. A aplicação da declaração de inidoneidade se justificará diante de grave dano à Administração, ao funcionamento dos serviços públicos ou ao interesse coletivo, nos mesmos moldes do inciso II do art. 155, ou quando verificada a prática concomitante das condutas previstas nos incisos VIII a XII do art. 155.

10.5.3 Ensejar o retardamento da execução sem motivo justificado

Para a infração descrita no inciso VII do art. 155 da Lei nº 14.133/2021, a Lei prevê a possibilidade de aplicar o impedimento de licitar e contratar ou a declaração de inidoneidade, se constatado grave dano à Administração, ao funcionamento dos serviços públicos ou ao interesse coletivo, nos mesmos moldes do inciso II do art. 155, ou verificada a prática concomitante das condutas previstas nos incisos VIII a XII do art. 155

Rigorosamente, a conduta equivale ao atraso, pela contratada, no cumprimento da obrigação principal. Note-se que o atraso que pode ensejar a aplicação do impedimento de licitar e contratar deve ser compatível com condutas graves, cabendo à Administração dispor em edital ou termo de contrato, conforme o caso, de forma objetiva, sobre as condições para a caracterização dessa infração, passível de punição com o impedimento.

10.5.4 Prestar declaração falsa durante a execução do contrato

A apresentação de declaração que não corresponda à realidade, ou seja, afirmando o atendimento de condição exigida quando ela não se verifica, deve acarretar a aplicação da sanção de declaração de inidoneidade para licitar ou contratar, de acordo com a norma prevista no §5º do art. 156.

A tipificação, como infração, da conduta "prestar de declaração falsa durante a execução do contrato" está diretamente relacionada com as condições exigidas para a manutenção do contrato celebrado, especialmente aquelas voltadas para o incentivo à implementação de políticas públicas.

Com efeito, a Lei nº 14.133/2021 consolidou a compra pública como uma ferramenta para auxiliar no alcance de objetivos vinculados ao desenvolvimento nacional sustentável.[358] Na fase de execução contratual, conforme previsto no edital ou no termo de contrato, a depender do caso, deverá ser exigida da empresa contratada a apresentação de declarações de cumprimento de reserva de cargos para pessoa com

[358] Vide arts. 64, V; 92, XVII e 116.

deficiência, reabilitado da Previdência Social e aprendiz. Essa verificação, pela Administração contratante, é obrigatória e ocorrerá em periodicidade definida no modelo de gestão do contrato.

10.5.5 Praticar ato fraudulento na execução do contrato

Fraudar a execução corresponde a uma conduta que, conscientemente, visa produzir uma inverdade, uma situação irreal que induza em erro a Administração quanto a algum aspecto do cumprimento de obrigações contratuais. Por exemplo, é considerado fraude à execução a utilização, na execução de uma obra ou serviço, de materiais de qualidade inferior ao ajustado, com o intuito, a rigor, de obtenção de vantagem ilícita, levando a contratante a pensar que o contrato foi fielmente observado.

A fraude, além de crime, constitui um comportamento inidôneo e merece repreensão por meio da declaração de inidoneidade, conforme previsto no §5º do art. 156.

10.5.6 Comportar-se de modo inidôneo ou cometer fraude de qualquer natureza

A previsão genérica para o comportamento inidôneo e para a fraude, prevista no inc. X do art. 155, busca abranger todas as condutas que possam ser consideradas reprováveis pelo ordenamento jurídico.

Não é necessária a existência de uma norma explícita desaprovando a conduta. A desaprovação pode decorrer da incompatibilidade com princípios ou com a moral vigente em determinado momento e local, das disposições do edital ou do termo de contrato, da avaliação conjunta acerca de diversas normas ou, ainda, de todos esses elementos.[359]

Não há discricionariedade administrativa na identificação dos diversos "comportamentos inidôneos" que podem ser objeto de sanção administrativa. Ou seja, não basta que a Administração "entenda" inidônea determinada conduta, é necessário que ela assim seja considerada pelo ordenamento jurídico ou pelas regras editalícias e contratuais estabelecidas. É necessário, portanto, que haja a concretização de um comportamento que é, nesses termos, considerado inidôneo.

---

[359] Para Marçal Justen Filho, "*a atuação do sujeito deve caracterizar-se como antijurídica, em face de algum dispositivo legal ou contratual*" (JUSTEN FILHO, Marçal. *Comentários...*, p. 192).

10.5.7 Praticar ato lesivo previsto na Lei Anticorrupção

A Lei nº 12.846/2013 dispõe sobre a responsabilização administrativa e civil de pessoas jurídicas pela prática de atos contra a administração pública, nacional ou estrangeira, e dá outras providências. Seu art. 5º prevê como atos lesivos, entre outros, fraudar contrato decorrente de licitação pública; obter vantagem ou benefício indevido, de modo fraudulento, de modificações ou prorrogações de contratos celebrados com a administração pública, sem autorização em lei, no ato convocatório da licitação pública ou nos respectivos instrumentos contratuais; e manipular ou fraudar o equilíbrio econômico-financeiro dos contratos celebrados com a administração pública.

Tais condutas, quando constadas durante a execução do contrato administrativo, deverão ser apuradas e julgadas observando o rito procedimental e a autoridade competente definidos na Lei nº 12.846/2013, conforme determina o art. 159 da Lei nº 14.133/2021.

10.6 Dosimetria da sanção

Na atividade de atribuir uma sanção a uma infração específica, a Administração deve atuar eminentemente orientada pelo princípio da proporcionalidade, chamado, no Direito Penal, de princípio da dosimetria da pena. Conforme ensina Celso Antônio Bandeira de Mello, o princípio da proporcionalidade "enuncia a ideia – singela, aliás, conquanto frequentemente desconsiderada – de que as competências administrativas só podem ser *validamente* exercidas na *extensão* e *intensidade* proporcionais ao que seja realmente demandado para cumprimento da finalidade de interesse público a que estão atreladas".[360] Desse modo, as sanções menos severas devem ser reservadas a infrações de menor gravidade e as mais severas, às de maior gravidade, de modo que a gravidade da sanção dependa da gravidade da infração.[361]

A assimilação e identificação dos níveis de gravidade da infração deverá levar em consideração diversos fatores, entre eles a relevância do objeto para o interesse público, o prejuízo causado pela concretização da hipótese de incidência e, conforme o caso, as características locais,

---

[360] MELLO, Celso Antônio Bandeira de. *Curso...*, p. 99.

[361] A Lei do Processo Administrativo Federal 9.874/99, estabelece em seu art. 2º, parágrafo único: "*Nos processos administrativos serão observados, entre outros, os critérios de: VI – adequação entre meios e fins, vedada a imposição de obrigações, restrições e* sanções *em medida superior àquelas estritamente necessárias ao atendimento do interesse público*".

como usos, costumes e moral vigente. A Lei nº 14.133/2021 traz, no §1º do art. 156, o dever da Administração de considerar, na *aplicação* da sanção, a natureza e a gravidade da infração cometida; as peculiaridades do caso concreto; as circunstâncias agravantes ou atenuantes; os danos que dela provierem para a Administração Pública e a implantação ou o aperfeiçoamento de programa de integridade, conforme normas e orientações dos órgãos de controle.[362]

Ao se referir à "aplicação" da sanção, a Lei não se refere à decisão de aplicação, em si, mas ao exercício dessa prerrogativa pública, que envolve, notadamente, a disciplina em edital ou termo de contrato, conforme o caso. Desse modo, é necessário entender cada um dos fatores indicados pela lei dentro do contexto em que ele se aplica. Assim:

a) para fins de elaboração de norma específica, ao dosar a aplicação de multas e o tempo do impedimento de licitar e contratar e da declaração de inidoneidade para licitar e contratar, a Administração deverá considerar a natureza e a gravidade da infração;
b) para fins de elaboração do edital ou do termo de contrato, ao dosar a aplicação de multas e o tempo do impedimento de licitar e contratar e da declaração de inidoneidade para licitar e contratar, a Administração deverá considerar o disposto na norma, se existente, e os danos que podem decorrer da infração, considerando as peculiaridades do caso concreto;
c) ao normatizar as sanções, a Administração deverá tratar das circunstâncias que serão consideradas agravantes e atenuantes, para que, no momento da sua aplicação, possa considerá-las caso se verifiquem concretamente;
d) no momento de aplicar a sanção, deverá considerar, além do disposto no edital ou no termo de contrato, conforme o caso, as peculiaridades do caso concreto, para os fins de identificar circunstâncias agravantes ou atenuantes e os danos provenientes da infração;

---

[362] Vale destacar a decisão da 2ª Turma do Tribunal Regional Federal da 5ª Região, ainda na vigência da Lei nº 8.666/1993: "Não parece ser uma decisão ou ato adequado ou razoável impedir uma empresa contratada a firmar relações obrigacionais com o Poder Público em função de descumprimento de obrigações resolvidas um dia após o término do prazo concedido... quando sequer permanecia a justificativa fática que embasou a aplicação da sanção [...] O administrador deve atentar para a razoabilidade e senso de justiça [...]" (Ap. em MS 100.710/SE, 2009).

e) no momento de aplicar a sanção, a Administração terá como alternativa exarar determinações acerca da implantação ou do aperfeiçoamento de programa de integridade pela empresa, considerando as peculiaridades do caso concreto.

10.7 Condições de aplicabilidade de sanções decorrentes de descumprimento do contrato

Duas condições são minimamente necessárias à imposição da sanção: a configuração concreta da conduta reprovável e a existência de culpa do contratado.

Assim, a caracterização de infração deve restar material e formalmente demonstrada, o que implica atuação direta e diligente do fiscal do contrato, especialmente na coleta de informações e documentos que se fizerem necessários.

A conduta culposa do contratado, por negligência, imprudência ou imperícia, também deve ser evidenciada.[363] Segundo Marçal Justen Filho, *inadimplemento* do contrato pressupõe inexecução culposa, exigindo-a como elemento subjetivo mínimo.[364] Segundo o autor, "não basta a mera verificação da ocorrência objetiva de um evento danoso. É imperioso avaliar a dimensão subjetiva da conduta do agente, subordinando-se a sanção não apenas à existência de elemento reprovável, mas também fixando-se a punição em dimensão compatível (proporcionada) à gravidade da ocorrência".[365] Assim, certamente, quando o inadimplemento decorrer de fato ou ato de terceiro para o qual o contratado não concorreu ou de caso fortuito ou força maior, não haverá que se falar em aplicação de sanção.

---

[363] A questão da suficiência da voluntariedade ou da necessidade da culpa como elemento subjetivo não comporta abordagem no presente trabalho, que partirá do entendimento esposado, entre outros, por Heraldo Garcia Vita, de que não é possível conceber, no Estado Democrático de Direito, a existência de infração administrativa *"diante de mera voluntariedade, sem qualquer análise da culpa ou do dolo do infrator"* (VITA, Heraldo Garcia. Ob. cit., p. 42).

[364] JUSTEN FILHO, Marçal. *Curso...*, p. 618.

[365] *Idem, ibidem.*

10.8 O processo administrativo para apuração da responsabilidade e aplicação de sanção

A aplicação de sanção administrativa pressupõe a observância do *devido processo legal*, assegurado pelo art. 5º, incs. LV e LVII da Constituição da República.

O sancionamento do contratado depende da comprovação da infração e da culpa por meio de *processo administrativo específico*, cujo acesso lhe seja amplamente franqueado para vistas, acompanhamento, participação e manifestação. É imperioso, pena de nulidade da decisão, que o princípio do contraditório e da ampla defesa seja respeitado, viabilizando ao contratado, se for de seu interesse, falar sobre o conteúdo dos autos, apresentar defesa prévia, produzir e acompanhar a produção de provas em seu favor e, ainda, recorrer administrativamente da decisão, que deverá ser suficientemente motivada.

O princípio da verdade real também deve orientar a atuação administrativa, que deve ser voltada para a apuração dos fatos ocorridos concretamente e não se contentar com meros indícios, informações incompletas ou ater-se a formalismos excessivos.

A Lei nº 14.133/2021 preocupou-se com o tema, especialmente no tocante ao impedimento de licitar e contratar e à declaração de inidoneidade para licitar e contratar, impondo a instauração de processo de responsabilização, a ser conduzido por comissão composta por dois ou mais servidores estáveis, que avaliará fatos e circunstâncias conhecidos e intimará o licitante ou o contratado para, no prazo de quinze dias úteis, contado da data de intimação, apresentar defesa escrita e especificar as provas que pretenda produzir. Para preservar a necessária imparcialidade, a comissão não deverá ser integrada pelo gestor e por fiscais do contrato no qual a infração foi praticada.

Todos os detalhes do processo administrativo, naquilo que houver lacuna legal,[366] das competências, atribuições e funcionamento da comissão devem ser definidos em regulamento.

---

[366] Para Viviane Mafissoni, no processamento das infrações deve ser observado:
"a. a instauração de processo de responsabilização;
b. a constituição de comissão formada por no mínimo 2 (dois) servidores estáveis em caso de órgão composto por servidores estatutários, ou, no caso de órgão não composto por servidores estatutários, formada de 2 (dois) ou mais empregados públicos pertencentes aos seus quadros permanentes, preferencialmente com, no mínimo, 3 (três) anos de tempo de serviço no órgão ou entidade;
c. as providências de intimação para manifestação do licitante ou contratado em 15 dias úteis;
d. a oportunidade de solicitação pelo licitante ou contratado de produzir provas;

Para a sanção de multa, a Lei apenas fixa o prazo de defesa prévia em quinze dias, contados da data da intimação da contratada. Para a sanção de advertência, não há disciplina legal acerca do procedimento para a sua aplicação; porém, caracterizando-se como uma sanção, requer, igualmente, a observância do devido processo administrativo,[367] a ser igualmente disciplinado em norma específica. Neste particular, Viviane Mafissoni alerta que a adoção de uma comissão permanente para o processamento de qualquer sanção se apresenta como solução estrategicamente apropriada, levando em conta regras de governança, estrutura administrativa, especialidade matéria, aplicação cumulada da multa em diversas situações, entre outros.[368]

10.8.1 Atuação do fiscal e do gestor na apuração da infração

Em primeiro plano, está a atuação do fiscal do contrato na apuração das infrações cometidas pelo contratado. Cabe a ele a constatação *ab initio* de falhas na execução e a notificação formal ao contratado, visando à correção do problema. Mantendo-se a situação, deverá reportar-se ao gestor, indicando, se possível, o impacto técnico da infração na execução do contrato.

O gestor, na sequência, deverá avaliar a situação e produzir relatório que subsidiará a abertura do processo administrativo para apuração da responsabilidade e aplicação da sanção, anexando as informações e documentos já disponíveis e encaminhando para a comissão processante.

---

e. o deferimento do pedido de produção de provas ou com provas juntadas pela comissão, oportunizar ao interessado a apresentação de alegações finais no prazo de 15 (quinze) dias úteis;
f. a abertura de prazo recursal;
g. o efeito suspensivo ao recurso e ao pedido de reconsideração; e
h. a publicidade das sanções aplicadas em portal respectivo, objetivando amplo conhecimento" (MAFISSONI, Viviane. *O direito administrativo sancionador de licitantes e contratados: uma abordagem teórico-prática a partir das regras previstas na lei nº 14.133/2021.* Ebook. Disponível em: https://zenite.blog.br/wp-content/uploads/2023/06/ebook-infracoes-e-sancoes-nllc-vivi-maio-2023-rev30maio2023.pdf . Acesso em: 10 maio 2024.)

[367] Sobre o assunto, ver ALVES, Felipe Dalenogare. *O risco da advertência "milica" na nova lei de Licitações e Contratos.* Disponível em: https://www.migalhas.com.br/depeso/345768/o-risco-da-advertencia-milica-na-nova-lei-de-licitacoes-e-contratos. Acesso em: 15 abr. 2024.

[368] MAFISSONI, Viviane. *O direito administrativo sancionador de licitantes e contratados: uma abordagem teórico-prática a partir das regras previstas na lei nº 14.133/2021.* Ebook. Disponível em: https://zenite.blog.br/wp-content/uploads/2023/06/ebook-infracoes-e-sancoes-nllc-vivi-maio-2023-rev30maio2023.pdf . Acesso em: 10 maio 2024.

Gestor e fiscal do contrato ainda poderão ser demandados pela comissão para prestar esclarecimentos e auxiliar na instrução processual.

10.9 Competência para aplicar as sanções em caso de infrações contratuais

A Lei nº 14.133/2021 atribui ao Ministro de Estado ou ao Secretário Estadual ou Municipal, conforme o caso – ou seja, à autoridade máxima, aplicar a declaração de inidoneidade para licitar e contratar, silenciando quanto às demais. Para essas, a competência será da *"autoridade competente"*,[369] ou seja, de quem a norma própria, aplicável no âmbito do ente federativo, definir.

É fundamental, nessa atividade, preservar o duplo grau de avaliação administrativa da conduta praticada pela contratada, não se mostrando compatível a fixação da autoridade máxima como competente para aplicar o impedimento de licitar e contratar, uma vez que, desta decisão, cabe recurso dirigido a autoridade que decidiu, a qual, se não reconsiderar, deverá encaminhá-lo à apreciação de autoridade hierarquicamente superior.[370]

---

[369] A Lei nº 15.608/2007, que regula as licitações e contratações públicas no Estado do Paraná, estabelece:
"Art. 161. As sanções administrativas devem ser aplicadas em procedimento administrativo autônomo em que se assegure ampla defesa.
Art. 162. O procedimento deve observar as seguintes regras:
I – o responsável pela aplicação da sanção deve autorizar a instauração do procedimento;
II – o ato de instauração deve indicar os fatos em que se baseia e as normas pertinentes à infração e à sanção aplicável;
III – o acusado dispõe de 5 (cinco) dias para oferecer defesa e apresentar as provas conforme o caso;
IV – caso haja requerimento para produção de provas, o agente deve apreciar sua pertinência em despacho motivado;
V – quando se fizer necessário, as provas serão produzidas em audiência, previamente designada para este fim;
VI – concluída a instrução processual, a parte será intimada para apresentar razões finais, no prazo de 05 (cinco) dias úteis;
VII – transcorrido o prazo previsto no inciso anterior, a comissão, dentro de 15 (quinze) dias, elaborará o relatório final e remeterá os autos para deliberação da autoridade competente, após o pronunciamento da assessoria jurídica do órgão ou entidade perante o qual se praticou o ilícito;
VIII – todas as decisões do procedimento devem ser motivadas; e
IX – da decisão cabe recurso à autoridade superior, no prazo de 5 (cinco) dias úteis". O Tribunal Regional do Trabalho da 1ª Região regulamentou a questão no seu âmbito, editando o Ato 49/2003.

[370] "Art. 166. Da aplicação das sanções previstas nos incisos I, II e III do caput do art. 156 desta Lei caberá recurso no prazo de 15 (quinze) dias úteis, contado da data da intimação.

10.10 Prescrição da pretensão punitiva

A Lei nº 14.133/2021 fixa em cinco anos, contados da ciência da infração pela Administração, o prazo prescricional para aplicação da sanção.[371] A norma elimina problema anterior, de ausência de prazo específico fixado em norma geral.

Contudo, note-se que a advertência, cuja utilidade e efeitos, a rigor, conforme acima descritos, se vinculam à execução do contrato, apenas tem aplicabilidade durante a vigência deste.[372]

A despeito do prazo legal, as sanções devem ser aplicadas oportunamente ao cometimento da infração. Diante da finalidade de inibi-lo e, em certos casos, de impedir o contratado infrator de celebrar novas contratações públicas, a tomada de providências imediatas é a única conduta administrativa admissível. Não se pode acolher como lícita hipótese em que, ciente da irregularidade, a Administração permanece inerte, a despeito de qualquer prazo máximo que se imponha ao exercício do poder sancionador. A propósito, Daniel Ferreira alerta que a sanção não poderá ser aplicada, mesmo dentro do prazo prescricional, quando não for mais possível ao contratado a produção de provas em seu favor, tendentes a afastar o ilícito ou a responsabilidade.[373]

Tais considerações permitem notar a importância da atuação do fiscal e do gestor do contrato, diante das infrações cometidas pela empresa contratada. As anotações de ocorrências, as notificações expedidas e o encaminhamento oportuno para a tomada de providências necessárias à aplicação da sanção são fundamentais para viabilizar o adequado exercício dessa prerrogativa pública.

Parágrafo único. O recurso de que trata o caput deste artigo será dirigido à autoridade que tiver proferido a decisão recorrida, que, se não a reconsiderar no prazo de 5 (cinco) dias úteis, encaminhará o recurso com sua motivação à autoridade superior, a qual deverá proferir sua decisão no prazo máximo de 20 (vinte) dias úteis, contado do recebimento dos autos."

[371] Vide §4º do art. 158 da Lei nº 14.133/2021.

[372] Entendimento diverso é defendido por Flávio Garcia Cabral, Vitor Junqueira Vaz e Luiz Emmanuel Gois de Araújo, para quem a aplicação da advertência mesmo após a extinção do contrato é importante e evidente, entre outros, diante da previsão do art. 60, inc. II da Lei nº 14.133/2021, que trata da avaliação do desempenho do contratado para os fins de utilização como critério de desempate em licitações. (CABRAL, Flávio Garcia; VAZ, Vitor Junqueira; ARAÚJO, Luiz Emmanuel Gois. Pode ser aplicada a sanção de advertência após a extinção do contrato administrativo. *Consultor Jurídico*. Disponível em: https://www.conjur.com.br/2024-jun-06/pode-ser-aplicada-a-sancao-de-advertencia-apos-a-extincao-do-contrato-administrativo/. Acesso em: 12 jun. 2024.)

[373] FERREIRA, Daniel. *Sanções Administrativas*. São Paulo: Malheiros, 2001. p. 177-178.

10.11 Quadro sinótico

Espécie	Cabimento	Abrangência	Efeitos	Peculiaridades	Prescrição da pretensão punitiva
Advertência Art. 156, I da Lei nº 14.133/2021	Art. 155, inc. I, quando não se justificar a imposição do impedimento ou da declaração de inidoneidade	O próprio contrato administrativo	Morais	Não tem efeitos típicos Pode gerar perda da primariedade	Aplicável durante a vigência do contrato
Multa Art. 156, II da Lei nº 14.133/2021	Qualquer das hipóteses do art. 155	O próprio contrato administrativo	Pecuniários	Cumulatividade com outras sanções	Quinquenal, a partir da ciência do fato pela Administração
Multa moratória Art. 162 da Lei nº 14.133/2021	Atraso injustificado	O próprio contrato administrativo	Pecuniários	Possibilidade de aumento progressivo do valor	Aplicável durante a vigência do contrato
Impedimento de licitar e contratar Art. 156, III da Lei nº 14.133/2021	Art. 155, II, III, IV, V, VI e VII, quando não se justificar a imposição da declaração de inidoneidade	Âmbito da Administração Pública direta e indireta do ente federativo que a tiver aplicado	Morais Pecuniários indiretos, pela inacessibilidade a novas licitações e contratações diretas	Duração máxima de três anos Possibilidade de reabilitação	Quinquenal, a partir da ciência do fato pela Administração
Declaração de inidoneidade para licitar ou contratar Art. 87, 156, IVI da Lei nº 14.133/2021	Art. 155, VIII, IX, X, XI e XII Art. 155, II, III, IV, V, VI e VII, quando se justificar a aplicação de sanção mais grave que o impedimento	Âmbito da Administração Pública direta e indireta de todos os entes federativos	Morais Pecuniários indiretos, pela inacessibilidade a licitações e contratações diretas	Duração mínima de três anos e máxima de seis anos Possibilidade de reabilitação	Quinquenal, a partir da ciência do fato pela Administração

Dicas

✓ As atividades de fiscalização estão diretamente relacionadas à aplicação de sanções administrativas e a ausência da correta e oportuna anotação das falhas poderá, até mesmo, inviabilizá-la.

✓ Na apuração das falhas cometidas e consequente formalização e relato ao gestor, o fiscal deve: identificar as circunstâncias de sua ocorrência; indicar os responsáveis, conforme o caso; indicar detalhes como data, hora e local, além de atentar para as informações que possam ser relevantes para a configuração da infração contratual e da culpa por parte da contratada.

- ✓ O envio do processo à autoridade competente ou à comissão processante, conforme o caso, deve estar instruído com elementos necessários à avaliação da situação concreta, sem prejuízo de eventual contribuição futura, do gestor e do fiscal, durante o processo administrativo para apuração de responsabilidade e aplicação de sanção.

REFERÊNCIAS

ALESSI, Renato. *Instituciones de Derecho Administrativo*. t. 1. Barcelona: Bosch, 1970.

ALMEIDA, Fernando Dias Menezes de. *Contrato administrativo*. São Paulo: Quartier Latin do Brasil, 2012.

ALMEIDA, Fernando Dias Menezes de. *Formação da Teoria do Direito Administrativo no Brasil*. São Paulo: Quartier Latin, 2015.

AMARAL, Antonio Carlos. O princípio da eficiência no Direito Administrativo. *Revista Diálogo Jurídico*, Salvador: CAJ – Centro de Atualização Jurídica, n. 14, jun./ago. 2002.

BANDEIRA, Paula Grecco. *Contrato incompleto*. São Paulo: Atlas, 2015.

BINENBOJM, Gustavo. *Uma teoria do Direito Administrativo*: Direitos fundamentais, Democracia e Constitucionalização. 3. ed. rev. e atual. Rio de Janeiro: Renovar, 2014.

BONATTO, Hamilton. Comentários ao art. 124. In: FORTINI, Cristiana; OLIVEIRA, Rafael Sérgio Lima de; CAMARÃO, Tatiana. *Comentários à lei de licitações e contratos administrativos*: lei nº 14.133/2021. 2. ed. Belo Horizonte: Fórum, 2022. v. 2.

BORGES, Alice Gonzales. *Normas gerais no estatuto das licitações e contratos administrativos*. 2. tiragem. São Paulo: Revista dos Tribunais, 1994.

BRASIL, Francisco de Souza. *Educação e Desenvolvimento*. Carta Mensal da Confederação Nacional do Comércio. Rio de Janeiro, n. 254, maio 1976.

BRITO JUNIOR, William de Almeida. *A Súmula 331, IV, do Tribunal Superior do Trabalho frente à Lei de Licitações e Contratos*. Disponível em: http://jus2.uol.com.br/doutrina/texto.asp?id=6591. Acesso em: 14 out. 2008.

CABRAL, Flávio Garcia; VAZ, Vitor Junqueira; ARAÚJO, Luiz Emmanuel Gois. Pode ser aplicada a sanção de advertência após a extinção do contrato administrativo. *Consultor Jurídico*. Disponível em: https://www.conjur.com.br/2024-jun-06/pode-ser-aplicada-a-sancao-de-advertencia-apos-a-extincao-do-contrato-administrativo/. Acesso em: 12 jun. 2024.

CADEMARTORI, Luiz Henrique U. *Discricionariedade Administrativa no Estado Constitucional de Direito*. Curitiba: Juruá, 2001.

CAMELO, Bradson; NÓBREGA, Marcos; TORRES, Ronny Charles Lopes de. *Análise econômica das licitações e contratos:* De acordo com a Lei nº 14.133/2021 (Nova Lei de Licitações). Belo Horizonte: Fórum, 2022.

CARDOSO, Lindineide Oliveira. *Contratos Administrativos na Nova Lei de Licitações*: teoria e prática. São Paulo: Juspodivm, 2023.

CARVALHO, Deusvaldo. *Orçamento e Contabilidade Pública*: teoria, prática e mais de 700 exercícios. 3. ed. Rio de Janeiro: Campus, 2007.

CARVALHO, Morgana Bellazzi de Oliveira. Contrato Administrativo: desvinculação da vigência do crédito orçamentário e controvérsias acerca da reserva de dotação orçamentária. *Jus Navigandi*, Teresina, a. 10, n. 1072, 8 jun. 2006. Disponível em: http://jus2.uol.com.br/doutrina/texto.asp?id=8486. Acesso em: 6 out. 2008.

CASTRO, Rodrigo Batista. Eficácia, eficiência e efetividade na Administração Pública. *ENAMPAD*. Salvador, BA, Brasil, 23 a 27 de setembro de 2006.

CRUZ, Márcio Motta Lima; MACHADO, Dilmar Teixeira. *Instrumento de medição de resultados*: IMR e outras formas de pagamento por resultado nos contratos administrativos. Amazon, 2020.

DALLARI, Adilson Abreu. *Aspectos Jurídicos da Licitação*. 4. ed. São Paulo: Saraiva, 1997.

DALLARI, Dalmo de Abreu. *Elementos de Teoria Geral do Estado*. 19. ed. São Paulo: Saraiva, 1995.

DI PIETRO, Maria Sylvia Zanella. *Direito Administrativo*. 5. ed. São Paulo: Atlas, 1997.

DI PIETRO, Maria Sylvia Zanella; RIBEIRO, Carlos Vinícius Alves (Coord.). *Supremacia do interesse público e outros temas relevantes do Direito Administrativo*. São Paulo: Atlas, 2010.

DIAS, Eduardo Rocha. *Sanções Administrativas aplicáveis a Licitantes e Contratados*. São Paulo: Dialética, 1997.

DINIZ, Maria Helena. *Dicionário jurídico*. São Paulo: Saraiva, 1998.

DROMI, Roberto. *Derecho Administrativo*. 5. ed. Buenos Aires: Ediciones Ciudad Argentina, 1996.

FERNANDES, Jorge Ulisses Jacoby (Coord.). *Terceirização*: Legislação, doutrina e jurisprudência. Belo Horizonte: Fórum, 2017.

FERRAZ, Luciano. *As regras relacionadas aos contratos administrativos na nova Lei de Licitações*. FGV-Webinar. Disponível em: https://www.youtube.com/watch?v=nBzx9CZ1oVk. Acesso em: 8 mar. 2023.

FERRAZ, Luciano. Contrato Administrativo – Possibilidade de Retomada, Prorrogação ou Renovação do Ajuste – Manutenção do Equilíbrio Econômico-Financeiro Inicial – Atenção às Exigências da Lei de Responsabilidade Fiscal. *Revista Diálogo Jurídico*, Salvador, n. 14, jun./ago. 2002.

FERRAZ, Luciano. Contratos na Nova Lei de Licitações. *In:* DI PIETRO (Coord.). *Licitações e Contratos Administrativos* – Inovações da Lei 14.133/2021, de 1º de abril de 2021. Rio de Janeiro: Forense, 2021.

FERREIRA, Daniel. *Sanções Administrativas*. São Paulo: Malheiros, 2001.

FERREIRA, Daniel. *Teoria Geral da Infração Administrativa a partir da Constituição Federal de 1988*. Belo Horizonte: Fórum, 2009.

FIGUEIREDO, Lúcia Valle. *Extinção dos Contratos Administrativos*. 3. ed. São Paulo: Malheiros, 2002.

FILGUEIRAS JÚNIOR, Marcus Vinícius. *Conceitos Jurídicos Indeterminados e Discricionariedade Administrativa*. Rio de Janeiro: Lumen Juris, 2007.

FRANÇA, R. Limongi. *Hermenêutica Jurídica*. São Paulo: Saraiva, 1999.

FREIRE, André Luiz. *Direto dos Contratos Administrativos*. São Paulo: Thomson Reuters Brasil, 2023.

FREITAS, Juarez. *O Controle dos Atos Administrativos e Princípios Fundamentais*. 3. ed. São Paulo: Malheiros, 2004.

FURTADO, Lucas Rocha. *Curso de Licitações e Contratos Administrativos*. 2. ed. rev. e amp. Belo Horizonte: Fórum, 2009.

GABARDO, Emerson. *Princípio Constitucional da Eficiência Administrativa*. São Paulo: Dialética, 2002.

GARCIA, Flávio Amaral. *A mutabilidade dos contratos de concessão*. São Paulo: Malheiros, 2021.

GASPARINI, Diógenes. *Direito Administrativo*. 5. ed. São Paulo: Saraiva, 2000.

GIACOMUZZI, José Guilherme. *Estado e Contrato – Supremacia do interesse público "versus" igualdade*: Um estudo comparado sobre a exorbitância no contrato administrativo. São Paulo: Malheiros, 2011.

GOMES, Orlando. *Contratos*. 18. ed. Rio de Janeiro: Forense, 1998.

GONZALES, Alice Gonzalez. Contrato Administrativo. *Revista de Direito Público*, São Paulo, n. 93, 1990.

GUIMARÃES, Edgar. *Controle das licitações*. São Paulo: Dialética, 2002.

GUSMÃO, Diego Ornellas. *A teoria da base objetiva na revisão dos contratos administrativos*. Disponível em www.academia.edu. Acesso em: 25 set. 2024.

JUSTEN FILHO, Marçal. *Comentários à Lei de Licitações e Contratações Administrativas*. São Paulo: Thomson Reuters Revista dos Tribunais, 2023. E-book. Disponível em: https://next-proview.thomsonreuters.com/launchapp/title/rt/codigos/262297378/v2/page/1. Acesso em: 25 set. 2024.

JUSTEN FILHO, Marçal. *Comentários à Lei de Licitações e Contratações Administrativas*. São Paulo: Thomson Reuters Brasil, 2021.

JUSTEN FILHO, Marçal. Conceito de interesse público e a "personalização" do direito administrativo. *Revista Trimestral de Direito Público*, São Paulo: Malheiros, n. 26, 1999.

JUSTEN FILHO, Marçal. Considerações acerca da modificação subjetiva dos contratos administrativos. *In:* BACELLAR FILHO, Romeu Felipe (Coord.). *Direito administrativo contemporâneo*. Belo Horizonte: Fórum, 2004.

JUSTEN FILHO, Marçal. *Curso de Direito Administrativo*. São Paulo: Saraiva, 2005.

KLEIN, Vinícius. *A economia dos contratos*: uma análise microeconômica. Curitiba: CRV, 2015.

LEARDINI, Leandro Moraes; BERTOLDI, Luiz Henrique Alves. Nulidades dos contratos na nova Lei de Licitações e Contratos Administrativos: inovação legislativa ou positivação do entendimento consolidado pelo Tribunal de Contas da União? *In:* BUSCH, Eduardo Veira (Coord.). *Nova Lei de Licitações e Contratos Administrativos*: Aspectos Relevantes da Lei 14.133/2021. São Paulo: Quartier Latin, 2023.

LIMA, Rui Cirne. *Princípios do Direito Administrativo*. 3. ed. Porto Alegre: Sulina, 1954.

LOUREIRO, Marcelo. Comentários ao art. 124. *In:* SARAI, Leandro (Org). *Tratado da Nova Lei de Licitações e Contratos Administrativos*: Lei 14.133/21 Comentada por Advogados Públicos. São Paulo: Juspodivm, 2021.

MAFISSIONI, Viviane. *Infrações e sanções na nova Lei de Licitações*: as inovações. Disponível em: https://ronnycharles.com.br/infracoes-e-sancoes-na-nova-lei-de-licitacoes-as-inovacoes/. Acesso em: 9 maio 2024.

MAFISSIONI, Viviane. *O direito administrativo sancionador de licitantes e contratados*: uma abordagem teórico-prática a partir das regras previstas na lei nº 14.133/2021. Ebook. Disponível em: https://zenite.blog.br/wp-content/uploads/2023/06/ebook-infracoes-e-sancoes-nllc-vivi-maio-2023-rev30maio2023.pdf. Acesso em: 10 maio 2024.

MAGNO, Alexandre. *A responsabilidade da Administração e o Enunciado 331 do TST*. Disponível em: http://www.alexandremagno.com/novo/responsabilidade-da-administração-e-o-enunciado.... Acesso em: 14 out. 2008.

MARQUES, Joyce Mackay Meneghello. *O contrato de eficiência na nova Lei de Licitações*: economia para o ente público. Disponível em https://www.conjur.com.br/2023-mar-12/publico-pragmatico-contrato-eficiencia-lei-licitacoes#_ftn1). Acesso em: 18 mar. 2023.

MEDAUAR, Odete. *Controle da Administração Pública*. São Paulo: RT, 1993.

MEDAUAR, Odete. *Direito Administrativo Moderno*. 4. ed. São Paulo: RT, 2000.

MEDAUAR, Odete. *O Direito Administrativo em Evolução*. 2. ed. São Paulo: RT, 2003.

MEIRELES, Lívia Maria Silva. *Aplicabilidade do inc. IV do Enunciado 331 do TST aos contratos de terceirização da Administração Pública, de Lívia Maria Silva Meireles*. Disponível em: http://.www.webartigos.com/articles/1547/1/aplicabilidade-do-inciso-iv-do-enunciado-.... Acesso em: 14 out. 2008.

MEIRELLES, Hely Lopes. *Direito Administrativo Brasileiro*. 27. ed. São Paulo: Malheiros, 2002.

MEIRELLES, Hely Lopes. *Licitação e Contrato Administrativo*. 13. ed. São Paulo: Malheiros, 2002.

MELLO, Celso Antônio Bandeira de. *Curso de Direito Administrativo*. 20. ed. São Paulo: Malheiros, 2006.

MELLO, Celso Antônio Bandeira de. Extensão das Alterações dos Contratos Administrativos: a questão dos 25%. *Revista Eletrônica de Direito Administrativo Econômico*. Salvador: Instituto de Direito Público da Bahia, n. 4, nov./dez. 2005, jan. 2006. Disponível em: http://www.direitodoestado.com.br. Acesso em: 6 out. 2008.

MELLO, Celso Antônio Bandeira de. *Princípios Gerais do Direito Administrativo*. 2. ed. São Paulo: Atlas, 1965.

MENDES, Renato Geraldo. *Lei de Licitações e Contratos Anotada*. 4. ed. Porto Alegre: Síntese, 2002.

MONTEIRO FILHO, Carlos Edison do Rego; TÁVORA, Rodrigo de Almeida. *Seguro-garantia: critérios para sua eficaz utilização como instrumento de gerenciamento de riscos em contratos de infraestrutura - Parte I*. Disponível em: https://www.migalhas.com.br/coluna/migalhas-de-responsabilidade-civil/396506/seguro-garantia-criterios-para-sua-eficaz-utilizacao. Acesso em: 17 abr. 2024.

MOTTA, Carlos Pinto Coelho. *Eficácia nas Licitações e Contratos*. 7. ed. Belo Horizonte: Del Rey, 1998.

MOTTA, Fabrício. *A Função Normativa da Administração Pública*. Belo Horizonte: Fórum, 2007.

MUKAI, Toshio. *Contratos Públicos*. Rio de Janeiro: Forense Universitária, 1995.

NETO, Diogo de Figueiredo Moreira. *Mutações de Direito Público*. Rio de Janeiro: Renovar, 2006.

Ó, Wellington Matos do. *Da ilegalidade e inconstitucionalidade do inc. IV, do Enunciado 331 do TST. Sua inaplicabilidade diante do Direito Público. Responsabilidade objetiva do Estado*. Disponível em: http://www.viajuridica.com.br/downloads/ilegalidade331tst.doc. Acesso em: 14 out. 2008.

OLIVEIRA, Rafael Carvalho Resente; MARÇAL, Thaís (Coord.). *Estudos sobre a Lei 14.133/202:* Nova Lei de Licitações e Contratos Administrativos. São Paulo: Juspodivm, 2021.

OLIVEIRA, Rafael Sérgio; STROPPA, Christianne de Carvalho. *Podcast Reverbere*, episódio 27. Disponível em: https://www.youtube.com/watch?v=qMj08uCVhKI&t=441. Acesso em: 29 abr. 2024.

OLIVEIRA, Régis Fernandes de. *Infrações e Sanções Administrativas*. 3. ed. São Paulo: RT, 1985.

OSÓRIO, Fábio Medina. *Direito Administrativo Sancionador*. 7. ed. rev. e atual. São Paulo: Thomson Reuters Brasil, 2020.

PALMA, Juliana Bonacorsi de. *Sanção e acordo na Administração Pública*. São Paulo: Malheiros, 2015.

PALMEIRA, Marcos Rogério. *Direitos Fundamentais: regime jurídico das restrições*. Disponível em: www.buscalegis.ufsc.br/arquivos/direitos%20fundamentais.pdf. Acesso em: 16 out. 2008.

PEDRA, Anderson Sant'anna. *A nova lei de licitação e a (im)possibilidade de conjugação dos regimes sancionatórios à luz do direito administrativo sancionador*. Disponível em: https://www.novaleilicitacao.com.br/2024/04/17/nova-lei-de-licitacao-e-impossibilidade-de-conjugacao-regimes-sancionatorios-direito-administrativo-sancionador/. Acesso em: 28 abr. 2024.

PEDRA, Anderson Sant'anna. Comentários ao art. 3º. *In*: FORTINI, Cristiana; OLIVEIRA, Rafael Sérgio Lima de; CAMARÃO, Tatiana (Coord.). *Comentários à lei de licitações e contratos administrativos*: lei nº 14.133/2021. Belo Horizonte: Fórum, 2022. v. 1.

PÉRCIO, Gabriela Verona. Como planejar a contratação pública? *Revista Zênite – Informativo de Licitações e Contratos (ILC)*. Curitiba: Zênite, n. 245, p. 663-668, jul. 2014.

PÉRCIO, Gabriela Verona. *Os contratos da Lei 14.133/2021*: uma análise considerando o contexto de mudanças e a necessidade de avanços. Disponível em: https://www.novaleilicitacao.com.br/2024/02/09/os-contratos-da-lei-no-14-133-2021-uma-analise-considerando-o-contexto-de-mudancas-e-a-necessidade-de-avancos/. Acesso em: 22 abr. 2024.

PÉRCIO, Gabriela Verona. Sistema de Registro de Preços na Lei nº 14.133/2021: deveres e obrigações da Administração Pública para com o fornecedor. *Revista de Direito Administrativo e Infraestrutura* – RDAI, n. 20. Disponível em: https://rdai.com.br/index.php/rdai/article/view/rdai20percio. Acesso em: 28 abr. 2024.

PÉRCIO, Gabriela Verona; FORTINI, Cristiana (Coord.). *Inteligência e inovação em contratação pública*. 2. ed. atual. Belo Horizonte: Fórum, 2023.

PEREIRA JUNIOR, Jessé Torres. *Comentários à Lei das Licitações e Contratações da Administração Pública*. 5. ed. São Paulo: Renovar, 2002.

REBOUÇAS, Rodrigo Fernandes. *Contratos eletrônicos*: formação e validade – Aplicações práticas. 2. ed. rev. e ampl. São Paulo: Almedina, 2018.

REIS, Paulo Sérgio de Monteiro. *As obras de engenharia e a cláusula de retomada*. Disponível em: https://www.novaleilicitacao.com.br/2022/07/19/as-obras-de-engenharia-e-a-clausula-de-retomada/#:~:text=Na%20operacionaliza%C3%A7%C3%A3o%20da%20cl%C3%A1usula%20de,integralidade%20da%20import%C3%A2ncia%20segurada%2C%20constante. Acesso em: 18 mar. 2023.

REIS, Paulo Sérgio de Monteiro. *Contratos da Administração Pública – Administração Direta e Estatais – Formalização, Conteúdo e Fiscalização* – De acordo com as Leis nº 8.666/1993, nº 14.133/2021 e nº 13.303/2016. Belo Horizonte: Fórum, 2021.

RIBEIRO, Renato Jorge Brown. Os mecanismos de controle de contratos e obras públicas inseridos no orçamento brasileiro. *IX Congreso Internacional del CLAD sobre la Reforma del Estado y de la Administración Pública*. Madrid, 02-05.11.2004

ROCHA, Cármen Lúcia Antunes. *Princípios Constitucionais da Administração Pública*. Belo Horizonte: Del Rey, 1994.

SANTOS, José Anacleto Abduch. *Contratos Administrativos*: Formação e controle interno da execução: com particularidades dos contratos de prestação de serviços terceirizados e contratos de obras e serviços de engenharia. Belo Horizonte: Fórum, 2015.

SILVA, Michelle Marry Marques. *Contrato por escopo*: uma necessária releitura à luz do art. 111 da Lei 14.133/2021 e do direito comparado. Disponível em: https://www.novaleilicitacao.com.br/2023/04/17/contrato-por-escopo-uma-necessaria-releitura-a-luz-do-art-111-da-lei-no-14-133-2021-e-do-direito-comparado/. Acesso em: 15 abr. 2024.

SOUTO, Marcos Juruena Vilella. *Direito Administrativo Contratual*. Rio de Janeiro: Lumen Juris, 2004.

SOUZA, Caio Augusto Nazário de; MADALENA, Luis Henrique Braga. *Reflexões sobre a cláusula de retomada na nova Lei de Licitações*. Disponível em: https://www.conjur.com.br/2022-jun-15/opiniao-clausula-retomada-lei-licitacoes. Acesso em: 22 maio 2023.

STROPPA, Christianne de Carvalho. *O regime jurídico dos contratos das empresas estatais prestadoras de serviços públicos na Lei de Responsabilidade das Estatais*: Lei nº 13.303/2016. Disponível em https://tede2.pucsp.br/bitstream/handle/23044/2/Christianne%20de%20Carvalho%20Stroppa.pdf. Acesso: 20 mar. 2023.

SUNDFELD, Carlos Ari. *Licitação e Contrato Administrativo*. São Paulo: Malheiros, 1994.

SUNDFELD, Carlos Ari. Motivação dos Atos Administrativos como Garantia dos Administrados. *Revista de Direito Público*, n. 7, p. 118-127.

TEIXEIRA JÚNIOR, Flávio Germano de Sena; NÓBREGA, Marcos. *A teoria das invalidades na nova lei de contratações públicas e o equilíbrio dos interesses envolvidos*. Disponível em: https://www.ronnycharles.com.br/wp-content/uploads/2021/07/ARTIGO-A-TEORIA-DAS-INVALIDADES-NA-NOVA-LEI-DE-CONTRATAC%CC%A7O%CC%83ES-PU%CC%81BLICAS-E-O-EQUILI%CC%81BRIO-DOS-INTERESSES-ENVOLVIDOS-1.pdf. Acesso em: 9 maio 2024.

THEODORO JUNIOR, Humberto. *A onda reformista do direito positivo e suas implicações com o princípio da segurança jurídica*. Disponível em: www.revistadoutrina.trf4.gov.br/index.htm?http://www.revistadoutrina.trf4.gov.br/artigos/edicao009/eduardo_appio.htm. Acesso em: 12 ago. 2008.

TORRES, Ronny Charles Lopes de. *Convocação de licitante remanescente na nova Lei de Licitações e uma proposta de modelo para negociação*. Disponível em: https://ronnycharles.com.br/convocacao-de-licitante-remanescente-na-nova-lei-de-licitacoes-e-uma-proposta-de-modelo-para-negociacao/. Acesso em: 17 maio 2023.

TORRES, Ronny Charles Lopes de. *Leis de Licitações Públicas comentadas*: Lei nº 14.133/2021 e Lei Complementar nº 123/2006. 12. ed. São Paulo: Jus Podivm, 2021.

VALLE, Vivian Lima López. *Contratos administrativos e um novo regime jurídico de prerrogativas contratuais na Administração Pública contemporânea*. Belo Horizonte: Fórum, 2018.

VIEIRA, Antonieta Pereira *et al*. *Gestão de contratos de terceirização na Administração Pública*: teoria e prática. 6. ed. rev. ampl. Belo Horizonte: Fórum, 2015.

VITA, Pedro Henrique Braz. *Reflexões sobre a cláusula de retomada na nova Lei de Licitações*. Disponível em: https://www.conjur.com.br/2022-jun-15/opiniao-clausula-retomada-lei-licitacoes. Acesso em: 22 maio 2023.

VITTA, Heraldo Garcia. *A sanção no Direito Administrativo*. São Paulo: Malheiros, 2003.

VITTA, Heraldo Garcia. *Aspectos da Teoria Geral no Direito Administrativo*. São Paulo: Malheiros, 2001.

YAMADA, Marise Akemi de Mattos. *A responsabilidade subsidiária dos órgãos públicos no pagamento dos créditos trabalhistas de empregados terceirizados*. Disponível em: http://www.ambitojuridico.com.br/site/index.php?n_link=revista_artigos_leitu ra&artigos.... Acesso em: 14 out. 2008.

ZOCKUN, Carolina Zancaner; SARAI, Leandro. Comentários ao art. 147 da Lei 14.133/2021. *In: Tratado da Nova Lei de Licitações e Contratos Administrativos*: Lei 14.133/2021 Comentada por Advogados Públicos. São Paulo: Juspodivm, 2021.

ZYMLER, Benjamin. *Direito Administrativo e Controle*. 2. ed. Belo Horizonte: Fórum, 2009.

Anexo	**MODELOS DE ATOS E SUGESTÃO DE ROTINAS E PROCEDIMENTOS PARA FISCAIS E GESTORES DE CONTRATOS**
1	ROTINAS E PROCEDIMENTOS PARA O FISCAL
1.1	Elaboração de Boletins de Fiscalização (BF)
1.2	Elaboração de Notificação de Infração Contratual (NIC), Auto de Infração Contratual (AIC), Relatório Específico (RE)
1.3	Elaboração de Relatórios Periódicos de Acompanhamento (RPA)
1.4	Elaboração de Solicitação de Modificações Contratuais (RMC) e instrução do processo correspondente
1.5	Elaboração de Relatórios de Medição e Solicitação de Pagamento (RMSP)
2	ROTINAS E PROCEDIMENTOS PARA O GESTOR
2.1	Análise dos relatórios e solicitações dos fiscais
2.2	Instrução do processo referente a modificações contratuais
2.3	Instrução do processo referente a revisões, repactuações e reajustamento em sentido estrito
2.4	Elaboração do Relatório de Execução Contratual – Instrução do processo para a prorrogação do prazo de vigência
2.5	Instrução do processo em caso de alteração do cronograma de execução

MODELOS DE ATOS E SUGESTÃO DE ROTINAS E PROCEDIMENTOS PARA FISCAIS E GESTORES DE CONTRATOS

As sugestões abaixo destinam-se, tão somente, a proporcionar uma noção geral do papel e das atribuições do gestor e do fiscal de contrato, não esgotando, em nenhuma medida, as possibilidades. Em cada organização, há que se pensar na melhor forma de executá-las, considerando, inclusive, a diversidade de objetos contratados e as distinções entre eles, que impactam diretamente nos aspectos que necessitam ser acompanhados e fiscalizados.

1 Rotinas e procedimentos para o fiscal

1.1 Elaboração de Boletins de Fiscalização (BF)

O fiscal deve passar em visita ao local da execução da obra ou serviço, avaliando as condições de sua execução e anotando em registro próprio, que pode ser chamado de *Boletim de Fiscalização*. Tais documentos devem ser arquivados no local da execução, sob responsabilidade do fiscal, e integrarão, posteriormente, os autos do processo de contratação.

Modelo de Boletim de Fiscalização

BF ....

Contrato ....

Objeto...................

Gestor.................. (Portaria ......)

Fiscal..................... (Portaria ......)

Data......................

1. Rotina (por onde passou, com quem conversou, o que vistoriou)

2. Situação da execução

3. Faltas apuradas

4. Justificativas preliminares do contratado

5. Determinações do fiscal

Assinatura do fiscal e Matrícula

1.2 Elaboração de Notificação de Infração Contratual (NIC), Auto de Infração Contratual (AIC), Relatório Específico (RE)

Constatada falha na execução do contrato, o fiscal expedirá *Notificação de Infração Contratual* ao contratado, determinando as providências que entender necessárias.

Uma vez corrigido o problema, a questão se resolverá no âmbito da fiscalização. Não havendo atendimento às determinações do fiscal ou sendo insatisfatórias/insuficientes as justificativas apresentadas preliminarmente pelo contratado, será lavrado *Auto de Infração Contratual (AIC)*, com cópia ao preposto do contratado. O documento será enviado ao gestor em anexo ao *Relatório Específico (RE)* contendo a avaliação técnica das consequências para a execução do contrato.

No apontamento de falhas e na determinação de suas correções, o fiscal deve se dirigir ao preposto designado pelo contratado.

O reconhecimento e a formalização de algumas das situações que alteraram o cronograma de execução também ensejam a elaboração de Relatório específico. Assim, a superveniência de fato excepcional ou imprevisível, estranho à vontade das partes, que altere fundamentalmente as condições de execução do contrato, deve ser apontada pelo fiscal, instruída com as justificativas tendentes a demonstrar a alteração fundamental nas condições de execução do contrato. O impedimento de execução do contrato por fato ou ato de terceiro reconhecido pela Administração em documento contemporâneo à sua ocorrência também deve ser objeto de relatório instruído com os fatos e, conforme o caso, documentos aptos a comprovar sua ocorrência.

Modelo de Notificação de Infração Contratual (NIC)

Notificação de Infração Contratual ....

Contrato ....

Data.....................

1. Infração cometida

2. Determinações do fiscal (providências para readequação e prazo para respectivo cumprimento ou apresentação das justificativas)

3. Indicação da sanção prevista no contrato para a infração cometida

Assinatura do fiscal e matrícula

Ciente do representante do Contratado

Modelo de Auto de Infração Contratual (NIC)

Auto de Infração Contratual ....

Referente ao Contrato .... e Notificação de Infração Contratual ....

Data.....................

1. Infração cometida

2. Considerações do fiscal

Assinatura do fiscal e matrícula

Ciente do representante do Contratado

Modelo de Relatório Específico (RE)

RE ....

Contrato ....

Objeto...................

Gestor................. (Portaria ......)

Fiscal.................... (Portaria ......)

Data.....................

1. Resumo dos fatos (situação da execução, infração apurada, justificativas preliminares do contratado, determinações do fiscal)

2. Avaliação técnica das consequências lesivas da conduta do contratado para a execução do objeto

Assinatura do fiscal e matrícula

1.3 Elaboração de Relatórios Periódicos de Acompanhamento (RPA)

Em periodicidade a ser definida pela Administração, cabe ao fiscal elaborar relatório contendo a narrativa da situação contratual no período e as providências eventualmente adotadas, com o objetivo de cientificar o gestor do contrato. O prazo para sua elaboração pode ser coincidente com os prazos de execução do contrato (mensal, p. ex.), caso em que o RPA e o Relatório de Medição e Solicitação de Pagamento poderão se fundir em um só.

Modelo de Relatório Periódico de Acompanhamento (RPA)

RPA ....

Contrato ....

Objeto...................

Gestor................. (Portaria ......)

Fiscal..................... (Portaria ......)

Data......................

1. Relato das rotinas e procedimentos (metodologia de acompanhamento e fiscalização) adotados ao longo do período

2. Conclusão técnica sobre a execução do contrato

Assinatura do fiscal e Matrícula

1.4 Elaboração de Solicitação de Modificações Contratuais (SMC) e instrução do processo correspondente

Surgindo, no decorrer da execução do contrato, a necessidade de modificar o projeto ou as especificações do objeto ou, ainda, suas quantidades, o fiscal deverá encaminhar o expediente ao gestor por meio de *Solicitação de Modificação Contratual (SMC)* devidamente fundamentada, para a necessária tramitação interna.

Sob a responsabilidade do fiscal está a identificação da necessidade de modificação contratual relacionada a questões técnicas de execução do objeto.

Manifestações técnica e jurídica poderão ser solicitadas desde logo pelo fiscal, passando a integrar o relatório a ser enviado ao gestor.

Modelo de Solicitação de Modificações Contratuais (SMC)

Contrato ....

Objeto...................

Gestor.................. (Portaria ......)

Fiscal..................... (Portaria ......)

Data......................

1. Contextualização da execução contratual e da necessidade administrativa a ser satisfeita

2. Fato que enseja a modificação

3. Natureza da modificação e quantidades envolvidas

Assinatura do fiscal e matrícula

1.5 Elaboração de Relatórios de Medição e Solicitação de Pagamento (RMSP)

O fiscal deverá elaborar relatório contendo as medições da obra ou serviço, os quais instruirão a solicitação de pagamento. Preferencialmente, o aludido relatório deverá ser em forma de *check list* do que se encontra escrito no contrato ou nos projetos básico e executivo (ou congêneres), conforme o caso. Seu conteúdo pode ser incluído no Relatório Periódico de Acompanhamento, se idêntica a periodicidade.

Modelo de RMSP

RE ....

Contrato ....

Objeto...................

Gestor.................. (Portaria ......)

Fiscal..................... (Portaria ......)

Data......................

1. Status da execução

2. Irregularidades encontradas quanto à qualidade e quantidade

Assinatura do fiscal e matrícula

2 Rotinas e procedimentos para o gestor

2.1 Análise dos relatórios e solicitações dos fiscais

Recebidos os relatórios enviados pelos fiscais, cabe ao gestor do contrato analisá-los e tomar as providências cabíveis em cada caso.

a) Modificações contratuais: deverá enviar o processo devidamente instruído à autoridade superior para a devida autorização, bem como ao setor financeiro para verificar a disponibilidade dos valores necessários.
b) Aplicação de sanções: deverá enviar o processo devidamente instruído para a comissão processante, no caso de sanções de impedimento e declaração de inidoneidade; nos demais casos, de aplicação de advertência e multas, deverá observar as disposições de regulamento próprio.
c) Recebimento de objeto e pagamento: avaliar se o pagamento é devido ou não. Havendo questão duvidosa, deverá investigá-la. Após analisar os relatórios dos fiscais, o gestor deverá encaminhar o processo ao setor competente, com solicitação de pagamento.

2.2 Instrução do processo referente a modificações contratuais

Não se tratando de modificação técnica, mas decorrente de fato superveniente que altere o interesse público inicial, será o gestor, não o fiscal, o responsável pelo processamento do expediente respectivo. O setor requisitante do objeto/contrato deverá comunicar o gestor, que por sua vez deverá solicitar autorização à autoridade superior, devidamente instruída com parecer jurídico/técnico, conforme o caso.

2.3 Instrução do processo referente a revisões, repactuações e reajustamento em sentido estrito

É inerente às atividades do gestor do contrato coordenar a instrução dos pedidos de revisões e repactuações para decisão da autoridade competente e aplicar o reajustamento em sentido estrito, conforme previsto em contrato.

No caso da revisão contratual, recebida a solicitação do contratado, o gestor deverá observar se o pedido está suficientemente fundamentado, o que significa estar instruído com a indicação dos elementos que autorizam o reequilíbrio. Deverá estar claramente indicado e comprovado o fato ocorrido e demonstrada a sua repercussão na execução do contrato (nexo causal), exigindo-se, igualmente, que o contratado apresente memória de cálculos e documentos fiscais correspondentes. Após a análise, o gestor remeterá o processo ao departamento financeiro e, após o retorno dos autos, fará remessa à autoridade superior para a tomada da decisão e, se for o caso, assinatura do respectivo termo aditivo.

No caso de reajuste por índices, deverá atentar para o transcurso do prazo e para o índice aplicado, necessariamente o constante do edital e/ou contrato. Não havendo índice originalmente previsto, deverá solicitar ao departamento financeiro uma análise de qual índice se mostra menos gravoso à Administração, propondo-o ao contratado. No caso da repactuação, também lhe compete verificar o decurso do prazo de um ano e o cumprimento das disposições previstas no contrato.

2.4 Elaboração do Relatório de Execução Contratual – Instrução do processo para a prorrogação do prazo de vigência

O acompanhamento do prazo de vigência do contrato pode ser atribuído ao gestor do contrato ou ao fiscal administrativo, quando existente no âmbito do ente federativo, e demanda atenção quanto ao momento em que deve ser iniciado o procedimento interno visando à prorrogação contratual.

O tempo de tramitação pode variar em cada órgão e é fundamental que se estabeleça um período, anterior ao término do contrato, a ser observado para iniciar os procedimentos. O objetivo é que, no primeiro dia seguinte à expiração do prazo anterior, o novo prazo já esteja em vigor.

O gestor deverá solicitar à autoridade competente a análise de conveniência e oportunidade da prorrogação, encaminhando o processo devidamente instruído, com informações técnicas e econômicas que permitam a tomada da decisão. O *relatório de execução contratual*, elaborado pelo fiscal, deverá integrar o processo. Após assinado o termo aditivo, deverá ser encaminhado para divulgação no Portal Nacional de Contratações Públicas – PNCP.

Modelo de Relatório de Avaliação Contratual (RAC)

Relatório de Avaliação Contratual

Contrato ....

Objeto...........

Vigência.........

Gestor...........

Ilmo. Sr. .... (autoridade competente)

Em razão da proximidade do término do prazo de vigência do

Esta obra foi composta em fonte Palatino Linotype, corpo 10
e impressa em papel Offset 75g (miolo) e Supremo 250g (capa)
pela Gráfica Formato.

contrato epigrafado, solicitamos sua avaliação quanto à oportunidade e conveniência da prorrogação por mais ....., nos termos do art. .... da Lei 14.133/2021 e conforme previsão contratual.

A recomendação deste gestor é pela prorrogação, diante da execução satisfatória e da manutenção da economicidade da contratação.

Reitera-se a necessidade de célere manifestação, de modo a evitar a descontinuidade da prestação do serviço/fornecimento do bem.

Data...............

Assinatura do Gestor e Matrícula

2.5 Instrução do processo em caso de alteração do cronograma de execução

Em caso de interrupção da execução do contrato ou diminuição do ritmo de trabalho por ordem e no interesse da Administração, o gestor deverá enviar a correspondente comunicação ao, por escrito e contemporaneamente à necessidade. Deverá, igualmente, comunicar por escrito a retomada dos trabalhos ou de seu ritmo normal, bem como o novo prazo para a execução do objeto, a teor do art. 115, §5º da Lei nº 14.133/2021.

Fatos e atos de terceiro inerentes ao âmbito de gestão do contrato deverão ser levados a termo nos autos contemporaneamente à sua existência, comunicando por escrito o contratado. A retomada dos trabalhos, quando extinta a causa impeditiva, também deve ser ordenada por escrito.

contrato, indicando a sanção e os motivos da decisão administrativa, oferecendo prazo para manifestação;

2º Findo o prazo, com ou sem manifestação, remeter à autoridade superior para deliberação, instruindo, ou não, o processo, desde logo, com parecer jurídico, caso necessário.